Gerhard Neuner

Hans Hunfeld

Methoden des fremdsprachlichen Deutschunterrichts

Eine Einführung

2. Ex.

Fernstudieneinheit 4

Did 5
Neun 003

Fernstudienprojekt
zur Fort- und Weiterbildung
im Bereich Germanistik
und Deutsch als Fremdsprache

Teilbereich Deutsch als Fremdsprache

Kassel · München · Tübingen

LANGENSCHEIDT

Berlin · München · Wien · Zürich · New York

Fernstudienprojekt des DIFF, der GhK und des GI
allgemeiner Herausgeber: Prof. Dr. Gerhard Neuner

Herausgeberin dieser Fernstudieneinheit:
Dr. Swantje Ehlers, Goethe-Institut Moskau

unter Mitarbeit von:
Friedrich W. Block, Dr. Britta Hufeisen, Universität Gesamthochschule Kassel

Im Fernstudienprojekt „Deutsch als Fremdsprache und Germanistik" arbeiten das
Deutsche Institut für Fernstudien an der Universität Tübingen (DIFF), die Universität Gesamthochschule Kassel (GhK) und das Goethe-Institut (GI) unter Beteiligung
des Deutschen Akademischen Austauschdienstes (DAAD) und der Zentralstelle für
das Auslandsschulwesen (ZfA) zusammen.

Das Projekt wird vom Bundesminister für Bildung und Wissenschaft (BMBW) und
dem Auswärtigen Amt (AA) gefördert.

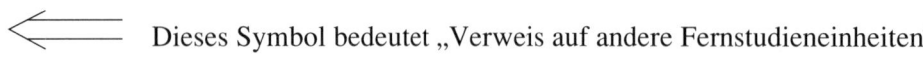 Dieses Symbol bedeutet „Verweis auf andere Fernstudieneinheiten"

* mit diesem Zeichen versehene Begriffe werden im Glossar erklärt

Druck: 8.   7.   6.   5.   4. | Letzte Zahlen
       2002 2001 2000 99 98 | maßgeblich

Titelgrafik, Satz und Gestaltung (DTP): Friedrich W. Block
Druck: Druckhaus Langenscheidt, Berlin
Printed in Germany: ISBN 3-468-**49676**-1

Inhalt

1   Einleitung

Wir haben die Fernstudieneinheit „Methoden des fremdsprachlichen Deutschunterrichts" in folgende Abschnitte unterteilt:

1. Grundlegende Fragen, die zum Verständnis des Themas „Methoden" wichtig sind
2. Die Grammatik-Übersetzungs-Methode (GÜM)
3. Die direkte Methode (DM)
4. Die audiolinguale (ALM) und die audiovisuelle Methode (AVM)
5. Die vermittelnde Methode (VM)
6. Das Konzept der kommunikativen Didaktik und Methodik (KD)
7. Den interkulturellen Ansatz des fremdsprachlichen Deutschunterrichts (IA)

Am Ende der Studieneinheit finden Sie

> einen Reader (Textsammlung) mit weiterführenden Beispielen
> ein Glossar zu den wichtigsten Fachbegriffen, die im Text verwendet werden
> einen Lösungsschlüssel zu den Aufgaben im Text
> ein Literaturverzeichnis (Fachliteratur).

Wir behandeln nur diejenigen Methodenkonzepte eingehender, die in der Geschichte des fremdsprachlichen Unterrichts im Schulbereich nachhaltige Wirkung hatten, und gehen deshalb auf die „alternativen" Methoden, wie sie in den letzten 10 - 15 Jahren vorgestellt wurden, auch nicht ein. Es gibt selbstverständlich viel mehr Methodenkonzepte, als wir hier darstellen können. | **Auswahl der Methoden**

Wir versuchen, Ihnen eine Einführung in das Thema M e t h o d e n zu geben, gehen aber davon aus, daß Sie kein „didaktisch-methodischer Null-Anfänger" sind, sondern einige Kenntnisse der Didaktik und Methodik des Fremdsprachenunterrichts haben.

Bei der Darstellung der Unterrichtsmethoden konzentrieren wir uns auf die Anweisungen und Vorschläge zur Planung und Gestaltung des Unterrichts, wie sie dem Lehrenden entweder direkt durch Handreichungen (Methodiken) vorgegeben werden oder wie sie in die Gestaltung von Lehrbüchern zum fremdsprachlichen Deutschunterricht eingegangen sind – wir konzentrieren uns also auf die L e h r p e r s p e k t i v e . Es ist nicht sicher, ob Schüler auch wirklich so lernen, wie sie nach der jeweiligen Methode lernen sollen! W i e Schüler lernen, darüber wissen wir nicht allzu viel, weil wir nicht in ihre Köpfe schauen können! Wir wissen aber, daß jeder Mensch anders lernt. Dabei spielen Faktoren wie z. B. | **Lehrperspektive**

> Alter
> Interesse am Lernstoff (Motivation)
> die Struktur des Lernstoffes
> Veranlagung
> Vorwissen
> Lerntraditionen unterschiedlicher Kulturen

eine Rolle. (Mehr dazu erfahren Sie in der Studieneinheit „Zweit- und Fremdsprachenerwerbstheorien".)

1.1   Wie haben Sie selbst Deutsch gelernt – erinnern Sie sich?

Wir gehen davon aus, daß Sie Deutschlehrerin bzw. Deutschlehrer sind oder es werden wollen. Können Sie sich noch an die ersten Jahre Ihres Deutschunterrichts erinnern?

Notieren Sie sich bitte Stichwörter zu den folgenden Fragen:

Erinnern Sie sich an das <u>Lehrwerk</u>, mit dem Sie Deutsch gelernt haben? Woran können Sie sich erinnern?

Die Bilder
Die Grammatikdarstellung
Manche Texte
Die Wortschatzdarstellung
Übungen

Sicher können Sie sich noch an Ihre Deutschlehrerinnen oder Deutschlehrer erinnern. Was hat Sie damals besonders beeindruckt bzw. gestört?

Konnten sie gut Deutsch?
Konnten sie die Sprache gut erklären?
Haben sie es verstanden, Sie für die deutsche Sprache und Kultur zu interessieren?

Worauf wurde in Ihrem Deutschunterricht besonders viel Wert gelegt?

Sprechen
Schreiben
Lesen
Hören
Übersetzen
Gute Grammatikkenntnisse
Gute Wortschatzkenntnisse
Gute Aussprache
Korrekte Rechtschreibung
Wissen über die deutschsprachigen Länder
Umgang mit literarischen Texten

Wie wurde Ihnen die deutsche Sprache erklärt?

Überwiegend in der Muttersprache
Durch häufigen Vergleich mit der Muttersprache
Fast ausschließlich auf deutsch

Wie würden Sie heute Ihren Deutschunterricht von damals beurteilen? Wenn Sie selbst schon unterrichten: was machen Sie genauso wie Ihre Lehrer, was machen Sie ganz anders?

1.2 Woher kommt es, daß es ganz unterschiedliche Methoden des Fremdsprachenunterrichts gibt und daß immer wieder neue Methoden entwickelt werden?

Was führt Ihrer Meinung nach eigentlich zur Ausbildung neuer Lehrmethoden des Fremdsprachenunterrichts? Warum verändern sich Lehrmethoden überhaupt?

1.2.1 Ein Faktorenmodell

Wir geben in der folgenden Grafik ein paar Faktoren an, die auf die Ausbildung von Lehrmethoden Einfluß haben könnten. Welche sind Ihrer Meinung nach besonders wichtig?

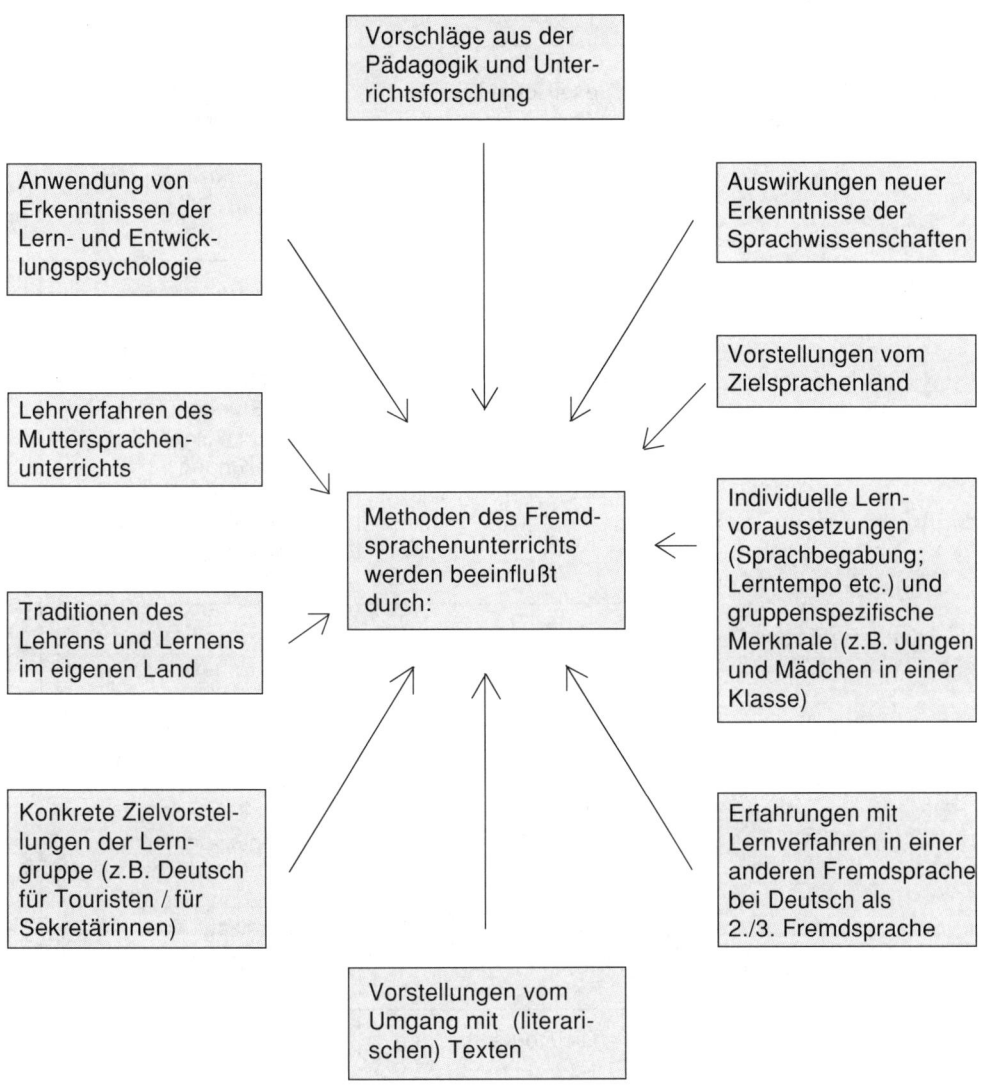

Dazu einige Bemerkungen:

a) Die genannten Faktoren bilden „Knotenpunkte" eines Netzes der Didaktik und Methodik des Unterrichtsfaches Deutsch als Fremdsprache. Sie sind miteinander auf eine ganz bestimmte Weise verbunden und beeinflußen sich gegenseitig. Wenn z. B. einzelne Faktoren sich stark verändern, muß das didaktisch-methodische Netz neu geknüpft werden – es entstehen neue Methoden.

In der Geschichte des Fremdsprachenunterrichts hat es aber auch immer wieder Vorschläge zur Formulierung von Unterrichtsmethoden gegeben, die einzelne Faktoren ü b e r b e t o n t haben, etwa:

> Die Überbetonung einer ganz bestimmten Schule der Linguistik oder der Lerntheorie

Beispiele

> Lernverfahren, die für einen ganz bestimmten Kulturkreis oder für eine ganz bestimmte Lernergruppe entwickelt worden waren (z.B. für europäische Nachbarländer; für eine bestimmte Schulform wie das Gymnasium), wurden als allgemeingültig dargestellt und verbreitet.
> Bestimmte Zielsetzungen des Unterrichts (z. B. die Kenntnis der Grammatik; das Beherrschen von Dialogmustern für Alltagsgespräche, etc.) wurden absolut gesetzt.

b) Man muß beachten, daß die genannten Faktoren nicht irgendwie beliebig miteinander verbunden und aufeinander bezogen sind. Ihr Abhängigkeitsverhältnis wird durch übergreifende Zusammenhänge bestimmt. Wir versuchen, das am Schema auf der folgenden Seite zu verdeutlichen:

Modell

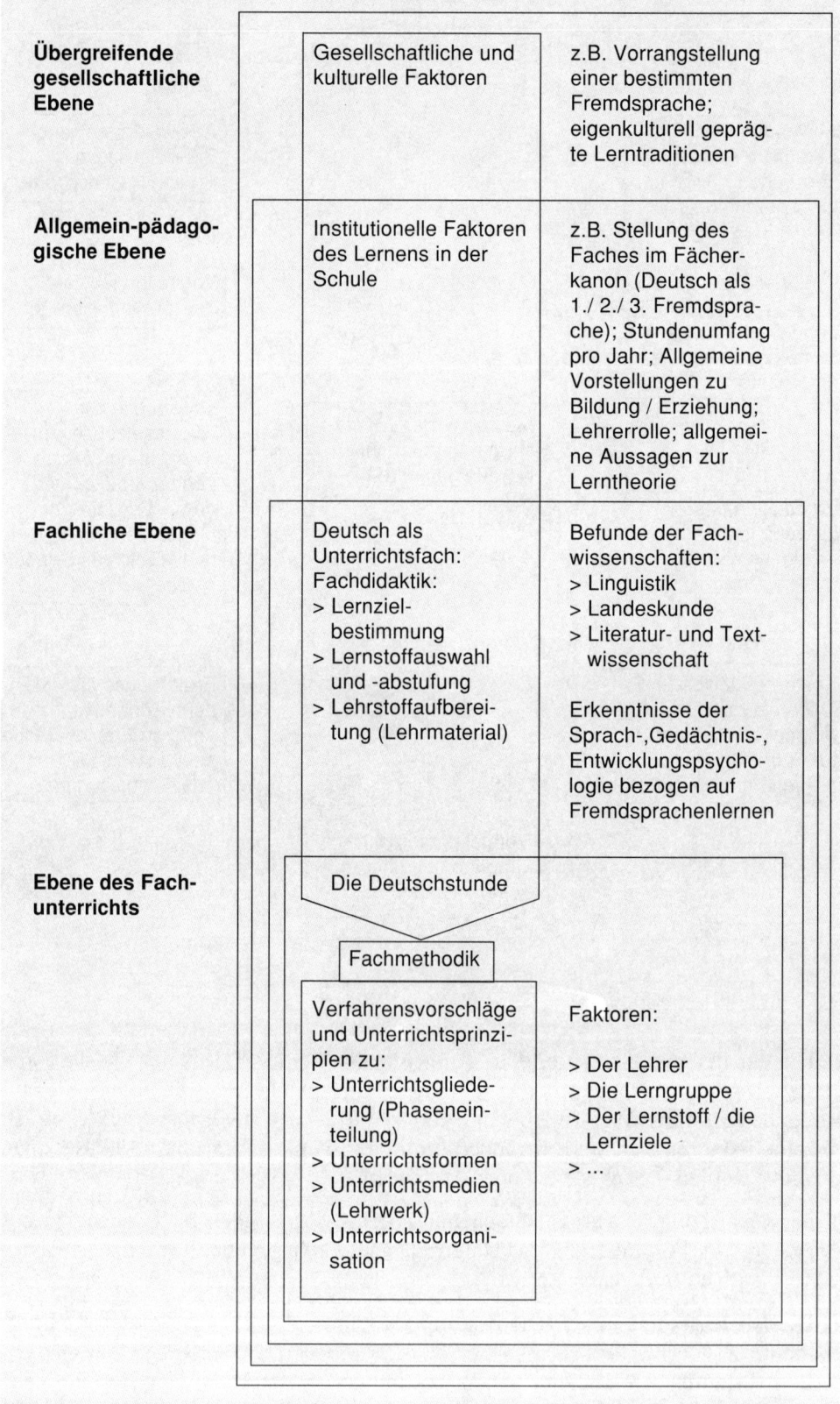

Übergreifende gesellschaftliche Ebene	Gesellschaftliche und kulturelle Faktoren	z.B. Vorrangstellung einer bestimmten Fremdsprache; eigenkulturell geprägte Lerntraditionen
Allgemein-pädagogische Ebene	Institutionelle Faktoren des Lernens in der Schule	z.B. Stellung des Faches im Fächerkanon (Deutsch als 1./ 2./ 3. Fremdsprache); Stundenumfang pro Jahr; Allgemeine Vorstellungen zu Bildung / Erziehung; Lehrerrolle; allgemeine Aussagen zur Lerntheorie
Fachliche Ebene	Deutsch als Unterrichtsfach: Fachdidaktik: > Lernzielbestimmung > Lernstoffauswahl und -abstufung > Lehrstoffaufbereitung (Lehrmaterial)	Befunde der Fachwissenschaften: > Linguistik > Landeskunde > Literatur- und Textwissenschaft Erkenntnisse der Sprach-,Gedächtnis-, Entwicklungspsychologie bezogen auf Fremdsprachenlernen
Ebene des Fachunterrichts	Die Deutschstunde Fachmethodik Verfahrensvorschläge und Unterrichtsprinzipien zu: > Unterrichtsgliederung (Phaseneinteilung) > Unterrichtsformen > Unterrichtsmedien (Lehrwerk) > Unterrichtsorganisation	Faktoren: > Der Lehrer > Die Lerngruppe > Der Lernstoff / die Lernziele > ...

Ein paar Erläuterungen und Beispiele zu diesem Schema:

1.2.2 Zur übergreifenden gesellschaftlichen Ebene

1. Es ist z. B. kein Zufall, daß sich seit dem Zweiten Weltkrieg im Schulsystem der Bundesrepublik Deutschland Englisch als erste Fremdsprache und Französisch als zweite Fremdsprache durchgesetzt haben und daß Russisch als Fremdsprache in der

ehemaligen DDR eine führende Stellung hatte. Das lag an der Einbindung der beiden deutschen Staaten in das „westliche" bzw. „östliche" System und am Einfluß der jeweils führenden Verbündeten der USA und der ehemaligen UdSSR.

2. Mit der geographischen und kulturellen Distanz hängt z. B. zusammen, daß Japanisch und Chinesisch als Fach an den Schulen in der Bundesrepublik Deutschland keine nennenswerte Rolle spielen.

3. Mit den Urlaubsgewohnheiten der Bundesbürger hängt zusammen, daß Spanisch und Italienisch – Fremdsprachen, die an deutschen Schulen nur wenig unterrichtet werden – im Bereich der Erwachsenenbildung an Volkshochschulen eine wichtige Rolle spielen.

4. In manchen Kulturkreisen hat die geschriebene Sprache als Lehr-Sprache eine besondere Stellung (z. B. im islamischen Bereich in der Koran-Tradition). In manchen Kulturkreisen (z. B. im Vorderen Orient und in asiatischen Ländern) haben ganz bestimmte Formen des Lehrens (Lehrer als Autorität/Frontalunterricht) und Lernens (Auswendiglernen/Memorisieren von Lehrtexten) eine große Bedeutung.

5. Ein wichtiger Faktor ist auch die Muttersprache der Lernenden, ihr Verwandtschaftsverhältnis zur deutschen Sprache und die Nähe bzw. Distanz des eigenen Kulturkreises zu den deutschsprachigen Ländern (geographische/kulturelle Nähe). Sind Sprache, kulturelle Traditionen und Wertvorstellungen dem Deutschen relativ nahe (wie z. B. bei Niederländisch und Dänisch), dann wird der Deutschlerner nicht so viel Mühe haben, sich mit den Sprachsystemen des Deutschen (Grammatik/ Wortschatz/Aussprache/Rechtschreibung) zurechtzufinden, insbesondere, wenn es um das V e r s t e h e n der deutschen Sprache beim Lesen oder Hören geht. Er wird auch die landeskundlichen Themen und Inhalte leichter aufnehmen als z. B. Lerner in Indonesien.

Die muttersprachlich-eigenkulturell geprägten Wertsysteme, Lebens- und Lerngewohnheiten können also den Lernprozeß fördern, ihn aber auch erschweren.

1.2.3 Zur allgemeinpädagogischen Ebene

1. Deutsch als Schulfach ist selbstverständlich in die allgemeinen pädagogischen Leitvorstellungen eingebunden, die von Land zu Land verschieden sein können. Die Schule leistet die Vorbereitung und Einführung der nachwachsenden Generation in die kulturellen Traditionen: Was soll man in der Schule jeweils „fürs Leben", über die Fachinhalte hinaus lernen?

Aus Erfahrung weiß man: Es ergeben sich nicht selten Konflikte und Spannungen, wenn z. B. Lehrmaterialien, die in der Bundesrepublik verfaßt wurden, in einem Land mit gänzlich anderen kulturellen und schulischen Traditionen eingesetzt werden. Dies kann z. B. Themen und Inhalte, Texte, Zeichnungen und Fotos betreffen, aber auch die Art der Grammatikdarstellung und die Art, wie erklärt und geübt wird und wie Gelerntes angewandt und überprüft wird. Es kann vor allem auch Lehrer in Konflikte stürzen, wenn der Lehrer, der an seine Rolle als „Autoritätsperson" gewöhnt ist, plötzlich der partnerschaftliche „Kumpel" der Schüler sein soll!

2. Es ist auch nicht unwichtig, ob Deutsch als erste oder zweite/dritte Fremdsprache gelehrt wird. Der Schüler, der z. B. Englisch als erste Fremdsprache lernt, wird unwillkürlich die Sprachsysteme des Englischen, aber auch Themen, Inhalte und Situationen, die er beim Erlernen dieser „europäisch-germanischen" Sprache aufgenommen hat, in den Deutschunterricht als Bezugspunkte miteinbeziehen. Vor allem wird er – zumindest im Anfangsunterricht – versuchen, auch die Art und Weise, w i e er die erste Fremdsprache gelernt hat, beim Deutschlernen zu wiederholen bzw. Lerngewohnheiten, die er dort ausgebildet hat, anzuwenden. Das kann zu Konflikten und Lernhemmungen führen, wenn z. B. Deutsch nach ganz anderen Methoden unterrichtet wird als Englisch.

1.2.4 Zur fachlichen Ebene: Die Bezugswissenschaften des Faches

Zum Fach Deutsch gehören natürlich auch die entsprechenden Fachwissenschaften (Linguistik, Literaturwissenschaft, Landeskunde). Sie bilden die Grundlagen für die Formulierung inhaltlicher Lernziele. Lernziele und Lehrmethoden stehen in einem engen Zusammenhang. Das zeigt sich etwa am Beispiel des Grammatikunterrichts:

1. Man kann eine Sprache auf ganz unterschiedliche Weise beschreiben – etwa als System von Formen oder als Kommunikationsmittel –, was zur Verwendung ganz unterschiedlicher Grammatikmodelle im Unterricht führt.

2. Lange Zeit hat man etwa in Europa die lebenden Sprachen (Englisch, Französisch, Deutsch etc.) durch die „Brille" des Lateinischen – der in Europa über Jahrtausende gelehrten und verwendeten Sprache der Wissenschaften und des internationalen Verkehrs – betrachtet und mit Hilfe des lateinischen Regelsystems zu beschreiben versucht (= die sogenannte „Schulgrammatik"). Die romanischen Sprachen, die sich aus dem Lateinischen entwickelt haben, konnte man damit natürlich genauer beschreiben als etwa die germanischen oder slawischen Sprachen. Das erklärt, warum man bei diesem Verfahren so viele „Ausnahmen von der jeweiligen Regel" formulieren (und lernen!) muß. Wenn man mit Hilfe des Lateinischen etwa Chinesisch oder Thai beschreiben wollte, käme man bald in große Schwierigkeiten: Viele Phänomene dieser Sprachen – etwa die Bedeutungsveränderung durch die Veränderung der Tonhöhe und des Tonfalles – kann man damit ü b e r h a u p t n i c h t erfassen!

Das Beschreibungsmodell, welches als Grundlage für die Planung des Fremdsprachenunterrichts verwendet wird, bestimmt also die Lernziele und Lernverfahren: So muß man etwa die g e s p r o c h e n e Sprache ganz sicher anders vermitteln als die g e s c h r i e b e n e.

Auf die einzelnen „linguistischen Schulen" gehen wir bei der Besprechung der verschiedenen Methoden näher ein.

Wie es unterschiedliche Schulen der Linguistik gibt, so gibt es auch unterschiedliche Vorstellungen, wie man fremde Sprachen am besten lernt (Fremdsprachen-Lerntheorie).

3. Fremdsprachenlernen kann man etwa als b e w u ß t e s   E r f a s s e n   d e r   G e s e t z m ä ß i g k e i t e n   d e s   A u f b a u s   e i n e r   S p r a c h e auffassen. Dabei soll der Lernende systematisch zu ordnendem Denken erzogen werden (kognitive Lerntheorie*).

4. Fremdsprachenlernen kann man aber auch als Ausbildung von Sprach v e r h a l t e n s w e i s e n und Einübung von Sprachverhaltens g e w o h n h e i t e n verstehen (b e h a v i o r i s t i s c h e Lerntheorie*).

Dazu Genaueres bei der Besprechung der einzelnen Methoden.

Wir werden bei der Darstellung der einzelnen Unterrichtsmethoden auch ausführlich darauf eingehen, daß sich bestimmte linguistische Schulen besonders gut mit bestimmten lerntheoretischen Vorstellungen zu einem didaktisch-methodischen Konzept des Fremdsprachenunterrichts verbinden lassen.

1.2.5 Die Unterrichtsebene

1. Lehrwerke und die ihnen zugrundeliegenden Lehrmethoden beeinflussen selbstverständlich auch die Rolle des Lehrers und seinen Unterrichtsstil. Hier gibt es bei den einzelnen Methoden – wie wir bei der Besprechung dieser Methoden sehen werden – für den Lehrer unterschiedlich präzise Vorschriften zu seinen Aufgaben und seinem Verhalten im Unterricht.

Auch in diesem Bereich kann es zu Spannungen zwischen dem, was eine bestimmte Unterrichtsmethode dem Lehrer an Aufgaben und Verhaltensweisen vorschreibt, und seinen pädagogischen Leitvorstellungen bzw. seinen persönlichen Veranlagungen und Neigungen zur Gestaltung des Unterrichts kommen.

2. Kein Lehrbuch kann alle Wünsche und Voraussetzungen, die eine bestimmte Lernergruppe bzw. die einzelnen Lerner in den Unterricht einbringen, in allen Einzelheiten berücksichtigen. Solche für eine Lernergruppe oder den individuellen Lernenden charakteristischen Faktoren – wie z. B. die Aufnahme- und Konzentrationsfähigkeit, das Lerntempo, die Lernbereitschaft und Motivation, gruppendynamische Prozesse (wie die augenblickliche Stimmung in der Klasse; Störung und Ablenkung durch einzelne Gruppenmitglieder), die Gruppenzusammensetzung (Jungen – Mädchen; Kinder aus bestimmten gesellschaftlichen Schichten in einer Klasse

etc.) – können aber die konkrete Unterrichtsplanung und -gestaltung ganz erheblich beeinflussen.

Eine erste Erkundung der Grundlagen des DaF-Unterrichts in Ihrem eigenen Land:

Bezug zur Situation
im eigenen Land

Aufgabe 3

Sehen Sie sich noch einmal die Grafik S. 10 an, und notieren Sie sich einige Stichwörter, die charakteristisch für den Fremdsprachenunterricht/DaF-Unterricht in Ihrem Land sind:

Gesellschaftlich-kulturelle Faktoren:

....

....

....

....

Institutionelle Faktoren des Lernens in der Schule:

....

....

....

....

Fachliche Faktoren (Fachdidaktik):

....

....

....

....

Merkmale des Fachunterrichts (Fachmethodik):

....

....

....

....

1.3 Schwierigkeiten mit der Begriffsbestimmung. Was ist das: „Methodik" des Fremdsprachenunterrichts?

Sie haben im letzten Abschnitt eine Vielzahl von Faktoren kennengelernt, die auf das Unterrichtsgeschehen im Deutschunterricht einwirken und die Entfaltung von Lehrmethoden beeinflussen:

> übergreifende gesellschaftliche Faktoren
> Aspekte von allgemeiner Pädagogik
> Aspekte von Schule als Institution der Gesellschaft
> Faktoren, die Deutsch als Unterrichtsfach betreffen
> solche, die sich unmittelbar aus der Konstellation in einer Lehrgruppe/ Schulklasse ergeben.

Aufgabe 4

Versuchen Sie bitte jetzt, aufgrund der Kenntnisse dieser Faktoren eine vorläufige Definition des Begriffs „Methodik" zu geben. Welche Faktoren sind Ihrer Meinung nach besonders wichtig?

Der Begriff M e t h o d e / M e t h o d i k ist aus dem griechisch-lateinischen Wort „methodos/methodus" abgeleitet und bedeutet etwa: „Zugang/Weg, der zu einem bestimmten Ziel führt" (Heuer, 1979, 11).
In der Fachdiskussion gibt es eine enger und eine weiter gefaßte Begriffsbestimmung (Eppert, 1973, 217f.).

enger und weiter gefaßte Definition

„Methodik" i m e n g e r e n S i n n bezieht sich nur auf die konkreten unterrichtlichen Prozesse auf der Ebene des Fachunterrichts. Es werden unterrichtliche Steuerungsprozesse beschrieben, die auch Anweisungen zur Unterrichtsplanung und Entwicklung von Unterrichtsmaterial umfassen (Krumm, 1981, 217; Freudenstein, 1970, 176).

„Methode" i m w e i t e r e n S i n n umfaßt auch Faktoren der Lernstoffauswahl, -abstufung und -gliederung (so etwa: Mackey, 1965).
In der Fachdiskussion der früheren sozialistischen Länder, d. h. auch in der Fachliteratur der ehemaligen DDR, wird M e t h o d e häufig in der erweiterten Begriffsbestimmung gebraucht (vgl. Desselmann/Hellmich, 1986, 18f.). In der Bun-

Didaktik / Methodik

desrepublik hat sich seit den 60er Jahren die Unterscheidung von D i d a k t i k (Faktoren, die in unserer Grafik S. 10 die Ebene des Faches Deutsch als Fremdsprache bestimmen – also Ziele, Inhalte, Lernstoffauswahl und -progression) und M e t h o d i k (der enger gefaßte Begriff der Unterrichtslehre; in unserer Grafik die Ebene des Fach u n t e r r i c h t s) durchgesetzt. Nach diesem Verständnis beschäftigt sich die Didaktik mit den Lehrinhalten (w a s gelehrt wird), die Methodik dagegen mit den Lehrverfahren (w i e gelehrt wird).

Wie kommt es zu diesen unterschiedlich weit gefaßten Definitionen von „Methode"?

Methodenlehre

Eine Zusammenfassung der beiden Bereiche Lernstoff/Lernverfahren unter dem Begriff M e t h o d e n l e h r e ist offensichtlich immer dann möglich, wenn unter den Philologen eines Landes ein – meist nicht ausdrücklich formulierter – Konsens bezüglich der übergreifenden gesellschaftlich-institutionellen Rahmenbedingungen besteht und wenn man in der Bestimmung der übergreifenden pädagogischen Zielsetzung übereinstimmt. Man braucht einen weiter gefaßten Begriff von Methode nicht, wenn diese Rahmenbedingungen (Lernstoffauswahl/Lernziele) vorab geklärt sind. Die Schulbehörden und Deutschlehrer eines Landes könnten sich z. B. einig sein, daß Deutsch nicht die erste, sondern eine nachgeordnete Fremdsprache ist. Sie soll etwa nur an der höheren Schule, d. h. an ausgewählte, begabte und leistungsbereite Schüler vermittelt werden. Und dabei soll es um die Vermittlung systematischer Regelkenntnisse (Geistesschulung) und das Lesen von deutscher Literatur gehen. In einem solchen Fall kann man sich auf eine entsprechende „Unterrichtslehre" konzentrieren.

Beispiel

Beispiel: Entwicklungen in der Bundesrepublik Deutschland in den 50er und 60er Jahren:

> Es ist bezeichnend, daß etwa in der Bundesrepublik bis zum Ende der 50er Jahre umfassende Veröffentlichungen zur Theorie und Praxis des neusprachlichen Unterrichts (Bohlen, 1952; Schubel, 1958) als „Methodiken" gekennzeichnet wurden. Fremdsprachenunterricht war in den 50er Jahren auf das Gymnasium (und die Mittelschule, die ein sehr kleiner Prozentsatz eines Schülerjahrgangs besuchte: dort wurde eine Fremdsprache, Englisch, angeboten) beschränkt. Weniger als 10 % eines Schülerjahrgangs besuchten das Gymnasium – eine relativ leistungshomogene Elite. Sie wurde von Philologen unterrichtet, die ein überwiegend literaturwissenschaftlich orientiertes Fremdsprachenstudium absolviert hatten. Der Fremdsprachenunterricht war entsprechend an pädagogischen Zielsetzungen wie „Geistesschulung durch Fremdsprachen" und „Erziehung zu ordnendem Denken durch Fremdsprachenlernen" und an fachlichen Zielsetzungen wie „Verständnis für die Kultur und Literatur des Zielsprachenlandes" orientiert. Diesen Vorstellungen entsprach ein Unterricht, der systematische Grammatikarbeit, Information über die kulturellen Leistungen („große Männer") und die Lektüre wertvoller Literatur betonte.
>
> Aufgrund dieser einheitlichen Rahmenbedingungen kam es auch zu einer Art Monopolstellung bestimmter Lehrwerke für den Englisch- und Französischunterricht *(Learning English* und *Études Françaises)*: Das Lehrwerk und die Unterrichtsmethode waren also praktisch identisch. Fachdidaktische Forschung und Diskussion bezog sich deshalb nicht auf die übergreifenden Ziele und Rahmenbedingungen (Was soll gelehrt werden?), sondern auf Ausführungen zur Unterrichtspraxis (Wie soll gelehrt werden?).
>
> Erst als Bewegung in die Bildungspolitik kam, als z. B. die Kultusminister die Einführung des „Englischunterrichts für alle" an der Hauptschule beschlossen (1964), als man in den Erziehungswissenschaften über Alternativen zu traditionellen Bildungsvorstellungen nachzudenken begann und deutliche Veränderungen im fachwissenschaftlichen Bereich (neue Ansätze der Literaturwissenschaft; Etablierung der Linguistik als Studienfach im Germanistikstudium) entstanden, vor allem auch, als ein veränderter gesellschaftlich-wirtschaftlicher Bedarf an Fremdsprachenkenntnissen deutlich wurde („Sputnikschock" Ende der 50er Jahre), verschiebt sich das Interesse der Fremdsprachendidaktiker deutlich auf Fragen der übergeordneten Rahmenbedingungen und Zielsetzungen.
>
> Die Folge dieser Beschäftigung mit Grundsatzfragen des Faches und des Fachunterrichts war eine Kritik und Abwertung der traditionellen Methodik, die als subjektiv und unbegründet, als „vorwissenschaftliche Rezeptologie" (Achtenhagen, 1969) kritisiert wurde (Heuer, 1979, 115f.).

Beispiel

Ein anderes Beispiel, das die Situation des Fremdsprachenunterrichts in der ehemaligen DDR charakterisiert:

> Die übergreifenden pädagogischen Ziele waren durch die gesellschaftlichen Verhältnisse vorgegeben. Die Schüler sollten zu „sozialistischen Persönlichkeiten" erzogen werden. Daraus ergab sich z. B. eine bestimmte Perspektive bei der Auswahl der landeskundlichen Inhalte des Zielsprachenlandes und der Darstellung der Verhältnisse im eigenen Staat. Die Ziele und die Unterrichtsverfahren des fremdsprachlichen Unterrichts waren durch einen Einheitslehrplan und ein Einheitslehrwerk verbindlich vorgegeben.

> *Versuchen Sie herauszufinden, welche Vorstellung von „Methode" in der Fachliteratur in Ihrem Land vorherrscht.*

Verhältnis von Lehrbuch und Methode

1.4 Lehrwerke werden nach bestimmten Lehrmethoden verfaßt. An Lehrbüchern kann man die Merkmale von bestimmten Lehrmethoden gut erkennen

Es gibt eine Vielzahl von Deutschlehrwerken. Sie alle verfolgen dasselbe Ziel: Deutsch als Fremdsprache zu vermitteln. Aber schon ein oberflächlicher Vergleich dieser Lehrwerke macht deutlich, daß es offensichtlich ganz unterschiedliche Vorstellungen darüber gibt,

> w a s man alles lernen muß, um Deutsch zu „beherrschen" (z. B. Grammatik, Wortschatz, Aussprache, Rechtschreibung / Lesen, Hören, Sprechen, Schreiben, Übersetzen / Landeskunde, Literatur) – jedes Lehrbuch setzt im Bereich der Lernstoffe andere Schwerpunkte,

> in welcher R e i h e n f o l g e die Lernstoffe angeordnet und wie sie miteinander verknüpft sein sollen,

> w i e v i e l man lernen muß, um Deutsch zu „können" und – das ist die zentrale Frage, wenn es um das Thema „Methoden des Fremdsprachenunterrichts" geht,

> w i e man am besten den Unterricht gestaltet (Lehrperspektive) und wie man am besten lernt (Lernperspektive).

Lehrwerke versuchen, die Vorstellungen und Prinzipien von Lehrmethoden so zu präzisieren und zu konkretisieren, daß ein ganz bestimmtes Unterrichtskonzept entsteht. Manche Lehrbücher sind nicht mehr als eine Sammlung von Unterrichtsmaterialien. Andere versuchen dagegen, den Unterrichtsablauf so zu „programmieren", daß die Abfolge einzelner Unterrichtsphasen und -schritte ganz genau festgelegt wird (wie das Drehbuch eines Films). Es ist kein Zufall, daß in manchen Ländern und Sprachen die Begriffe „Lehrbuch" und „Methode" als Synonyme gebraucht werden (z. B. im Französischen: *méthode* = Lehrbuch/Lehrverfahren)!

Methodenkonzeption im Lehrwerk

Woran kann man erkennen, nach welcher Methode ein Lehrwerk entwickelt worden ist?

Man kann gut erkennen, nach welchen methodischen Prinzipien ein Lehrwerk aufgebaut ist, wenn man die folgenden Aspekte genauer betrachtet:

1. Die Texte einer Lektion

Sind es Texte, wie sie im Alltag des Sprachgebrauchs im Zielsprachenland vorkommen (sogenannte authentische Textsorten, z. B. aus der Zeitung: Berichte, Anzeigen, Kommentare, Werbung usw.) oder wurden sie von den Lehrbuchautoren verfaßt, um ein bestimmtes sprachliches Phänomen einzuführen (z. B. ein neues Grammatikpensum oder neuen Wortschatz – wir nennen sie grammatikalisierende oder synthetische Texte)?

2. Die Grammatikdarstellung

Werden Grammatikregeln formuliert (in der Muttersprache oder in der Fremdsprache)?
Wird die Grammatik über Beispiele eingeführt?
Wird zuerst die Regel und dann das Beispiel eingeführt – oder umgekehrt?
Werden visuelle Hilfen gegeben (z. B. durch Hervorhebung im Schriftbild; durch Verwendung von Farben; durch bildliche Zeichen usw.)?

In manchen Lehrbüchern fehlt die Grammatik ganz – auch das kann ein Hinweis auf die zugrundeliegende Methode sein!

3. Die Übungen und Übungssequenzen

Besonders gut kann man die Methode, nach der ein Lehrwerk verfaßt ist, „auf einen Blick" am Übungsteil einer Lektion erkennen, weil jede Methode ganz bestimmte Arten von Übungen und Übungsfolgen bevorzugt, um ihre Lernziele zu erreichen.

4. Der Lektionsaufbau

In jeder Methode ist auch eine ganz bestimmte Abfolge der Unterrichtsphasen und -schritte ausgeprägt. Daraus entwickelt sich ein ganz bestimmtes Lektionsschema. Wenn z. B. in einem Lehrbuch die einzelnen Lektionen mit der Darstellung der Grammatikregeln beginnen, ergeben sich ganz andere Unterrichtsverfahren und -abläufe, als wenn zunächst ein Lektionstext gelesen und ausgewertet werden soll oder ein Gespräch von der Kassette gehört wird und dazu ein Situationsbild gezeigt wird!

5. Die Lernprogression: der Aufbau des Lernprogramms

Oft kann man die methodische Konzeption eines Lehrbuchs auch schon an seinem Inhaltsverzeichnis erkennen, weil jede Methode ganz bestimmte Lernziele und Lernstoffe hervorhebt und kombiniert (z. B. die Grammatik; die Texte; die Themen; die Fertigkeitsbereiche; den Wortschatz usw.) und einem Aspekt (z. B. der Grammatik) die Führungsrolle bei der Anlage der Lernstoffprogression zuteilt.

Die folgende Grafik macht den Zusammenhang zwischen dem Lehrwerk und der Lehrmethode, nach der es konzipiert wurde, noch einmal deutlich:

In LEHRMETHODEN werden formuliert:	In LEHRWERKEN erkennt man Methoden besonders gut an:
– **Lehrziele** W a s gelehrt werden soll (Lehrstoffe) Dabei werden berücksichtigt: – übergreifende gesellschaftliche und pädagogische Vorgaben – Befunde der Fachwissenschaften (Linguistik; Landeskunde; Literatur- und Textwissenschaft)	– **Texten** Textauswahl Textgestaltung
	– **Grammatik** Auswahl und Abfolge Darstellung
	– **Übungen** Übungstypen Übungsphasen Übungssequenzen
– **Lehrverfahren / Unterrichtsprinzipien** W i e gelehrt werden soll (Unterrichtsprinzipien) Entwickelt werden unter Berücksichtigung der Befunde der Lerntheorie Vorschläge zu: – Unterrichtsgliederung – Unterrichtsformen – Unterrichtsmedien – Unterrichtsorganisation	– **Lektionsaufbau** Einführung Übung/Festigung Systematisierung Anwendung/Transfer
	– **Lernprogression** Aufgliederung des Lernstoffes Verschränkung/Kombination der Lernziele

Bei der Darstellung der verschiedenen Methoden des fremdsprachlichen Deutschunterrichts analysieren wir deshalb zunächst in einem Lehrbuch, das für die jeweilige Methode typisch ist, die folgenden Aspekte:

> die Texte
> die Grammatik
> die Übungen
> den Lektionsaufbau und
> die Lernprogression

und versuchen anhand der Beispiele, die Frage zu beantworten, welche Methodenkonzeption dem jeweiligen Lehrbuch zugrunde liegt.

Konzentration auf
Anfangsunterricht

Wir konzentrieren uns dabei auf Lehrbücher, die für den A n f a n g s u n t e r r i c h t geschrieben wurden, weil in ihnen die Prinzipien der jeweiligen Methode besonders klar hervortreten.

2 Die Grammatik-Übersetzungs-Methode (GÜM)

Aufgabe 6

> *Überlegen Sie:*
> *In der Bezeichnung „Grammatik-Übersetzungs-Methode" werden zwei Begriffe zusammengefügt, die für diese Methode charakteristisch sind. Was drücken sie aus? Welches „Programm" ist in ihnen enthalten?*

Betonung der Grammatik: Sie ist das tragende Element der Lernstoffprogression, und sie ist das übergreifende L e r n z i e l: Wer die Grammatik beherrscht, beherrscht die fremde Sprache!
Betonung der Übersetzung: Sie ist das Ziel der Anwendung der Fremdsprache: Wer korrekt übersetzen kann, zeigt damit, daß er die fremde Sprache wirklich beherrscht!

2.1   Ein paar Hinweise zur Einführung

Die GÜM wurde in Europa im 19. Jahrhundert für den neusprachlichen Unterricht (Französich; Englisch) in den Gymnasien entwickelt. Vorbild war dabei der Unterricht der „alten Sprachen" (Griechisch; Latein), die den Sprachunterricht in den Gymnasien beherrschten.

historische Aspekte

Daß man für den Unterricht der modernen, „lebenden" Fremdsprachen dieselben Unterrichtsmethoden wie für die „toten" (d. h. nicht mehr gesprochenen und nur in Schriftform überlieferten) Sprachen Latein und Griechisch übernahm, hat eine Reihe von Gründen:

a) Übergreifendes Ziel des gymnasialen Unterrichts war damals die „allgemeine Geistesbildung" des Schülers. Zu dieser geistig-formalen Schulung tragen nach der damaligen Meinung insbesondere die Beschäftigung mit Mathematik u n d mit Sprachen bei. Die Schüler sollten ihren Verstand an der Logik und Systematik der Sprache – etwa des Lateinischen – schulen. Die überlieferten Zeugnisse der literarisch geformten Sprache („wertvolle Literatur") dienten dabei als Maßstab.

b) Sprachunterricht in der Schule war – von wenigen Ausnahmen abgesehen – das Privileg derjenigen Schüler, die das Gymnasium besuchten. Das war eine sehr kleine „Bildungs-Elite" („Bildungsbürgertum").

c) Wenn die neuen neusprachlichen Fächer – also in erster Linie Französisch und Englisch – als Schulfächer im Gymnasium akzeptiert werden und dem übergreifenden Ziel der Geistesbildung dienen wollten, mußten sie die Konkurrenz zu Latein und Griechisch bestehen. Sie hatten dann zunächst keine andere Wahl, als ähnliche Unterrichtsziele zu formulieren u n d vergleichbare Methoden des Unterrichts anzuwenden.

Ende des 19. Jahrhunderts kam es dann zu einer heftigen Auseinandersetzung zwischen den Neuphilologen in Deutschland über die Frage, ob der neusprachliche Unterricht nicht ganz andere Ziele und Methoden entwickeln müsse als der altsprachliche Unterricht.

Das „klassische" Konzept der GÜM geht davon aus, daß die Lerngruppe eine einheitliche Ausgangssprache (Muttersprache) hat, daß das Alter und der Kenntnis- und Bildungsstand der Gruppe homogen ist und daß sie „leistungsstark" ist. Das trifft z. B. beim Fremdsprachenunterricht im Gymnasium zu.

In den folgenden Abschnitten beschäftigen wir uns mit einem Lehrbuch, das nach der

GÜM angelegt ist. Wir konzentrieren uns dabei auf

> das Inhaltsverzeichnis (Lernstoffverteilung)
> die Grammatikdarstellung
> die Übungen und Übungstexte
> die Lernprogression.

2.2 Besprechung eines Lehrbuchs, das nach der GÜM gestaltet wurde

Wir haben als Beispiel ein Lehrbuch ausgewählt, das für Schüler mit Englisch als Muttersprache entwickelt wurde und den Lehrstoff der O-Level-Prüfung (etwa vergleichbar mit der „Mittleren Reife" im deutschen Schulsystem) für vier Jahre Deutschunterricht darstellt:

A. Russon, L. J.Russon (1955): *Simpler German Course for First Examinations.*

Wir sehen uns zunächst das Inhaltsverzeichnis an:

Das Inhaltsverzeichnis

Übersetzung:

Section I: Grammar	**Abschnitt I: Grammatik**
Word Order	Wortstellung
Conjunctions	Konjunktionen
The Articles	Die Artikel
Nouns	Substantive
The Cases	Die Fälle
Adjectives	Adjektive
Adverbs	Adverbien
Numerals, Dates, etc.	Zahlwörter, Datum, etc.
Pronouns	Pronomina
Prepositions	Präpositionen
Verbs	Verben
Section II: Sentences and Phrases on Grammatical Points	**Abschnitt II: Sätze und Phrasen zu grammatischen Phänomenen**
Exercises 1 - 35	Übungen 1 - 35
Section III: English Prose Passages for Translation	**Abschnitt III: Englische Prosapassagen zum Übersetzen**
Section IV: Free Composition	**Abschnitt IV: Freier Aufsatz**
Section V: German Prose Extracts Hints on answering Comprehension Questions	**Abschnitt V: Auszüge deutscher Prosa Hinweise zur Beantwortung von Verständnisfragen**
(A) Passages for Translation or Comprehension	(A) Passagen zur Übersetzung oder zum Textverständnis
(B) Passages for Translation, Comprehension or Reproduction	(B) Passagen zur Übersetzung, zum Textverständnis oder zur Nacherzählung
Section VI: German Verse for Translation or for Exercises in Comprehension	**Abschnitt VI: Deutsche Lyrik zur Übersetzung oder für Verständnisübungen**
Vocabulary	Vokabelverzeichnis
German-English	Deutsch-Englisch
English-German	Englisch-Deutsch
Index to Grammar Section	Grammatikindex

Russon (1955), IXf.

Ein paar Aspekte fallen bei diesem Inhaltsverzeichnis ins Auge:

1. Das Lehrbuch ist nicht in eine Folge von Lektionen aufgeteilt, sondern in Blöcken angeordnet:
Abschnitt I enthält die Grammatik, die Abschnitte II bis VI enthalten Übungen: Grammatikübungen (II), Texte zum Übersetzen bzw. zum Leseverstehen und zum Schreiben (III - VI).

Lehrstoffanordnung

2. Der erste Abschnitt ist der Grammatikdarstellung gewidmet. Der Grammatikstoff ist nach Wortarten gegliedert. Der Lehrstoff ist also in nebeneinander stehenden Blöcken angeordnet. Eine Progression des Grammatikstoffes, etwa nach dem Prinzip „Vom Einfachen zum Schwierigen", ist nicht ohne weiteres erkennbar.

Grammatik nach Wortarten

3. Im Übungsteil kann man folgende Übungsschwerpunkte erkennen:
   - Satzbildung zu den grammatischen Phänomenen (Abschnitt II)
   - Übersetzungsübungen
     von der Muttersprache in die Fremdsprache (III)
     von der Fremdsprache in die Muttersprache (V und VI)
   - Übungen zur Entwicklung des Leseverständnisses (V und VI)
   - Übungen zur Entwicklung des schriftlichen Ausdrucks (IV und Vb)

Die Schwerpunkte liegen also auf Grammatik, Übersetzung und Lesen/Schreiben.

Übungsschwerpunkte

Der Lehrer kann dieses Lehrbuch also nicht „Seite für Seite"/ „von vorne nach hinten" durchnehmen, sondern er muß sich die Abfolge des Lehrprogramms selbst zusammenstellen. Dazu gibt es – wie wir sehen werden – im Buch Verweise (z. B. von der Grammatik zu den Übungen).

Zusammenfassung

Es ergibt sich dann der folgende Ablauf von Unterrichtsphasen.

2.3 Ablauf von Unterrichtsphasen

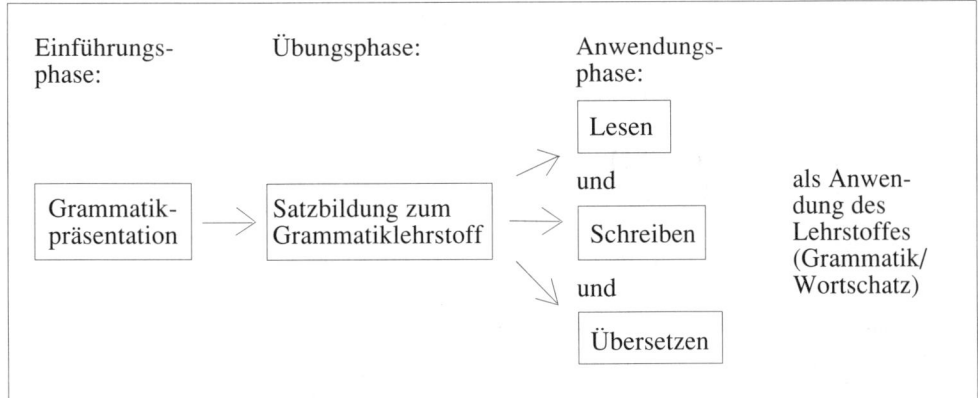

Der Lehrer entscheidet also, welche Schwerpunkte er in der Anwendungsphase setzen will.

2.4 Die Grammatikdarstellung

Sehen wir uns ein Beispiel aus Abschnitt I an:

Die Präposition

82. Präpositionen mit Akkusativ oder Dativ
a) Nach folgenden neun Präpositionen wird der **Akkusativ** verwendet, um die Bewegung **zu** einem Ort anzuzeigen, der **Dativ**, um Ruhelage oder Bewegung **an** einem Ort anzuzeigen.

82. Prepositions governing the Accusative or Dative

(*a*) After the following nine prepositions the **accusative** is used to show movement **to** a place, the **dative** to show rest or movement **at** a place.

an, *on, at, to, by*	über, *over, across*
auf, *on (horizontal surface only)*	unter, *under, among*
hinter, *behind*	vor, *in front of, before*
in, *in, into*	zwischen, *between*
neben, *near, next to, beside*	

Note. Ans = an das; am = an dem; aufs = auf das; ins = in das; im = in dem; übers = über das; überm = über dem; vors = vor das; vorm = vor dem.

Er setzte sich an **den** Tisch.	*He sat down at the table.*
Er saß an **dem** Tisch.	*He was sitting at the table.*
Er setzt sich auf **den** Stuhl.	*He sits down on the chair.*
Er saß auf **dem** Stuhl.	*He was sitting on the chair.*
Er stellte sich hinter **mich.**	*He came and stood behind me.*
Er stand hinter **mir.**	*He was standing behind me.*

Russon (1955), 53

Das vollständige Kapitel „Präpositionen" hat folgenden Aufbau:

> Präpositionen mit Akkusativ (79)
> Präpositionen mit Genitiv (80)
> Präpositionen mit Dativ (81)
> Präpositionen mit Akkusativ und Dativ (82)

Versuchen wir, die Grammatikdarstellung zu beschreiben:

1. In jedem Abschnitt wird zunächst das Grammatikpensum benannt und in – muttersprachlich formulierten – Regeln angegeben. Ausnahmen von der Regel werden im Anschluß an die Regeln (Kleindruck) benannt.

2. Zu jeder Grammatikregel werden deutsche Beispielsätze zu ihrer „Illustrierung" gegeben. Jeder Beispielsatz hat eine muttersprachliche Übersetzung.

2.5 Die Übungen

2.5.1 Die Übungen zur Grammatik

Zu jedem Grammatikkapitel des I. Abschnitts gibt es im II. Abschnitt spezielle Übungen. Sie sind alle nach dem folgenden Muster aufgebaut:

20. PREPOSITIONS
(§§ **79-81**)

1. He came home about seven o'clock after he had gone right round the town. 2. They all sat round the long table till nine o'clock. 3. In spite of the great difficulties since the last war the Germans haven't lost (the) courage. 4. He lives at his uncle's opposite the white house. 5. On our arrival we went immediately to bed. 6. In my opinion he did it against his will. 7. We have lunch every day at home. 8. They were walking in the direction of London. 9. In this weather it is quite impossible to work in the garden. 10. He is not entirely without means, for he has been working now (already) for two years. 11. For what reason did you come along this street? 12. He went to school at the age of six. 13. Because of the cold weather they stayed at home. 14. They came by boat towards the end of the month. 15. During the last war many people lived outside the bigger towns. 16. As he hadn't any money on him he couldn't go by train. 17. He said in a quiet voice: "Yes, it is a picture by Dürer." 18. Although I live in the midst of all these people, except for you I hardly see anybody (I see almost nobody). 19. The judge was a man of sixty. 20. What are you doing at Christmas? We are going to Paris.

20. Präpositionen
(§§ **79-81**)

1. Er kam etwa um sieben Uhr heim, nachdem er durch die ganze Stadt gegangen war. 2. Sie saßen alle um den langen Tisch bis neun Uhr. 3. Trotz der großen Schwierigkeiten seit dem letzten Krieg haben die Deutschen den Mut nicht verloren. 4. Er wohnt bei seinem Onkel gegenüber dem weißen Haus. 6. Meiner Meinung nach tat er es gegen seine Überzeugung. 7. Wir essen jeden Mittag zu Hause. 8. Sie gingen Richtung London. 9. Bei diesem Wetter ist es ganz unmöglich im Garten zu arbeiten. 10. Er ist nicht ganz mittellos, weil er jetzt schon zwei Jahre arbeitet. 11. Aus welchem Grund kamst du diese Straße entlang? 12. Mit sechs ging er zur Schule. 13. Wegen des kalten Wetters blieben sie zu Hause. 14. Gegen Ende des Monats kamen sie mit dem Schiff. 15. Während des letzten Krieges lebten viele Leute außerhalb der Großstädte. 16. Da er kein Geld bei sich hatte, konnte er nicht mit dem Zug fahren. 17. Er sagte mit ruhiger Stimme: „Ja, es ist ein Bild von Dürer". 18. Obwohl ich mitten unter all diesen Leuten lebe, treffe ich außer dir kaum jemanden (fast niemanden). 19. Der Richter war ein Mann von 60 Jahren. 20. Was machst du an Weihnachten? Wir fahren nach Paris.

Russon (1955), 110

Zwei Aspekte sind an diesen Übungen auffällig:

1. Der Grammatikstoff wird in der Form der Übersetzung (in die Fremdsprache) geübt.

2. Die Übungen bestehen aus unverbundenen Einzelsätzen, die zu den Teil-aspekten des jeweiligen Grammatikphänomens „konstruiert" wurden.

2.5.2 Längere Übersetzungstexte in der Muttersprache für die Übersetzung ins Deutsche („Hinübersetzung")

10. *At the seaside*

We sometimes spend[1] our holidays in[2] the country, but I prefer spending[1] them by the sea. This year the weather was magnificent. We had sunshine every day except on the first Sunday morning[3]; but it didn't matter[4], for we went to church[5]. The sea was very warm and we often bathed three times a[6] day; and I learnt at last to swim. Father taught[7] me. I was very proud of[8] it. After bathing[9] we usually played all sorts of[10] games on the sand or we simply lay[11] in the sun. We all[12] got[11] very brown except mother who is afraid of[13] the sun. Sometimes we made excursions along[14] the sea-shore and found strange fishes and plants everywhere. Once we were[15] cut off by[16] the sea and had to climb up[17] on to the rocks and wait at least[18] two or three hours. Fortunately[19] mother was not with us and knew nothing of[20] the danger till we were back. It could[21] easily have been very dangerous if we had lost our heads[22].

10. An der Küste

Wir verbringen unsere Ferien manchmal auf dem Land, aber ich verbringe sie lieber an der See. Dieses Jahr war das Wetter großartig. Wir hatten jeden Tag Sonne, außer am ersten Sonntagmorgen; aber das machte nichts, da wir zur Kirche gingen. Die See war sehr warm, und wir badeten oft dreimal am Tag; und ich lernte endlich schwimmen. Vater brachte es mir bei. Darauf war ich sehr stolz. Nach dem Baden spielten wir normalerweise alle möglichen Arten von Spielen auf dem Sand oder lagen einfach in der Sonne. Wir wurden alle sehr braun, außer Mutter, die die Sonne nicht mag. Manchmal machten wir Ausflüge am Strand entlang und fanden überall seltsame Fische und Pflanzen. Einmal wurden wir von der See abgeschnitten und mußten zu den Felsen hinaufklettern und mindestens zwei oder drei Stunden warten. Glücklicherweise war Mutter nicht mit uns und wußte nichts über die Gefahr, bis wir zurück waren. Es hätte für uns leicht sehr gefährlich sein können, wenn wir den Kopf verloren hätten.

Russon (1955), 129

Merkmale der Übersetzungstexte:

1. Es werden fortlaufende Geschichten mit einfachem Inhalt (oft Anekdoten) erzählt – in der Muttersprache.
2. Die Fußnoten geben dem Schüler Hinweise, welches Grammatikphänomen er bei der Übersetzung beachten – und ggf. noch einmal nachschlagen – soll.
3. Man kann diese Übersetzungen erst machen, wenn der gesamte Grammatiklehrstoff behandelt ist.

2.5.3 Freier Aufsatz

Ein Beispiel:

10

Sie haben von Ihrem Onkel einen Zwanzigmarkschein zum Geburtstag bekommen. Bedanken Sie sich in einem Brief dafür.

Brief mit Zwanzigmarkschein auf Geburtstagstisch—was damit getan werden soll—möchte Flöte spielen—will Geld sparen—zwanzig Mark haben noch gefehlt—Summe ist jetzt vollzählig—gehe morgen Flöte kaufen.

das Geburtstagsgeschenk, *birthday present.*
sich schrecklich freuen, *be terribly pleased.*
wissen wollen, *want to know.*
erzählen, *tell.*
seit langer Zeit, *for a long time.*
in Erfüllung *gehen, *be fulfilled.*
es ist mir ernst damit, *I really mean it.*
die Sparbüchse, *money-box.*
das Sparkassenbuch, *savings-book.*
das Taschengeld, *pocket-money.*
nichts aus-geben, *spend nothing.*
sparen, *save.*
die Belohnung, *reward.*
es möglich machen, *make (it) possible.*
das Schaufenster, *shop-window.*

Russon (1955), 163

Zu dem „Thema" des Aufsatzes werden zwei Hilfen gegeben:

1. Stichwörter, die den Ablauf strukturieren helfen,
2. wichtige Wörter (in zweisprachigen Wortgleichungen).

In der Einführungspassage zu diesem Teil des Lehrbuchs bekommen die Schüler Hinweise, wie sie einen Aufsatz richtig schreiben sollen und was dabei wichtig ist: „Sie sollten Einfachheit und Korrektheit anstreben ... Für den freien Aufsatz auf deutsch muß man dieselben gründlichen Kenntnisse des Deutschen haben, wie man sie auch für die Übersetzung ins Deutsche braucht..." (Unsere Übersetzung).

2.5.4 Auszüge aus deutscher Prosa für Übersetzungsübungen („Rückübersetzung") und Leseverständnisübungen

Während sich die Textpassagen zur Übersetzung in die Fremdsprache und die Themen zum freien Aufsatz mit „Alltagsdingen" beschäftigen, soll der Schüler bei den Übungen zum Leseverständnis und zur Übersetzung von der Fremdsprache in die Muttersprache von Anfang an mit „guten" fremdsprachlichen Texten – das sind nach der Auffassung der GÜM literarische Texte ausgewiesener Autoren – umgehen lernen. Das schult nicht nur das Sprachbewußtsein in der Fremdsprache (und das Ausdrucksvermögen in der Muttersprache!), es ist zugleich auch ein Stück „literarischer Bildung" der fremden Kultur.

Ein Beispiel:

---

27. *A deal*

Er steckte die Hand in die Tasche und zog einen ziemlich großen Beutel, aus starkem Leder, an zwei kräftigen ledernen Schnüren heraus und händigte ihn mir ein. Ich griff hinein und zog zehn Goldstücke heraus und wieder zehn und wieder zehn und wieder zehn; ich hielt ihm schnell die Hand hin: „ Abgemacht! Für den Beutel haben Sie meinen Schatten." Er nahm meine Hand, kniete dann sogleich vor mir nieder, und mit einer bewundernswürdigen Geschicklichkeit sah ich ihn meinen Schatten, vom Kopf bis zu meinen Füßen, leise von dem Grase lösen, aufheben, zusammenrollen und falten und zuletzt in die Tasche stecken. Er stand auf, verbeugte sich vor mir und zog sich nach dem Rosengebüsche zurück. Mir war, als hörte ich ihn da leise für sich lachen. Ich aber hielt den Beutel bei den Schnüren fest, rund um mich her war die Erde sonnenhell, und ich wußte noch nicht, was ich getan hatte.

Nach Adalbert von Chamisso (1781–1838):
Peter Schlemihl

1. Warum hatte der Beutel Schnüre?
2. Was befand sich in dem Beutel?
3. Was wollte der Mann mit dem Beutel kaufen?
4. Woher wissen Sie, daß der Erzähler zu verkaufen bereit war?
5. Warum kniete der Mann vor ihm nieder?

6. Was machte der Mann mit dem Schatten, nachdem er ihn vom Gras gelöst hatte?
7. Wo verschwand der Schatten?
8. Woraus schließen Sie, daß der Mann höflich war?
9. War der Mann mit seinem Einkauf zufrieden?
10. Wann kann man seinen Schatten sehen?

Zum Nacherzählen (Umriß, S. 234)
Zum Fortsetzen (Umriß, S. 169)

Russon (1955), 204

Zu den Fragen zum Textverständnis merken die Autoren im Vorwort an, daß sie so formuliert wurden, daß man bei der Antwort nicht einfach von der Vorlage abschreiben kann – also „anspruchsvoll" sind. Einfache Fragen könne der Lehrer selbst formulieren.

Eine Steigerung im sprachlichen Schwierigkeitsgrad – und eine „Abrundung" der literarischen Bildung – stellt die Gedichtauswahl am Ende des Buches dar. Auch diese Texte dienen der Übersetzung bzw. der Schulung des Leseverständnisses:

23. *The light fails*

Der Vorhang fällt, das Stück ist aus,
Und Herrn und Damen gehn nach Haus.
Ob ihnen auch das Stück gefallen[1]?
Ich glaub, ich hörte Beifall schallen.
5 Ein hochverehrtes Publikum
Beklatschte dankbar seinen Dichter.
Jetzt aber ist das Haus so stumm,
Und sind verschwunden Lust und Lichter.

Doch horch! ein schollernd[2] schnöder[3] Klang
10 Ertönt unfern der öden Bühne;—
Vielleicht daß eine Saite sprang
An einer alten Violine.
Verdrießlich rascheln im Parterr[4]
Etwelche[5] Ratten hin und her,
15 Und Alles riecht nach ranzgem[6] Öle.
Die letzte Lampe ächzt und zischt
Verzweiflungsvoll, und sie erlischt.
Das arme Licht war meine Seele.

1. Wo fällt der Vorhang und wann?
2. Wie zeigt man, daß ein Stück gefallen hat?
3. Woher wissen Sie, daß der Dichter nicht sicher ist, ob das Stück gefiel?
4. Warum war das Haus so stumm?
5. Wodurch wurde die Stille unterbrochen?
6. Warum nennt der Dichter die Bühne öde?
7. Was machte die Ratten verdrießlich?
8. Was zeigt, daß dies kein modernes Theater war?
9. Wann ächzt und zischt eine Lampe?
10. Warum vergleicht der Dichter seine Seele mit der letzten Lampe?

[1] Gefallen: gefallen hat.
[2] Schollernd: *vibrating.*
[3] Schnöder: *hateful.*
[4] Das Parterr: das Parterre.
[5] Etwelche: irgendwelche.
[6] Ranzgem: ranzigem.

Russon (1955), 258, (Gedicht von Heinrich Heine)

Zu einer Reihe von Texten werden weitere Übungen gestaltet:

2.5.5 Die Nacherzählung

Sie wird durch die Vorgabe von Stichwörtern gesteuert:

27. (S. 204) *A deal*

Beutel — Goldstücke — abgemacht — Schatten — kniet nieder — löst Schatten — steckt in die Tasche — verbeugt sich — zieht sich zurück — lacht für sich — ich halte Beutel fest — Sonnenschein — stehe wie versteinert da.

Russon (1955), 234

2.5.6 Übungen zum „Weiterschreiben"

Auch diese Übungen werden durch die Vorgabe von Stichwörtern vorstrukturiert:

Beispiel

24

Setzen Sie " A deal " fort (Nr. 27, S. 204).

Schlemihl kommt wieder zu Sinnen—füllt Taschen mit Gold—verbirgt Beutel—eilt nach der Stadt fort—alte Frau ruft: „ Sie haben Ihren Schatten verloren "—andere Leute bemerken es auch—vermeidet es, in die Sonne zu treten—muß über die Straße gehen—Jungen lachen über ihn—springt in eine Droschke—fährt zum Hotel—läßt Sachen holen—fährt zum besten Hotel—wirft einige Goldstücke hin—bekommt bestes Zimmer—verschließt sich darin—weint—so viel Geld aber keinen Schatten—was wird aus ihm werden?

Russon (1955), 169

2.5.7 Das Diktat

Im Vorwort zum Lehrbuch wird darauf hingewiesen, daß man die literarischen Lesetexte auch zum Diktieren verwenden könne.
Das z w e i s p r a c h i g e V o k a b e l v e r z e i c h n i s im Anhang (deutsch-englische Wortgleichungen) ist alphabetisch angeordnet und hilft – ähnlich wie der Grammatikindex – beim Lesen, Schreiben und Übersetzen.

Typische Übungsformen der GÜM:

Zusammenfassung

1. Die Übersetzung von Einzelsätzen von der Muttersprache in die Fremdsprache, bezogen auf den jeweiligen Grammatiklehrstoff
2. Die Übersetzung längerer, inhaltlich zusammenhängender Textpassagen (Muttersprache – Fremdsprache), die bestimmte Grammatikphänomene „gebündelt" enthalten
3. Die Übersetzung deutscher literarischer Texte in die Muttersprache
4. Das Lesen deutscher literarischer Texte
5. Die schriftliche Zusammenfassung bzw. Nacherzählung von Textvorlagen
6. Der Aufsatz (mit Hilfe von Stichwörtern) bzw. das Weiterschreiben von Textvorlagen
7. Das Diktat.

Die Arbeitshilfen zu den einzelnen Übungen (Verweisungen auf Grammatik; Wortgleichungen; Fragen; Stichwörter usw.) sind so strukturiert, daß das übergreifende Ziel – die „Korrektheit" des sprachlichen Ausdrucks bzw. des Textverständnisses – möglichst sicher erreicht werden soll.

Wenn der Übungsapparat eines Lehrbuchs vorwiegend aus Grammatikübungen/ Übersetzungen/Lesestücken/schriftlichen Aufgaben (wie Nacherzählung/Diktat/ gelenkter und freier Aufsatz) besteht, können Sie sicher sein, daß es sich um ein Lehrbuch nach der GÜM handelt.

2.6 Zur Lehrstoffprogression

Die genauere Betrachtung des Übungsapparates und der Texte gibt uns einige Hinweise auf die Lernstoffaufgliederung und die Progression.

Offensichtlich sieht das Konzept der GÜM zunächst die Durchnahme und Einübung des g e s a m t e n Grammatiklehrstoffes (einschließlich des dazu gehörenden Wortschatzes) vor. Die „Grundstufe" des Sprachkurses ist ganz dem Grammatikunterricht gewidmet.

Erst d a n a c h – in der „Erweiterungsstufe" – kommt die Anwendung der fremdsprachlichen Kenntnisse in der Hin- und Rückübersetzung, der Entwicklung des Leseverständnisses und des schriftlichen Ausdrucks. Dabei sind die Texte für die Hinübersetzung (in die Fremdsprache) so verfaßt, daß eine Abstufung nach ihrem Schwierigkeitsgrad (was die Bündelung von Grammatik und den Wortschatz angeht) entsteht. Die literarischen Prosatexte sind entweder im Hinblick auf Einfachheit in der Sprache und in der inhaltlichen Gliederung ausgesucht oder – das betrifft die meisten Texte – sprachlich vereinfacht worden. Nur die Gedichte wurden prinzipiell unverändert in ihrer Original-Sprachform belassen.

Die literarischen Texte wurden also unter sprachdidaktischen Gesichtspunkten ausgewählt oder bearbeitet, um eine Progression des Schwierigkeitsgrades zu erreichen! Es ergibt sich dann folgender Progressionsablauf des Gesamtkurses:

Grundstufe (margin)
Erweiterungsstufe (margin)
Schema (margin)

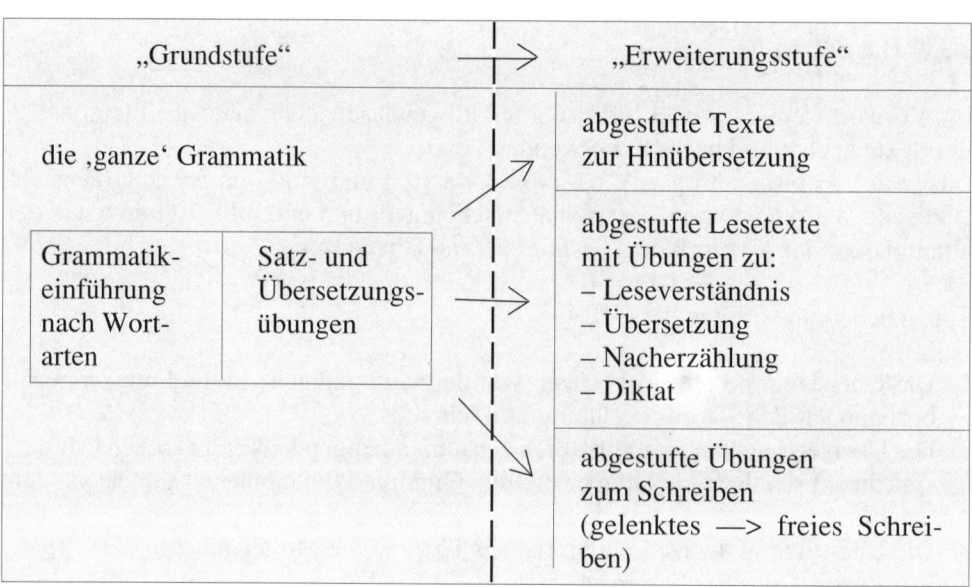

2.7 Verlauf einer Unterrichtseinheit

Grammatik (margin)

a) Im allgemeinen beginnt jede Unterrichtseinheit mit der Einführung einer oder mehrerer grammatikalischer Regeln. Sie wird/werden in der Muttersprache dargeboten und erklärt. Die Muttersprache – nicht die Fremdsprache/Zielsprache – ist also die Unterrichtssprache der GÜM!

Beispiele (margin)

b) Die Grammatikregel wird dann anhand von Beispielen verdeutlicht. Dabei stehen die zu behandelnden neuen Grammatikstoffe eindeutig im Vordergrund. Auf andere, gleichzeitig im Übungssatz auftauchende Probleme wird nicht eingegangen. Die Beispiele werden in der Zielsprache mit muttersprachlicher Übersetzung dargeboten. Zur mündlichen Erläuterung verwendet der Lehrer entsprechende Fachausdrücke (in der Muttersprache).

Der Schüler soll sich auf diese Weise über die Regel(n) klar werden und sie auswendig lernen.

Wortschatzliste (margin)

c) Es folgt eine Wortschatzliste, die neues Vokabular in Form von Vokabelgleichungen präsentiert. Vokabelgleichung heißt, daß ein fremdsprachliches Wort einem muttersprachlichen Wort zugeordnet wird.

Übungen

d) Dieses neue Vokabular wird in den darauffolgenden Übungen angewendet. Die Übungen können aus einzelnen Wörtern, Satzteilen oder ganzen Sätzen bestehen. Sie stehen in keinem Sinnzusammenhang untereinander, sondern sind nur nach ihrem grammatikalischen Inhalt zusammengestellt, z. B. als Übung zu den Präsensformen von „sein":

Dieses Haus ist groß. Sie ist beleidigt.
Der Hase ist dumm. usw.

Übungsbeispiele dieser Art können sowohl von der Muttersprache in die Zielsprache als auch in umgekehrter Richtung gegeben werden.

Übersetzung

e) Ein weiterreichendes Ziel für den Schüler ist die Übersetzung zusammenhängender Texte. Dieses Ziel kann aber erst mit einem genügend fundierten Grundwissen angestrebt werden. Schließlich, so meint Gustav Tanger, einer der Hauptvertreter der GÜM, kann ein Text nur dann von Nutzen sein, wenn er in seinem ganzen Inhalt verstanden werden kann, und das ist im Grundstufen-Unterricht nur in der Muttersprache möglich. Zwar sei natürlich auch er als Vertreter der GÜM bemüht,

> möglichst bald zu zusammenhängenden Lesestücken zu gelangen. Aber es hält uns vieles ab, den von den Reformern gewiesenen Weg ebenfalls zu betreten. Es handelt sich zunächst beim fremdsprachlichen Anfangsunterricht nicht darum, daß dem Schüler daraus sofort der Segen erwachse, den der Unterricht bringen soll und naturgemäß erst im späteren Verlaufe gewähren kann. Wir betrachten den Anfangsunterricht als das Fundament des von uns durch den Unterricht aufzuführenden Gebäudes, und wie ein jeder mit uns es für töricht halten würde, wollte man einen Versuch machen, das Fundament, noch ehe der Rohbau beendet ist, nutzbar zu machen, so halten wir es für verkehrt, schon eine Frucht des Sprachunterrichts pflücken zu wollen, noch ehe sie reif, ja noch ehe ein merklicher Ansatz dazu vorhanden ist.

(Tanger, 1888; zitiert bei Hüllen, 1979, 50)

Aufgabe 7

Eine Zwischenbilanz:

Sie haben in den Abschnitten 2.2. bis 2.5. anhand der Analyse eines Lehrwerks einige wichtige Merkmale der GÜM kennengelernt.

1. Fassen Sie noch einmal zusammen, was Sie über die GÜM wissen:
   – zur Stellung der Grammatik und ihrer Präsentation
   – zu den Übungstypen
   – zum Aufbau von „Lektionen" bzw. Unterrichtsphasen
   – zur Anlage der Lernstoffprogression.

2. Haben Sie selbst Unterrichtserfahrung mit der GÜM?
   Welche Vorteile bietet Ihrer Meinung nach diese Lehrmethode, welche Nachteile könnte man finden?

Zusammenfassung

2.8 Zusammenfassung: Die Grundlagen der GÜM, ihre Zielsetzung und ihre methodischen Prinzipien

Wir haben in den vorangegangenen Abschnitten anhand eines Lehrbuchs die wichtigsten Merkmale der GÜM erarbeitet.
Im folgenden Abschnitt fassen wir – dem Übersichtsschema (S. 10) entsprechend, das die einzelnen Ebenen und Faktoren, die zur Ausbildung von Methodenkonzeptionen führen, skizziert hat – die

> pädagogischen Faktoren (übergreifende Ebene)
> linguistischen, text- und literaturwissenschaftlichen und landeskundlichen

Faktoren (Ebene des Faches) und
> lerntheoretischen Faktoren (Grundlage für die Umsetzung der Lernziele und Lerninhalte für den Fachunterricht) zusammen.

2.8.1 Pädagogische Grundlagen

Sprachenlernen wird nicht nur als geistig-formale Schulung gesehen, sondern auch als Prozeß der Formung der Persönlichkeit in der Auseinandersetzung mit den Bildungsgütern der fremden Kultur, die zu den Leistungen der eigenen Kultur in Bezug gesetzt werden. Fremdsprachenlernen war in Europa lange Zeit ein Privileg der höheren Bildung und Eliteschulung im Rahmen der öffentlichen Schule. Diese Einschätzung der Grammatik-Übersetzungs-Methode als der adäquaten Methode „gebildeten" Fremdsprachenlernens hat ihr bis heute in vielen Ländern ihren Platz im neusprachlichen Unterricht gesichert.

2.8.2 Linguistische Grundlagen

Zur Formulierung der Sprachregeln wird die jeweilige Zielsprache mit Hilfe der Kategorien der lateinischen Grammatik dargestellt (nach Wortarten geordnet) und in Regeln gefaßt. Da dies wegen der unterschiedlichen Strukturierung der einzelnen Sprachen nicht durchgehend möglich ist, müssen zu jeder Regel auch die entsprechenden Ausnahmen formuliert und gelernt werden.

Grundlage der Sprachbeschreibung ist die geschriebene, literarisch geformte Sprache, die nach formalen Kriterien dargestellt wird. Sprache wird dabei als ein „Gebäude" gesehen, das aus „Sprachbausteinen" systematisch gefügt und nach logischen Regeln aufgebaut ist. Sprachbeherrschung bedeutet Sprachwissen.

2.8.3 Literatur/Landeskunde

Literatur (als geformte Sprache) ist das Zeugnis der geistigen Leistungen einer Sprachgemeinschaft. In ihr treten die kulturellen Werte charakteristisch zutage. Diese gilt es, aufzunehmen und zu verstehen.

2.8.4 Lerntheoretische Grundlagen

Zugrunde liegt ein kognitives Lernkonzept (Verständnis und Anwendung der Konstruktionsregeln). Sprachenlernen bedeutet formale Geistesschulung, Erziehung zu ordnendem Denken.

2.8.5 Begriffserklärung und Zielsetzung

Die GÜM ist eine synthetisch-deduktive Methode. Das bedeutet: Die Fremdsprache wird erlernt durch die Verknüpfung zahlreicher, einzeln gelehrter Regeln (deduktives Verfahren). Man geht aus von den Einzelteilen der Sprache und baut Schritt für Schritt das Gesamtsystem auf, bildet also die Synthese. Dabei geht es nicht um die praktische Beherrschung der Fremdsprache, sondern vielmehr um eine bewußte Einsicht in deren formalen Aufbau und das Regelsystem. Vorherrschende Unterrichtssprache ist die Muttersprache.

Hauptinhalt der GÜM im Fremdsprachenunterricht ist, wie der Name schon andeutet, die Vermittlung der Grammatikregeln sowie deren praktische Anwendung in einem Übersetzungstext. Übersetzungen aus der Fremdsprache bilden die Hauptunterrichtsmethode.

Hauptziel des Unterrichts der neueren Fremdsprachen ist nach Gustav Tanger, einem ihrer Hauptvertreter, die „allgemeine Geistesbildung", „die Bildung des Verstandes und des Gemüts oder Herzens" (Tanger, 1888, zitiert bei Hüllen, 1979, 14).

Um dieses Ziel zu erreichen, müssen natürlich gewisse Fertigkeiten auch im praktischen Gebrauch der Fremdsprache vorhanden sein. Doch dienen diese Fertigkeiten nur als Mittel zum Zweck: zur allgemeinen Geistesschulung.

Sie beziehen sich in erster Linie auf den s c h r i f t l i c h e n   G e b r a u c h der Sprache. Der Schüler soll sowohl den Inhalt als auch die Form eines Textes erfassen können.

Die dazu ausgewählten Texte sind die W e r k e   b e d e u t e n d e r   A u t o r e n aus dem jeweiligen Kulturkreis der Zielsprache.

Mit Hilfe von Lexika und unter Anwendung der gelernten Grammatikregeln soll der Schüler die Texte verstehen lernen und i n   d i e   M u t t e r s p r a c h e   ü b e r s e t z e n können. Das Lernziel der Sprachbeherrschung gilt als erreicht, wenn die Grammatikregeln erfaßt und in der Übersetzung sowohl aus der Muttersprache in die Fremdsprache als auch von der Fremdsprache in die Muttersprache angewendet werden können und wenn ein bestimmtes Vokabular erlernt ist.

2.8.6 Prinzipien des Unterrichts nach der GÜM

> Einsicht nehmen in die Baugesetze der fremden Sprache (durch Vergleich mit der Muttersprache)
> Rekonstruktion der fremden Sprache und Reproduktion korrekter Sätze durch Anwendung der Regeln
> Besonders markante Übungsformen sind: Bildung korrekter Sätze durch Regelanwendung; Satzumformung nach formalen Grammatikregeln; Übersetzung von der Muttersprache in die Fremdsprache (Hinübersetzung) und von der Fremdsprache in die Muttersprache (Rückübersetzung).

2.9   Kritik an der Grammatik-Übersetzungs-Methode

Die Kritik an der GÜM stammt vor allem von Vertretern der didaktischen Richtungen, die sich später innerhalb der Reformbewegung mit der sog. „direkten Methode" durchsetzen konnten (vgl. Kap. 3). Einer dieser Vertreter ist Wilhelm Viëtor.

Er kritisiert an der GÜM vor allem, daß sie eine lebende Sprache mit den Mitteln und Regeln einer toten Sprache lehrt. Dies könne einer modernen, lebenden Sprache nie gerecht werden.

> [Man] kann /.../ die Grammatik einer Sprache nicht in eine Reihe starrer Regeln zwängen, die, einmal vom Grammatiker abgefaßt, so unabänderlich sind wie die Gesetze der Meder und Perser. Im Gegenteil, Grammatik ist, was die Gesellschaft daraus macht, was gestern im Schwang war, ist heute vergessen, und was heute richtig ist, wird morgen falsch sein.

> (Viëtor, 1882; zitiert bei Hüllen, 1979, 12)

Weiterhin kritisiert Viëtor, daß die Sprache in der GÜM in einzelne, in sich sinnlose Bestandteile zerrissen wird. Eine Sprache, so argumentiert er, bestehe nicht aus einzelnen, aneinandergereihten Wörtern, sondern aus Sätzen. Eine starre Anwendung von Regeln führe zur ebenso starren Verknüpfung einzelner Wörter oder Satzteile. Sie vermittle aber nie den Gehalt einer wirklichen Aussage. Außerdem, so meint Viëtor, könnten einzelne Wörter und isolierte Sätze kein Interesse beim Schüler wecken. In der GÜM bestehe der Unterricht zum größten Teil im Auswendiglernen von Wörtern und Regeln. Es werde nur mechanisch gelernt. Der Schüler habe keine Möglichkeit, sich einen Problembereich (selbständig) zu erarbeiten. Sein

Verstand werde nicht gefordert. Auch die Hausaufgabe bestünde in einer weiteren rein mechanischen Tätigkeit, nämlich dem Niederschreiben der Übungssätze.

Gustav Tanger argumentiert gegen diese Anschuldigungen folgendermaßen: Das eigene Erarbeiten grammatikalischer Regeln wäre eine Überforderung für den kindlichen Verstand. Es müsse ja doch der Lehrer ständig helfend eingreifen – und wo bliebe dann der Sinn einer solchen Vorgehensweise? Der Schüler gewöhne sich durch eine solche Art des Lernens nur vorschnelles und unbegründetes Schlußfolgern an. Ziel des Fremdsprachenunterrichts sei es aber doch, den Geist des Kindes durch formales und logisches Argumentieren zu fördern (siehe „formales Bildungsprinzip", „allgemeine Geistesbildung"). Das Lernen abstrakter Grammatikregeln, wie es die GÜM praktiziere, sei dagegen für den Schüler viel leichter zu bewältigen. Regeln seien konkret und könnten dem Schüler eine sichere Grundlage für den Sprachgebrauch bieten. Die Schüler sollten nicht, wie es der GÜM oft vorgeworfen wird,

> die Regeln um ihrer selbst willen lernen, damit sie dieselben hersagen können, sie sollen die Regeln anwenden und tun das bei den darüber angestellten Übungen /.../ Zu jeder Zeit hat bei unserem Verfahren der Durchschnittsschüler das angenehme Gefühl, daß er das, was er „gehabt" hat (ich gebrauche diesen vielgeschmähten Ausdruck absichtlich), auch besitzt, und nach Maßgabe der ihm gewordenen Belehrung auch verwenden kann, daß dahinter nichts lauert, dessen Erklärung ihm noch, als zu schwer, vorenthalten worden ist; er hat mit einem Worte von vornherein das Gefühl der Klarheit und Sicherheit auf dem ihm zugänglichen Gebiete, während dies Gefühl bei der analytischen Methode, zum mindesten im Anfang, fehlt.

> (Tanger, 1888; zitiert bei Hüllen, 1979, 53)

Aufgabe 8

Stellen Sie sich vor: Sie sind Lehrbuchautor. Sie schreiben gerade ein Lehrbuch für die Grundstufe nach der Grammatik-Übersetzungs-Methode.
Sie sind bei Kapitel 15 angelangt und wollen in diesem Kapitel als Grammatikpensum die „Präpositionen mit dem Genitiv" einführen.

1. Sehen Sie in einer Grammatik nach, welche Präpositionen den Genitiv verlangen.

2. Formulieren Sie einfache Regeln dazu in Ihrer Muttersprache.

3. Formulieren Sie zu jeder Präposition einen einfachen Beispielsatz.

4. Schreiben Sie einen Text, in dem möglichst alle Präpositionen, die Sie neu einführen wollen, vorkommen.

5. Entwerfen Sie drei Übungen zu dem neuen Grammatikpensum:
   – einen Lückentext
   – eine Frage-Antwort-Übung
   – einen Text in Ihrer Muttersprache, der ins Deutsche übersetzt werden soll.

Vergleichen Sie Ihre eigene „Lektion" mit denen eines Deutschlehrbuches aus Ihrem Land: Welchen Einfluß hat die GÜM auf den Fremdsprachenunterricht Ihres Landes?

3 Die direkte Methode (DM):

Eine Vorläuferin der audiolingualen Methode (ALM)

Aufgabe 9

> *Überlegen Sie:*
> *Welche Bedeutung könnte das Wort „direkt" für eine Unterrichtsmethode haben?*
> *„direkt": Fremdsprachenlernen „„wie man die Muttersprache gelernt hat"?*
> *Fremdsprachenlernen „direkt vom Lehrer"?*
> *Fremdsprachenlernen „ohne Regeln der Grammatik"?*

3.1 Zur Einführung

Bei der Darstellung der GÜM wurde wiederholt auf die Zeit der Reformbewegung innerhalb der Fremdsprachendidaktik hingewiesen, die in den 80er Jahren des 19. Jahrhunderts einsetzte. Sie mündete in die sog. direkte Methode, die – geschichtlich gesehen – die GÜM ablöste und die weltweit bekannte audiolinguale Methode (vgl. Kap.4) vorbereitete.

Die Hauptmerkmale der direkten Methode (DM) sollen in diesem Kapitel besprochen werden. Dabei wird die DM als Hauptvertreter der zahlreichen methodischen Ansätze während der Reformzeit behandelt.

Die direkte Methode steht als Vertreter zahlreicher Theorien, die um die Jahrhundertwende für den Fremdsprachenunterricht neuartige Wege und Ziele entwickelten. Ihr Hauptanliegen war eine Orientierung weg von der bisher praktizierten starren Grammatikmethode hin zum a k t i v e n Fremdsprachenunterricht, in dem die gesprochene Sprache den absoluten Vorrang hat. Die Bezeichnung „direkte Methode" besagt, daß die Fremdsprache „direkt", d. h. ohne das störende Dazwischentreten der Muttersprache vermittelt werden soll. Die Muttersprache wird so weit wie möglich aus dem Unterricht ausgeklammert. Auf diese Weise soll der Schüler dazu gebracht werden, einzig in dem Medium der neuen Sprache zu denken. Er soll die Fremdsprache nicht im Vergleich zur Muttersprache angehen, sondern sich ein neues, selbständiges Sprachsystem aufbauen.

Die direkte Methode wird in erster Linie mit dem Namen Berlitz verbunden (s. Berlitz, 1887).

Sie wurde außerdem unter zahlreichen, zum Teil synonym zu verwendenden Bezeichnungen bekannt: z. B. Anti-Grammatik-Methode, Reform-Methode, rationale Methode, natürliche Methode, konkrete Methode, intuitive Methode, analytische Methode (s. Morris, 1966, 10).

3.2 Die historische Entwicklung der Reformbewegung

Der Ausgangspunkt für die Entwicklung der direkten Methode war die Veröffentlichung der Schrift *Der Sprachunterricht muß umkehren* unter dem Decknamen Quousque tandem (wie lange noch) im Jahre 1882 (Raith, 1967, 37). Ihr Verfasser war der Marburger Universitätsprofessor Wilhelm Viëtor, der bereits im Kapitel über die Grammatik-Übersetzungs-Methode mehrmals zitiert wurde. Sie werden sich erinnern, daß Viëtor als entschiedener Kritiker der traditionellen grammatisierenden Unterrichtsmethoden auftrat und für eine völlige Umkehr des neueren fremdsprachlichen Unterrichts eintrat.

Viëtor wandte sich in erster Linie gegen die Vorherrschaft der Schrift und der Grammatik im Unterricht von lebenden Fremdsprachen. Die starren Regeln der Grammatik-Übersetzungs-Methode, so meinte er, könnten niemals einer lebenden, ständig sich wandelnden Sprache gerecht werden.

Und wenn es auch gelänge, [dem Schüler] die beste Grammatik und das umfassendste Wörterbuch in den Kopf zu schaffen, so hätte er noch immer keine Sprache gelernt! „Die Sprache besteht aus Lauten und nicht aus Buchstaben", sage ich mit dem berühmten Sprachforscher Sayci /.../ „Und ehe diese Tatsache gründlich zum Bewußtsein gekommen ist, braucht man nicht zu erwarten, daß die Sprachen jemals richtig betrieben würden."

(Viëtor, 1882; zitiert bei Hüllen, 1979, 12)

Im Vordergrund des Unterrichts sollte die <u>aktive mündliche Sprachbeherrschung</u> stehen. Deshalb sollte der Ausspracheschulung besondere Beachtung geschenkt werden; Erkenntnisse der Phonetik und die phonetische Umschrift sollten in den Fremdsprachenunterricht miteinbezogen werden.

Weiterhin kritisierte Viëtor das sinnlose Lernen von zusammenhangslosen Wörtern in Wörterlisten und forderte deren Einbettung bzw. deren Darbietung in einem Satzzusammenhang.

Aber vor allem besteht die Sprache, die Zwecke des Lexikographen ausgenommen, nicht aus Wörtern, sondern aus Sätzen. Man wird nie eine fremde Sprache dadurch sprechen lernen, daß man einfach lange Listen von abgerissenen Wörtern dem Gedächtnis überliefert. Kennt man selbst alle Regeln der Grammatik noch dazu, so wird man, wenn es drauf und dran kommt, mit dem Aneinanderreihen der Worte und dem Verstehen von dem, was uns erwidert wird, gar bald am Ende sein.

(Viëtor, 1882; zitiert bei Hüllen, 1979, 12)

Er warf der Grammatik-Übersetzungs-Methode vor, sie betreibe Grammatik nur um der Grammatik willen. Regellernen sei aber nur sinnvoll, wenn sich der Schüler die Regeln aus einer Vielzahl von Beispielen selbst erarbeiten könne. Viëtor spricht sich damit für den i n d u k t i v e n W e g des Grammatiklernens aus („vom Beispiel zur Regel"; vgl. dagegen das d e d u k t i v e Verfahren der Grammatik-Übersetzungs-Methode, das die Regeln vorgibt und sie an Beispielsätzen verdeutlicht).

Mit der Abkehr von der traditionellen Grammatikmethode gaben Viëtor und seine Mitstreiter „den Anstoß der sogenannten Reformbewegung im neusprachlichen Unterricht, die sich bald mit einer wahren Flut von Veröffentlichungen über ganz Deutschland ausbreitete" (Kahl, 1962, 34/35). In den 90er Jahren des 19. Jahrhunderts schließlich fanden die grundlegenden Gedanken der Reformer ihren Ausdruck in den revidierten Lehrplänen zu den modernen Fremdsprachen. Dort heißt es:

Das Ziel des Unterrichts in den neueren Sprachen hat in allen höheren Schulen eine Änderung dahin erfahren, daß der praktische mündliche und schriftliche Gebrauch der Fremdsprache /.../ überall in den Vordergrund gestellt, die Grammatik nur Mittel zum Zwecke ist.

(Bender, 1979, 16)

Ursachen der Reformbewegung

Die veränderten Zielsetzungen der Reformbewegung lassen sich auf mehrere Ursachen zurückführen: Es zeigte sich, daß die bisherigen traditionellen Methoden nicht sehr erfolgreich waren.

Verschiedene Wissenschaftszweige wiesen auf mögliche Mängel hin:

So konnte die Sprachwissenschaft aufgrund von Sprachvergleichen feststellen, daß jede Sprache auf eine besondere Art strukturiert und deshalb die Anwendung des lateinischen Regelsystems auf moderne, lebende Sprachen nicht sinnvoll sei.

Die Phonetik konnte auf die Unterschiede zwischen gesprochener und geschriebener Sprache hinweisen.

Von seiten der Psychologie schließlich wurden Einwände gegen die Forderungen des formalen Bildungsprinzips vorgebracht.

Entscheidend für die Änderung der Unterrichtsziele aber waren vor allem die politische und wirtschaftliche Expansion im Deutschland der Jahrhundertwende, die die Entwicklung der praktischen Sprechfertigkeit in den modernen Fremdsprachen notwendig machte. Grammatische Regelkenntnisse und die Lektüre bedeutender Werke konnten den neuen Anforderungen nicht genügen. Somit wurden die formalen Bildungsziele von den p r a g m a t i s c h e n Zielen abgelöst.

pragmatische Ziele

Fassen Sie kurz zusammen:

1. Welche Merkmale der direkten Methode haben Sie bisher kennengelernt?

2. Welches sind die Hauptpunkte der Kritik, die die Reformer gegen die Grammatik-Übersetzungs-Methode vorbrachten?

3. Welche Ursachen lassen sich für die Entwicklung einer „Reform-Methode" des Fremdsprachenunterrichts Ende der 90er Jahre des 19. Jahrhunderts angeben?

3.3 Ziele der direkten Methode (DM)

Ging es früher darum, den Schüler Grammatikregeln auswendig lernen zu lassen, damit er sie in der Übersetzung von Beispielsätzen anwenden konnte, so sollte er nun in die Lage versetzt werden, sich die Regeln der Fremdsprache intuitiv zu erschließen, er sollte selbst ein Gefühl für die Sprache entwickeln. Insbesondere durch Nachahmung des Lehrers sollte der Schüler sich in das System der Fremdsprache einleben. Die Sprachanwendung sollte also auf einer mehr oder weniger unreflektierten Ebene ablaufen. S p r a c h g e f ü h l wurde zum Ziel des sprachlichen Könnens.

Entwicklung des Sprachgefühls

Diesem Verfahren lag die Annahme zugrunde, daß der Fremdsprachenerwerb grundsätzlich ganz ähnlich verlaufe wie der Erwerb der Muttersprache. So wie das Kind in die Muttersprache hineinwachse, so sollte deshalb auch der Schüler in die Fremdsprache hineinwachsen.

> Daß wir eine zweite Sprache nicht so lernen können wie die Muttersprache, vor allem nicht in der Schule, ist eine Binsenwahrheit; die Voraussetzungen sind völlig anders. Aber grundsätzlich ist kein Unterschied zwischen der Art, wie wir unsere Muttersprache gelernt haben, und der Art, wie wir eine fremde Sprache lernen: auch bei der fremden Sprache kommt Sprechen vor Schreiben.

(Raith, 1967,43)

Man prägte in diesem Zusammenhang den Begriff des „naturgemäßen Lernens", d. h., man versuchte, den Schülern die Sprache in lebensnahen Situationen beizubringen. So wurde z. B. die Umgangssprache in den Unterricht miteinbezogen. Es galt nicht mehr, den Schüler große Werke der Literatur lesen und übersetzen zu lassen, sondern er sollte lernen, sich in Alltagssituationen zurechtzufinden. Wie beim kleinen Kind, das sprechen lernt, sollten die ersten Wörter und Sätze aus dem unmittelbaren Erfahrungsbereich des Lernenden stammen, z. B. aus dem häuslichen oder schulischen Umfeld.

naturgemäßes Lernen

Das System der fremden Sprache sollte gleichzeitig einen Zugang zur Gedanken- und Gefühlswelt und den Lebensumständen des fremden Volkes darstellen, dessen Sprache gelehrt wurde.

Das fremdsprachliche Lernen sollte losgelöst vom muttersprachlichen Bezugssystem erfolgen mit der Assoziationsmethode*: Bestimmte Begriffe oder Lautäußerungen wurden mit bestimmten Inhalten zu einem festen Gefüge verbunden (assoziiert).

Assoziationsmethode

Die Assoziationsmethode stammte aus der Psychologie. Sweet, einer ihrer Vertreter und gleichzeitig ein Mitbegründer der direkten Methode, formulierte die Bedeutung der Assoziation folgendermaßen:

> Die psychologische Grundlage für das praktische Sprachstudium ist das Assoziationsgesetz (the great law of association) /.../
> Der gesamte Prozeß des Spracherwerbs ist ein Prozeß der Assoziationsbildung. Wenn wir unsere eigene Sprache lernen, assoziieren wir Wörter und Sätze mit Gedanken, Ideen, Handlungen, Ereignissen.

(s. Stern, 1984, 317; eigene Übersetzung aus dem Englischen)

Einsprachigkeit

Der Assoziationsprozeß sollte auch im fremdsprachlichen Denken vor sich gehen, ohne den Umweg über die Muttersprache. Man wollte ausschließen, daß die gedanklichen Vorstellungen, die Assoziationen zu den einzelnen Begriffen in eine ganz bestimmte Richtung gelenkt werden. Es galt also, die Muttersprache so weit wie möglich aus dem Fremdsprachenunterricht herauszuhalten.

Es ist bisher deutlich zum Ausdruck gekommen, daß sich die direkte Methode bewußt von den Methoden und Zielen der traditionellen Grammatik-Übersetzungs-Methode absetzen wollte. Die grundlegenden Unterschiede sollen in der folgenden Grafik noch einmal kurz zusammengefaßt werden:

Vergleich

Methode	Lernziel	Muttersprache
1) kognitiv (GÜM)	schriftlicher Sprachgebrauch/ Sprachwissen	
imitativ (DM)	mündlicher Sprachgebrauch/ Sprachkönnen	Muttersprache ist Unterrichts- sprache und Be- zugspunkt im Fremdsprachen- unterricht (GÜM)
2) deduktiv (GÜM)	bewußte Einsicht	
induktiv (DM)	Anwendung, „ohne viel zu denken"	Muttersprache als Störfaktor im Fremdspra- chenunterricht (DM)
3) zweisprachig (GÜM)	Sprache (soll) als formales System (erfaßt werden), das in der Mutter- sprache erklärt wird	
einsprachig (DM)	Sprache (soll) als Kommunikations- mittel (beherrscht werden), ohne daß die Muttersprache zu Hilfe genommen wird	

Gnutzmann/Stark (1982), 21f.

Hinweis

Im Reader S.130f. finden Sie als Beispiel für die Auswirkungen der Reformbewegung auf den Unterricht in den modernen Fremdsprachen Richtlinien der International Phonetic Society aus den 80er Jahren des 19. Jahrhunderts, die in 6 Artikeln wesentliche Merkmale der direkten Methode zusammenfassen.

Aufgabe 11

1. Versuchen Sie eine Zusammenfassung der wichtigsten Merkmale der DM.

2. Welche Gründe waren Ihrer Meinung nach für die Entwicklung der Reformmethoden ausschlaggebend?

3. Welche Hauptziele der DM lassen sich formulieren?

3.4 Unterrichtsverfahren und -inhalte bei der direkten Methode

3.4.1 Charakteristika der DM

Das hervorstechendste Unterrichtsprinzip der direkten Methode ist sicherlich die geforderte E i n s p r a c h i g k e i t des Unterrichts. Die Muttersprache wird als Störfaktor empfunden, die eine unmittelbare Vermittlung der fremdsprachlichen Begriffe verhindern würde. „Der Schüler sollte seine eigene Sprache für die Dauer des Unterrichts völlig aus dem Bewußtsein verdrängen, um zu einer neuen Begriffsbildung in der fremden zu kommen." (Kahl, 1962, 38)

Einsprachigkeit

Bestimmte lautliche Äußerungen der Fremdsprache sollen also durch A s s o z i a - t i o n * mit bestimmten geistigen Vorstellungen oder Erinnerungen verbunden werden. Im Laufe des Unterrichts soll in der Fremdsprache ein neues Bezugssystem für die Wörter, Sätze und Satzformen der zu lernenden Sprache aufgebaut werden, das in sich geschlossen und losgelöst von der Muttersprache dasteht. Zwar werden sich die gedanklichen Vorstellungen zum Inhalt eines Wortes in den Anfangsphasen des Unterrichts zwangsläufig innerhalb der Bezugssysteme der Muttersprache bewegen, durch genügende Übung wird aber bald der Rückgriff auf die Muttersprache nicht mehr nötig sein, und der Schüler wird für die Fremdsprache einen eigenen Assoziationsrahmen haben.

Assoziation

Aus dieser Zielsetzung ergibt sich als grundlegende Unterrichtsform das G e - s p r ä c h in der Zielsprache. Das Erlernen der Fremdsprache soll (wie beim Erlernen der Muttersprache) im wesentlichen durch Z u h ö r e n (auditiv) verlaufen. Der Lehrer dient als S p r a c h m o d e l l, das der Schüler n a c h a h m e n soll. H ö r e n und N a c h s p r e c h e n sind die wichtigsten Wege zur Beherrschung der Fremdsprache.

Gespräch

Die fremdsprachlichen Anforderungen an den Lehrer sind bei dieser Art des Unterrichts natürlich höher, als dies in der Grammatik-Übersetzungs-Methode der Fall war. So sollte der Lehrer in seiner Rolle als Modell die Fremdsprache fließend und vor allem akzentfrei sprechen können.

Somit muß in der direkten Methode auf die klangliche Seite der Sprache besonderes Augenmerk gerichtet werden. Bisher hatte die Ausspracheschulung im Fremdsprachenunterricht so gut wie keine Rolle gespielt. Sie wurde mehr als notwendiges Übel gesehen und in der Regel in einem Anfangskapitel des Sprachlehrgangs kurz abgehandelt. Für die eigentlichen Ziele des Unterrichts (Grammatikkenntnisse; Übersetzen; Lesen und Schreiben) hatte sie keine Bedeutung.

Ausspracheschulung

Die einfachste und wohl auch älteste Methode zur Ausspracheschulung ist die N a c h a h m u n g. So meint z. B. R. Ascham im Jahre 1570:

Nachahmung

> Alle Sprachen, neu gelernte und Muttersprachen, werden, und zwar ausschließlich, durch Nachahmung erworben. Denn wie du es gewohnt bist zu hören, so lernst du zu sprechen; wenn du niemand anderen sprechen hörst, wirst du selbst nicht sprechen; und nur wen du hörst, von dem wirst du lernen.

> (vgl. Kelly, 1976, 65; eigene Übersetzung aus dem Englischen)

Um dem Schüler die Nachahmung besonders schwieriger Laute zu erleichtern, sollte er sich auch p h o n e t i s c h e r E r k e n n t n i s s e bedienen: Zum Beispiel kann der Lehrer dem Schüler erklären, daß man das deutsche /y/ artikuliert, indem man die Lippen rundet (vgl. Kelly, 1976, 66).

Phonetik

Eine weitere Möglichkeit der Aussprachehilfe besteht darin, den Schüler auf die typischen fremdsprachlichen Akzente hinzuweisen, die einen Ausländer beim Gebrauch der Muttersprache des Schülers charakterisieren. Indem z. B. ein französischer Schüler bewußt versuchen soll, wie ein Deutscher Französisch zu sprechen, wird sich der Schüler über gewisse Merkmale der deutschen Aussprache klar werden. Ein weiteres Grundprinzip der direkten Methode ist A n s c h a u l i c h k e i t. In seinem *Handbuch der Erziehungs- und Unterrichtslehre für höhere Schulen* aus dem Jahre 1910 schreibt dazu Friedrich Glauning:

Anschaulichkeit

> Als ein Hauptvorzug der sogenannten Anschauungsmethode wird gerühmt, daß bei ihrer Anwendung die Sprachvorstellungen sich im Geiste des Schülers mit den durch die Betrachtung des Bildes hervorgerufenen Sachvorstellungen unmittelbar verbinden. Diese Verbindung soll eine so enge und rasche sein, daß den muttersprachlichen Vorstellungen weder Raum noch Zeit übrig bleibt, sich zwischen der sachlichen und der fremdsprachlichen Vorstellung einzudrängen.

> Sicher ist /.../, daß der Unterricht in den fremden Sprachen /.../ der Anschauung und der Anschauungsmittel bedarf, mag man sie nun als Ergänzung und Verdeutlichung der fremdsprachlichen Wortbilder oder als Grundlage zur Darbietung und Entwicklung der Grammatik und zur Aneignung eines möglichst reichen Sprachschatzes benützen, mag nun, im ersteren Falle, die sprachliche, oder, wie im letzteren, die sachliche Vorstellung dem Lernenden zuerst entgegentreten.

> (Glauning, 1919; zitiert bei Hüllen, 1979, 70)

Aus der Forderung nach Anschaulichkeit folgen schließlich einige grundlegende Methoden für die Vermittlung konkreter Unterrichtsinhalte:

Der W o r t s c h a t z u n t e r r i c h t muß also zwei Forderungen gerecht werden, nämlich denen nach:

1. Anschaulichkeit
2. Einsprachigkeit.

So verläuft vor allem der Anfangsunterricht erst einmal unter Einbeziehung der konkreten, unmittelbaren Umgebung des Schülers. Der Lehrer bedient sich einzelner Dinge aus dem Klassenzimmer und benennt sie. So vermittelt er einmal die Wortbedeutung konkreter Objekte, die v o r g e z e i g t und b e n a n n t werden, etwa nach dem Muster *Was ist das? – Das ist ein Tisch.* Weiterhin kann er Eigenschaften benennen: *Ist dieser Stift lang oder kurz?* Er kann Tätigkeiten ausdrücken: *Ich öffne die Tür.* Er kann Mengenangaben verdeutlichen: *Ein Buch, zwei Bücher.* Er kann den Kasus eines Wortes demonstrieren: *Das ist Petras Buch.* (Beispiele s. Raith, 1967, 30).
Diese Methode der unmittelbaren Anschauung bei der Vermittlung von Wortschatz geht auf J. A. Comenius zurück, der bereits im frühen 17. Jahrhundert die Verbindung von „res et verba" (Dingen und Worten) forderte.

Zeigen / Benennen

Eine zweite Möglichkeit der verbalen Vermittlung von Wortschatz bietet der Weg über die D e f i n i t i o n. Sie findet dort ihren Gebrauch, wo der Lehrer keine Möglichkeit zur konkreten Veranschaulichung findet. Definition meint die Umschreibung eines Begriffes. Dabei läuft man allerdings leicht Gefahr, zur Umschreibung einer Unbekannten drei oder vier weitere Unbekannte zu Hilfe zu nehmen. Dies ist unbedingt zu vermeiden. Die zielsicherste Art der Definition ist sicherlich die Verwendung von Synonymen (Wörter mit ähnlicher Bedeutung) und/oder Antonymen (Wörter mit gegensätzlicher Bedeutung). Allerdings muß man hier eingestehen, daß die feinen Bedeutungsunterschiede zwischen Wortpaaren wie *gehen – laufen* zunächst unberücksichtigt bleiben.

Definition

Eine dritte Art der Wortvermittlung ist die E r k l ä r u n g eines B e g r i f f s aus einem Z u s a m m e n h a n g heraus. Aus diesem Zusammenhang muß dann die Bedeutung des Begriffes zwingend hervorgehen. Dabei kann der Zusammenhang in einem einzelnen Satz entstehen. Will man das Wort *Rad* erklären, kann der Beispielsatz so aussehen: *Ein Fahrrad hat zwei Räder, ein Auto hat vier Räder.* Oder zur Erläuterung des Wortes *entdecken: Kolumbus entdeckte Amerika.*
Es kann aber auch nötig sein, den neuen fremdsprachlichen Begriff mit einer Situationsbeschreibung zu erklären, z. B. zur Erklärung von *weil:*

Erklären aus dem Zusammenhang heraus

Wo ist Tom? Er fehlt, er ist zu Hause geblieben.
*Er kann nicht kommen, **weil** er krank ist.*

Oder etwa zur Erklärung von *noch* :

Die Schule ist um zwölf Uhr aus. Um Viertel nach zwölf komme ich ins
Klassenzimmer und finde Doris an ihrem Pult sitzen. Ich sage: Doris, es ist
*Viertel nach zwölf; warum bist du nicht zu Hause? Warum bist du **noch** hier?*

(Beispiele s. Raith, 1967, 40)

Die Frage bleibt allerdings unbeantwortet, ob der Schüler bei einer solchen Art der
Veranschaulichung nicht doch zwangsläufig auf die Begriffe seiner eigenen Muttersprache zurückgreift, um sich selbst das fremdsprachliche Wort erklären zu können.

Neben der verbalen Vermittlung von Begriffen werden im direkten Unterricht auch
zahlreiche H i l f s m i t t e l verwandt, wie z.B. B i l d e r und W a n d b i l d e r .
Auch durch e i n f a c h e T ä t i g k e i t e n können bestimmte Vorstellungen
hervorgerufen werden. Der Schüler kann einzelne Handlungen selbst ausführen und
sie benennen. Das Verständnis und das Merken des Begriffes wird so durch mehrere
Arten der Sinneswahrnehmung erleichtert. Max Walter, ein Vertreter der direkten
Methode, schreibt dazu:

visuelles Element

> An der Gefühlsbetonung der Handlung sowie an den akustisch motorischen Erin-
> nerungen haftet in erster Linie der Sprachausdruck. Je lebhafter und je freudiger diese
> Momente sind, um so mehr und um so fester wird gelernt. Deshalb greifen wir jetzt zur
> Handlung.

(Walter; zitiert bei Kahl, 1962, 38)

Sowohl die Forderung nach Anschaulichkeit als auch die Betonung des aktiven
Sprachgebrauchs als Unterrichtsziel der direkten Methode verlagern die Bereiche
des Wortschatzes von der Schriftsprache (siehe GÜM) hin zur Umgangs- oder
Alltagssprache. Schließlich soll ja der Schüler lernen, seine Fremdsprachenkenntnisse
in einer alltäglichen Situation zu verwenden. Er soll sich einem Ausländer gegenüber
verständigen und ihn verstehen können.

Umgangs- und
Alltagssprache

Welche Verfahren verwendet die direkte Methode für den G r a m m a t i k u n t e r -
r i c h t ?

Grammatikunterricht

Erinnern wir uns nochmals an die Grundprinzipien des traditionellen Grammatikunterrichts: Er erfolgte deduktiv, d. h. ausgehend von einer grammatischen Regel.
Diese Regel wurde in der Muttersprache erklärt, anhand von Beispielen ausgeführt
und schließlich in der Übersetzung eingeübt. Im Vordergrund des Unterrichts stand
die Durchführung logischer Operationen, bewußtes Umgehen mit den Bestandteilen
der Fremdsprache nach den Regeln der Sprache.

Bei der direkten Methode soll die Sprachbeherrschung weitgehend durch einen
unbewußten Umgang mit der Sprache erreicht werden. N a c h a h m u n g und G e -
w ö h n u n g sollen dem Schüler ein G e f ü h l von der fremden Sprache vermitteln,
mit Hilfe dessen er die Sprache auch aktiv anwenden kann. Der Schüler soll aus
diesem Gefühl heraus entscheiden können, ob ein Satz oder eine Aussage
grammatikalisch richtig oder falsch ist. Er soll sich dabei nicht in erster Linie auf eine
Regel stützen müssen.

Nachahmung und
Gewöhnung

Die g r a m m a t i k a l i s c h e n R e g e l n werden zwar nicht völlig aus dem
Unterricht der direkten Methode gestrichen, doch sollen sie erst am E n d e einer
Unterrichtseinheit stehen, praktisch als Bestätigung und Zusammenfassung des neu
Gelernten. Raith begründet diese Vorgehensweise:

> Ich weiß nicht, ob Sie sich darüber im klaren sind, daß wir mit der „Regel" die naive
> Unbefangenheit der Kinder zerstören: Jedenfalls mit der Regel, die am Anfang steht

und die die Kinder dann „anwenden", nicht ohne dabei nach der Muttersprache zu schielen. Kommt die Regel dagegen am Schluß, dann empfinden die Kinder sie nicht als Vorschrift, die es in Zukunft zu befolgen gilt, sondern einfach als Bestätigung dessen, was sie schon längst wissen: so haben sie ja schon immer gesagt!

(Raith, 1967, 43)

Die Ü b e r s e t z u n g wird nur gelegentlich und bei besonderen Schwierigkeiten eingesetzt, denn, so Viëtor: „Das Übersetzen in fremde Sprachen ist eine Kunst, die die Schule nichts angeht."

(Viëtor; zitiert bei Kahl, 1962, 40).

Übungsformen

Zu den wichtigsten Ü b u n g s f o r m e n der direkten Methode gehören einsprachige Übungen, Nacherzählungen und Gespräche über die Lektüre.

3.4.2 Aufbau einer Unterrichtseinheit nach der DM

Als Zusammenfassung der U n t e r r i c h t s v e r f a h r e n und U n t e r r i c h t s - i n h a l t e folgt der typische Verlauf einer Unterrichtseinheit (s. Stern, 1984, 459):

Die Unterrichtsstunde ist gewöhnlich um einen fremdsprachlichen Text – oft einen Dialog – herum aufgebaut, zu dem ein Situationsbild gehört. Der Text ist meist eine speziell konstruierte Geschichte in der Fremdsprache zu einem Grammatikpensum. Schwierige Ausdrücke werden mit Hilfe von Bildern, Umschreibungen, Synonymen oder aus dem Satzzusammenhang erklärt. Um den Inhalt des Textes weiter zu erarbeiten, stellt der Lehrer Fragen. Die Schüler lesen zur Sprachschulung den Text laut vor. Grammatische Regelhaftigkeiten werden – falls der Lehrer dies für sinnvoll hält – nach Beispielen des gelesenen Textes von den Schülern selbst erarbeitet.
Es wird viel Zeit auf Fragen und Antworten zum Text verwendet oder auf Gespräche über sonstiges Anschauungsmaterial (Bilder, Wandbilder).
Übungen bestehen aus Satzergänzungen, Satzumstellung, Diktat, Erzählungen, freiem Aufsatz. Wichtig ist bei allem die gleichzeitige Schulung einer guten Aussprache.

3.4.3 Eine Lektion aus einem Lehrbuch

Beispiel

Im folgenden Beispiel behandeln wir eine Lektion (sie wird im Lehrbuch „Aufgabe" genannt) eines Lehrbuchs für 8 – 10jährige Schüler:

Schlimbach (1964), Umschlag

Aufgabe 12

Sehen Sie sich bitte die einzelnen Abschnitte im Reader ab S. 131 und das Zitat auf S. 41´an, und schreiben Sie am Rand Stichwörter auf: Welche Elemente sind charakteristisch für die direkte Methode?

Im Vorwort des Lehrwerks finden sich die folgenden Hinweise für den Lehrer:

> Die hier gebrauchte Methode ist /.../ die moderne Sprechmethode: HÖREN und SPRECHEN – LESEN und DRAMATISIEREN – zuletzt SCHREIBEN. Das Kind sieht das ganzseitige Bild – der Lehrer spricht in deutscher Sprache darüber – bald lernt das Kind auf die sich immer wiederholenden Fragen: Was ist das? Wie heißt das? Wo ist ...? Wie ist ...? Was tut ...? den neuen Wortschatz, und nun beginnt eine lebhafte Diskussion, die immer wieder aufgenommen werden kann. Erst wenn das Kind das Wort gelernt hat, sollen die angegebenen Fragen und Antworten, auch die Dialoge, mündlich geübt und womöglich auswendig gelernt werden. Es ist zu beachten, daß das Kind das gedruckte Wort erst liest (und später schreibt), wenn es den neuen Wortschatz der Aufgabe gut beherrscht. Die Gebrauchssprache in der Klasse ist ausschließlich deutsch. Wörter /.../ sind manchmal durch kleine Randillustrationen erklärt. /.../ (Es) kann hin und wieder ein erklärendes Wort in der Muttersprache eingeschoben werden, was aber nicht zu oft vorkommen soll.
>
> Immer wieder soll der Lehrer versuchen, wirkliche Situationen in der Klasse zu schaffen /.../.
>
> Die hier dargestellte systematische Phonetik und Grammatik /.../ ist für das reifere Kind bestimmt. Manchmal findet der Lehrer Konstruktionen, z. B. in den Dialogen, deren Grammatik noch nicht erklärt wurde. Das Kind ahmt diese mechanisch nach, was ihm später bei der Grammatikerklärung hilft. Jüngere Kinder können die Grammatikübungen machen, ohne die Regel zu wissen oder zu lernen. Dem Lehrer wird anheimgestellt, wie weit er die Grammatik erklären will. Wichtig ist, daß das Sprachgefühl geweckt und immerzu gefördert wird. /.../

(Schlimbach, 1964, 4f.)

3.5 Grundlagen der DM

3.5.1 Pädagogische Grundlagen

Die DM ist ein „Kind" der Reformpädagogik, die den Unterricht nicht als „Auffüllen" des (leistungs- und aufnahmefähigen) Schülers mit Lernstoff ansah, sondern den Schüler als Persönlichkeit, die sich entwickeln soll, ernstnahm, und die deshalb im Unterricht neue Wege zu gehen versuchte. Das bedeutete z. B.:

> Entdeckendes Lernen durch Anregung der Selbsttätigkeit des Schülers im sog. „Arbeitsunterricht"
> Anschaulichkeit und Konkretheit des Lernens
> Betonung der ganzheitlichen Bildung (nicht nur des Verstandes, sondern auch des Gemüts und des Leibes)
> Neues Verständnis der Lehrerrolle: Er ist Partner im Lernprozeß, nicht „Lehrstoffpauker" und „Alleswisser"
> Neue Unterrichtsformen: Partner- und Gruppenarbeit zur gemeinsamen Lösung von Aufgaben
> Belohnung statt Bestrafung/Ermunterung statt rigider Fehlerkontrolle
> Spielerische Entfaltung im Unterricht; Selbsterprobung des Gelernten
> Zusammenfassen von Lernprozessen in Unterrichtsprojekten.

Die DM hat viele dieser Elemente der Reformpädagogik in ihr didaktisch-methodisches Konzept zu übernehmen versucht. Die DM ist wesentlich von diesen reformpädagogischen Ansätzen beeinflußt.

3.5.2 Linguistische Grundlagen

Eine „neue" Schule der Linguistik, die die traditionelle Wortartengrammatik des Lateinischen hätte ablösen können, gibt es für die DM noch nicht (sie stand erst bei der Formulierung der audiolingualen Methode zur Verfügung). Aber es gab wesentliche Neuerungen in den linguistischen Grundlagen des Fremdsprachenunterrichts.

Dazu gehören:

gesprochene Sprache

1. Orientierung an der gesprochenen Alltagssprache (nicht mehr an der literarisch geformten Schriftsprache). Aus diesem Grund spielt auch die – Anfang des Jahrhunderts als Wissenschaftsdisziplin etablierte – Phonetik eine wichtige Rolle.

Beispielgrammatik

2. Formulierung der Grammatik als Beispielgrammatik (nicht mehr als Regelgrammatik). Grammatikregeln werden erst nachträglich als Bestätigung und Zusammenfassung des Lernprozesses gegeben (wenn sie nicht gänzlich fehlen!).

Die Grammatik wird ganz bewußt aus dem Unterrichtsgeschehen zurückgedrängt. Sie bleibt aber für die Anlage der Lernstoffprogression wichtig, wobei das Progressionsprinzip lautet: von den einfachen sprachlichen Phänomenen der Zielsprache zu den komplexeren. Da die Alltagssprache vermittelt werden soll, treten zu diesen formalsprachlichen Kriterien der Progression auch pragmatische Gesichtspunkte (Welche Redewendungen kommen oft vor, sind nützlich und brauchbar?).

3.5.3 Literatur/Landeskunde

Im Vordergrund stehen die Alltagssituationen im Zielsprachenland, wie sie zur unmittelbaren Erfahrungswelt Gleichaltriger gehören. Nicht selten wird deshalb als Bezugsgruppe eine „Lehrbuch-Familie" (mit mehreren Kindern) gewählt und ihr

Alltagssituation

Leben vorgeführt. Die Alltagsthematik, die den Inhalt der Texte ausmacht, gewinnt also in der Anlage der Lernstoffprogression eine gewichtige Rolle. Aus den Inhalten/Situationen ergibt sich der Wortschatz, der für den aktiven mündlichen Sprachgebrauch Bedeutung hat.

Lieder, Reime, Geschichten, Märchen usw. ergänzen den Unterricht. „Höhere" Literatur fehlt in diesem Konzept völlig.

3.5.4. Lerntheorie

Lernen der Fremdsprache wird als ein Prozeß angesehen, der grundsätzlich dem Lernen der Muttersprache vergleichbar ist (wenngleich er unter anderen Bedingungen stattfindet). Fremdsprachenlernen erfolgt nicht als bewußtes „Einsichtnehmen" in die (Grammatik)Regeln und deren Anwendung (in der Übersetzung), sondern über

Nachahmung

die Nachahmung (Hören – Nachsprechen) eines sprachlichen Vorbildes (des Lehrers). Das Memorisieren von Beispielsätzen und Dialogen und das Gespräch in der Fremdsprache (über ein Situationsbild/über den Lehrbuchdialog usw.) bzw. das Nachspielen und freie Spielen sind charakteristisch für die Lernverfahren der DM. Wortschatz wird vornehmlich über assoziative Verfahren gelernt.

Charakteristisch für die DM ist also ein imitatives, assoziatives und induktives Konzept des Lernens.

3.5.5. Unterrichtsprinzipien der DM

> Gesprochene Sprache kommt vor geschriebener Sprache – Hören/Sprechen kommt im Unterricht vor Lesen/Schreiben.
> Sprachlernen heißt Sprachvorbilder imitieren – ohne den Zwang der „Sprachanalyse" (Grammatik) und ohne den „Umweg über die Muttersprache".
> Einsprachigkeit des Unterrichts, wo immer möglich.
> Situativität: Einbettung des Lernstoffs in Alltagssituationen, die in Dialogform vorgeführt werden.
> Altersgemäßheit: Bezugspunkt ist die Erfahrungswelt Gleichaltriger im Zielsprachenland.
> Typische Übungsformen:
>   – Fragen und Antworten
>   – Nachsprechübungen/Ausspracheschulung
>   – Lückentexte/Einsetzübungen
>   – Nachspielen von Dialogen
>   – Auswendiglernen von Reimen, Liedern usw.
>   – gelegentlich: Diktat und Nacherzählung.

Vergleichen Sie die Lektion aus Kinder lernen Deutsch *mit den Seiten des Lehrbuchs* Simpler German Course, *die im zweiten Kapitel (S. 20 ff. abgedruckt wurden:*

Welche Gemeinsamkeiten / welche Unterschiede können Sie feststellen? Notieren Sie Stichwörter:

	SIMPLER GERMAN COURSE	KINDER LERNEN DEUTSCH (beachten Sie auch die Hinweise aus dem Vorwort)
Einführung des neuen Lernstoffes:		
Grammatik-darstellung:		
Übungen:		
Wortschatz-verzeichnis:		
Verwendung der Mutter-sprache:		
Einsatz von Bildern:		
Systematische Aussprache-schulung:		

Wenn Sie Lust haben, bearbeiten Sie bitte noch die folgende Aufgabe:

Zum Abschluß des letzten Kapitels hatten Sie die Aufgabe, eine Lehrbuchlektion zu „Präpositionen mit Genitiv" nach der Grammatik-Übersetzungs-Methode zu entwerfen.

Dreißig Jahre später: Sie haben als Lehrbuchautor viel dazu gelernt und sich von den Vorstellungen der Reformer überzeugen lassen. Sie schreiben jetzt wieder ein Lehrbuch – diesmal soll es aber ganz nach der <u>direkten Methode</u> gestaltet werden.

Ihre Aufgabe ist jetzt: <u>Einführung der Verben mit Dativ</u>.

- *Sehen Sie in einer Grammatik nach, welche Verben Dativergänzung verlangen.*

- *Entwerfen Sie als Lektionstext eine Geschichte/ein Gespräch, in dem die Dativ-Verben möglichst vollständig vorkommen. Wie soll das dazugehörende Situationsbild aussehen?*

- *Formulieren Sie zu jedem Verb einen treffenden Beispielsatz.*

- *Entwerfen Sie Übungen (Frage- und Antwort-Übungen zum Bild/Text; Lückentexte; Ergänzungsübungen; eine Ausspracheübung usw.; auch ein kleines Dialog-Spiel sollte nicht fehlen).*

- *Vergessen Sie auch nicht, Anschauungsmaterial (visuelles Element) mit einzuplanen.*

4 Die audiolinguale (ALM) und die audiovisuelle Methode (AVM)

Im letzten Kapitel haben Sie die direkte Methode kennengelernt. Sie ist oft als die Vorläuferin der audiolingualen Methode bezeichnet worden.
Die audiolinguale Methode wurde zur audiovisuellen Methode weiterentwickelt. Wir behandeln beide in einem Kapitel.

4.1 Die audiolinguale Methode (ALM)

4.1.1 Zur Einführung

In dem Ausdruck „audio-lingual" sind zwei lateinische Wörter zusammengefügt:

lat. *audire* = hören

Definition

lat. *lingua* = Zunge; Rede; Sprache

Ins Deutsche übersetzt, bedeutet „audiolinguale Methode" etwa: „H ö r - S p r e c h - M e t h o d e".

Aufgabe 15

> *Die Bezeichnung „Hör-Sprech-Methode" deutet auf eine ganz bestimmte Konzeption von Fremdsprachenunterricht hin. Wie könnte diese Konzeption aussehen?*

Zur Entstehung der audiolingualen Methode:

Die direkte Methode, die Vorläuferin der ALM, entwickelte sich im Rahmen der Reformbewegung gegen Ende des 19. Jahrhunderts in Europa. Sie setzte sich insbesondere in der Erwachsenenbildung durch (Berlitz-Methode), fand nach dem Ersten Weltkrieg aber auch in den Lehrplänen für den Unterricht der modernen Fremdsprachen an höheren Schulen immer mehr Beachtung. Dabei verfolgte man sowohl pragmatische als auch pädagogische Ziele: Moderne Fremdsprachen wurden als internationale Kommunikationsmittel unverzichtbar; der Schüler sollte durch den ständigen Gebrauch der Fremdsprache im Unterricht und durch Imitation des Lehrers ein „Sprachgefühl" entwickeln und die Gesetzmäßigkeiten der fremden Sprache allmählich selbst entdecken (induktives Lernen/Aktivierung des Schülers).
Darauf aufbauend wurde die audiolinguale Methode in den USA entwickelt. Dies hatte folgende pragmatische Hintergründe:
Mit Ausbruch des Zweiten Weltkriegs wurde deutlich, daß es an Leuten fehlte, die fremde, insbesondere „exotische" Sprachen wie Japanisch, Chinesisch usw. beherrschten. Im Auftrag des Militärs wurden deshalb zwischen 1941 und 1943 zahlreiche Sprachprogramme entwickelt, die entscheidend zum neuen Trend der Unterrichtsmethodik beitrugen. Diese Aufgabe wurde in erster Linie von Sprachwissenschaftlern übernommen. In Intensiv-Sprachkursen und auditiv orientiertem Unterricht in der Ausbildung von Militär-Dolmetschern demonstrierten sie, daß man Fremdsprachen auch sehr großen Gruppen von ganz unterschiedlich begabten „Schülern" beibringen konnte, und zwar in einem viel kürzeren Zeitraum als bisher angenommen.

Auch in der Nachkriegszeit bestand eine verstärkte Nachfrage nach Fremdsprachenkenntnissen. In UN und UNESCO beispielsweise wurden neben dem Englischen einige weitere Sprachen zu offiziellen Sprachen ernannt. Andere Sprachen erhielten den Status von nationalen oder regionalen Sprachen. Durch erweiterte internationale Handelsbeziehungen, durch Reiseverkehr, wissenschaftlichen und kulturellen Austausch wurde für viel mehr Menschen das Erlernen verschiedener Sprachen notwendig, das Fremdsprachenlernen verlor seinen Status als Elite-Bildung. Im Gefolge des sog. Sputnikschocks (nach 1957) wurde die Forschung im Bereich der Fremdsprachenmethodik mit Nachdruck vorangetrieben (National Defence Education Act, NDEA 1957). Neue Technologien („Konservierung" gesprochener Sprache auf Schallplatte; Sprachlabor usw.) unterstützten diese positive Entwicklung.

Seit den 30er Jahren wuchs das Interesse an einer wissenschaftlichen Erforschung von Sprache – insbesondere auch von gesprochener Sprache – und Sprachvermittlung. Linguistik etablierte sich als eigenständige Wissenschaft. Psychologie und Soziologie begannen, sich mit der Sprache zu befassen.
Alle diese Strömungen führten schließlich in den USA zu einem neuen methodischen Ansatz der Fremdsprachendidaktik: der audiolingualen Methode.

4.1.2 Hauptmerkmale der ALM anhand eines Lehrbuchbeispiels

Wir sehen uns in den folgenden Abschnitten ein Lehrbuch an. Dabei konzentrieren wir uns auf:
> den Einführungstext (Lektionstext)
> die Grammatikdarstellung
> die Übungen
> den Lektionsaufbau
> das Inhaltsverzeichnis (Lehrstoffprogression).

a) Der Einführungstext

Wenn man einen Text im Lehrbuch beschreiben will, sind die folgenden drei Aspekte besonders wichtig:

Aufmachung

1. die Aufmachung (Layout):
Wie ist der Text im Druckbild gestaltet (Überschrift; Hervorhebungen; Gliederung)? Gibt es Bilder? Wie ist das Verhältnis von Bild und Wort? (Solche Fragen sind besonders wichtig, wenn es sich um „authentische" Texte handelt, die ins Lehrbuch aufgenommen wurden.)

Sprachstil

2. die sprachliche Gestaltung (Sprachstil/Register):
Jede Textsorte hat ganz bestimmte sprachliche Merkmale: im Kochrezept z. B. werden oft Imperativformen (*Nehmen Sie ...; rühren Sie ...*) oder Infinitivformen (*Zuerst ... nehmen; dann ... rühren*) verwendet; Werbetexte zeichnen sich oft durch eine „blumige" Sprache (Vergleiche; Metaphern) und neue Wortschöpfungen aus.

Funktion

3. die Funktion des Textes:
Jeder Text wird zu einem ganz bestimmten Zweck verfaßt – um z. B. Informationen über Zugverbindungen bekanntzugeben (Fahrplan), ein Produkt besonders vorteilhaft herauszustellen (Werbung/Anzeige), Informationen zu vermitteln (Zeitungsbericht), Hinweise zu geben, wie man etwas richtig macht (Bedienungsanleitung) oder eine Geschichte zu erzählen (z. B. Märchen).
Selbstverständlich gibt es in Sprachbüchern auch Texte, die didaktische Funktion haben: Sie erklären z. B. einen Aspekt der Grammatik oder geben Beispiele zu einem bestimmten Sprachphänomen.

Aufgabe 16

> *Sehen Sie sich bitte den folgenden Text an, und versuchen Sie*
>
> *1. die Aufmachung (Layout)*
> *2. die sprachliche Gestaltung*
> *3. die Funktion des Textes*
>   *zu beschreiben.*

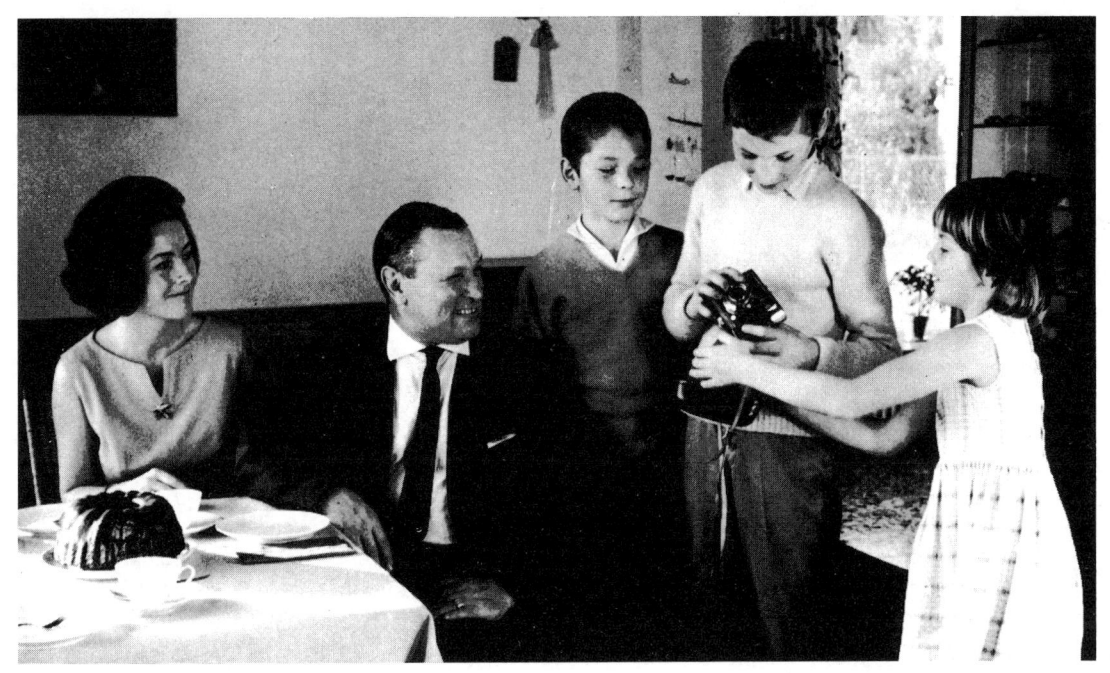

9   Der Geburtstag

Frau Hartmann: Wie gefällt dir die Kamera?

Herr Hartmann: Mir? – Gut! Wem gehört sie denn?

Frau Hartmann: Stefan. – Du weißt doch, er hat heute Geburtstag.
Ich möchte sie ihm schenken.

Herr Hartmann: Ja natürlich. Ich vergesse die Geburtstage immer.

Frau Hartmann: Gibst du ihm die Kamera, wenn du ihm gratulierst?
Das freut ihn bestimmt. – Da kommt er ja.

Herr Hartmann: Stefan, wie geht es dir?

Stefan: Mir? – Prima! Aber warum fragst du mich?

Herr Hartmann: Du hast doch heute Geburtstag. Mutti und ich
gratulieren dir und schenken dir den Fotoapparat.
Gefällt er dir?

Stefan: Ja, vielen Dank, Mutti! – Vielen Dank, Vati!
Wie funktioniert denn der Apparat?

Herr Hartmann: Moment! Ich zeige es dir, und dann machst du
eine Aufnahme von uns allen.

Braun, Nieder, Schmöe (1967), 52

1. Die Aufmachung (Layout):
Auffällig an der Aufmachung ist das große Foto (Situationsbild), das die Personen –
offenbar eine Familie – an einem festlich gedeckten Tisch zeigt. Alle Blicke sind auf
die Kamera gerichtet, die der Junge rechts im Bildvordergrund gerade genauer
untersucht.
Das Bild gibt uns die Gesprächssituation und das Thema des Gesprächs an. Es ist für
diesen Zweck gemacht worden, hat also didaktische Funktion.
Das „Thema" des Textes wird auch in der Überschrift hervorgehoben: Der Geburtstag. Der Text ist von seiner Druckgestalt her als „Gespräch" erkennbar.

2. Die sprachliche Gestaltung:

Wie verläuft ein G e s p r ä c h zwischen den Eltern, die am schön gedeckten Frühstückstisch sitzen und auf ihr „Geburtstagskind" warten?

Wie verläuft das Gespräch, wenn der Sohn eine – vielleicht lang ersehnte – Kamera bekommt? Sachlich? „Cool"? Spontan? Aufgeregt? Das hängt von den „Rollen" ab, die die Leute, die am Gespräch beteiligt sind, in der Gesprächssituation spielen.

Aufgabe 17

> *Versuchen Sie einmal, das Verhalten, die „Rolle" der Mutter, des Vaters und – insbesondere – des Sohnes zu beschreiben, und sehen Sie sich dann ihr sprachliches Verhalten (was sie formulieren und wie sie es formulieren) näher an. Finden Sie das Gespräch „natürlich" oder „steif"? Wie könnte man das Verhältnis von Eltern und Kindern in dieser Szene beschreiben?*

3. Zur Funktion:

Der Dialog führt uns die Szene „Der Geburtstag" vor (Wer? Wo? Was wird geschenkt? usw.) und gibt uns dadurch Informationen.

A b e r : Das ist nicht alles!

Der Dialog hat noch eine weitere Aufgabe, die nicht weniger wichtig ist als die Information über den „Geburtstag".

Lektionstexte in Lehrbüchern der ALM haben eine s p r a c h d i d a k t i s c h e Funktion.

Aufgabe 18

> *Überlegen Sie:*
>
> *Könnte man dieses Gespräch – so wie es abgedruckt ist – auch außerhalb des Lehrbuchs in der Realität finden (wenn man die Szene etwa mit einer versteckten Kamera mitfilmen würde)?*
>
> *Lesen Sie den Text noch einmal genau. Er enthält – fast in jeder Zeile – ein ganz bestimmtes Grammatikphänomen und wurde von einem der Autoren des betreffenden Lehrbuchs geschrieben, um dieses Grammatikpensum vorzustellen und neu einzuführen.*
>
> *Haben Sie es entdeckt?*

Sie finden die Lösung wahrscheinlich schon, wenn Sie die folgenden Texte, die sich an den Haupttext anschließen und ihn in Teilsituationen auflösen, genauer ansehen:

Bild 1: *gefallen – gehören – schenken*

Wie gefällt dir die Kamera?
Mir? – Gut! Wem gehört sie denn?
Stefan hat heute Geburtstag,
ich möchte sie ihm schenken.

Der Vater fragt ihn:
Wie geht es dir, Stefan?
Stefan antwortet ihm:
Mir? Mir geht es prima.

Dann gratuliert ihm der Vater
und gibt ihm den Apparat.
Stefan dankt Mutti und Vati;
er dankt ihr und ihm.

Stefan dankt dem Vater
und der Mutter.
Er dankt seinen Eltern;
dann zeigt er Klaus und Evi
die Kamera;
er zeigt sie ihnen.

Braun, Nieder, Schmöe (1967), 53

Bild 2: *(wie) geht es ... – antworten*

Bild 3: *gratulieren – geben – danken*

Bild 4: *danken – zeigen*

Welche Grammatik ist im Lektiontext und in diesen kleinen Erläuterungstexten „versteckt"?

b) Grammatikdarstellung

Die Grammatikdarstellung zu diesem Kapitel findet sich in diesem Lehrbuch nicht in der Lektion, sondern in einem separaten Grammatik-Anhang (das könnte ein Hinweis darauf sein, daß man die Grammatik aus dem Unterrichtsgeschehen auch „ausklammern" kann, d. h., daß man sie nicht unbedingt im Unterricht durchnehmen muß).

Beispiel

24 wem?

Wie gefällt **dir** die Kamera?	**Mir?** – Gut!
Wem gehört sie denn?	Sie gehört **Stefan**. Ich schenke sie **ihm**.
Stefan dankt **dem** Vater und **der** Mutter.	Er dankt **ihm** und **ihr**.
Er dankt **den** Eltern.	Er dankt **ihnen**.

25 Nominativ – Akkusativ – Dativ

		maskulin	neutral	feminin	Plural
Nominativ	(wer? was?)	der = er	das = es	die = sie	die = sie
Akkusativ	(wen? was?)	den = ihn	das = es	die = sie	die = sie
Dativ	(wem?)	**dem = ihm**	**dem = ihm**	**der = ihr**	**den + n = ihnen**

26 Pronomen

	Akkusativ		reflexiv		Dativ
Er fragt	mich.	Ich freue	mich.	Es gefällt	mir.
Er fragt	dich.	Du freust	dich.	Es gefällt	dir.
Er fragt	ihn.	Er freut	**sich.**	Es gefällt	ihm.
Er fragt	sie.	Sie freut	**sich.**	Es gefällt	ihr.
Er fragt	es.	Es freut	**sich.**	Es gefällt	ihm.
Er fragt	uns.	Wir freuen	uns.	Es gefällt	uns.
Er fragt	euch.	Ihr freut	euch.	Es gefällt	euch.
Er fragt	sie.	Sie freuen	**sich.**	Es gefällt	ihnen.

27 Wortstellung (Stellenplan)

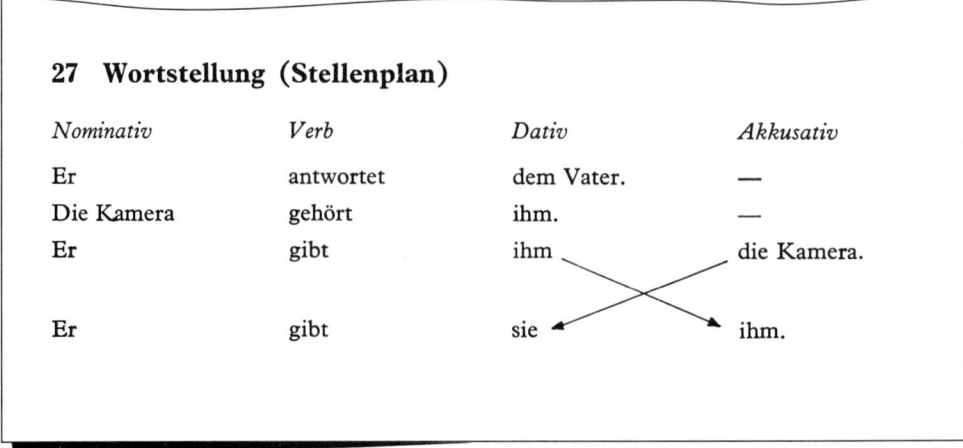

Nominativ	*Verb*	*Dativ*	*Akkusativ*
Er	antwortet	dem Vater.	—
Die Kamera	gehört	ihm.	—
Er	gibt	ihm	die Kamera.
Er	gibt	sie	ihm.

Braun, Nieder, Schmöe (1967), 118f.

Vergleichen Sie diese Art der Grammatikdarstellung mit der Grammatik-darstellung in dem Lehrbuch zur GÜM (s. S. 22f.). Was ist typisch für die GÜM, was für die ALM? Kreuzen Sie an:

	GÜM	ALM
In der Überschrift wird das Grammatik-pensum beschrieben.		
In der Überschrift wird das Grammatik-pensum selbst als Beispiel gegeben.		
Zunächst wird eine Regel formuliert (in Worten).	X	
Es werden grundsätzlich keine Regeln in Sprache formuliert, sondern optische „Signale" gegeben (z. B. durch Fettdruck).		
Es werden zunächst Beispielsätze gegeben, die dann ausgewertet werden (in Tabellen-form).		
Die Muttersprache dient als Erklär-Sprache (zweisprachige Darstellung).		
Die Grammatikdarstellung ist einsprachig in der Zielsprache.		
Das jeweilige Grammatikphänomen wird für sich erklärt und vorgeführt.		
Das jeweilige Grammatikphänomen wird in übergreifende Zusammenhänge eingefügt.		
Ausnahmen von der Regel werden formuliert.		

Typisch für die Grammatikdarstellung der ALM ist:

1. Beispielsammlung als Ausgangspunkt der Grammatikarbeit
2. Die Entwicklung von optischen Signalen (Hervorhebung; Pfeile usw.), die das jeweilige Grammatikphänomen hervorheben und den Lernenden so führen, daß er die Gesetzmäßigkeiten selbst erkennt (induktives Verfahren)
3. Die Verdeutlichung übergreifender Zusammenhänge in Tabellenform

c) Die Übungen

Im Lehrbuch gibt es insgesamt drei Seiten mit Übungen. Sie sehen so aus:

Beispiele

Bitte ergänzen Sie:

Er fragt mich.	Er hilft mir.	Das gehört mir.	Er gibt es mir.
. . . . dich.	. . . . . . dir.	. . . . dir.	. . . . dir.
. . . . ihn.	. . . . . . ihm.	. . . . ihm.	. . . . ihm.
. . . . sie.	. . . . . . ihr.	. . . . ihr.	. . . . ihr.
. . . . uns.	. . . . . . uns.	. . . . uns.	. . . . uns.
. . . . euch.	. . . . . . euch.	. . . . euch.	. . . . euch.
. . . . sie.	. . . . . . ihnen.	. . . . ihnen	. . . . ihnen.

(Es gibt insgesamt 4 Übungen von diesem Typ.)

Bitte antworten Sie mit „nein":

Gehört Ihnen das?	Nein, das gehört mir nicht.
Gefällt Ihnen das?	. . . .
Hilft Ihnen das?	. . . .
Ist Ihnen das gleich?	. . . .
Dauert Ihnen das zu lange?	. . . .

(Es gibt 2 Übungen von diesem Typ.)

Bitte ergänzen Sie:

a) mir – dir – ihm – uns

1. Wie gefällt . . . . . die Kamera? 2. . . . . . ? Gut! Wem gehört sie denn? 3. Du weißt doch, Stefan hat heute Geburtstag. Ich will sie . . . . . schenken. 4. Ja, natürlich! Ich vergesse die Geburtstage immer. 5. Gibst du . . . . . die Kamera, wenn du . . . . . gratulierst? 6. Stefan, wie geht es . . . . . ? 7. . . . . . geht es prima! 8. Mutti und ich gratulieren . . . . . und schenken . . . . . den Fotoapparat. 9. Vati, erklärst du . . . . . bitte den Apparat? 10. Ja gut, ich zeige es . . . . . , und du machst eine Aufnahme von . . . . . allen.

(Davon gibt es 3 Übungen.)

Dialoge:

Herzlichen Glückwunsch!	**Was wünschen Sie?**
A: Sie haben ja Geburtstag!	A: Ich möchte einen Fotoapparat.
B: Woher wissen Sie das?	B: In welcher Preislage?
A: Ich weiß es von	A: Wieviel kostet denn eine Kamera?
Herzlichen Glückwunsch!	B: Die hier . . . . . DM und die . . . . . DM.
B: Danke! Das ist sehr aufmerksam von	A: Ich nehme die da.
Ihnen.	B: Gut. Hier ist Ihr Kassenzettel.

Braun, Nieder, Schmöe (1967), 54ff.

Wie könnte man diese Übungen charakterisieren? Kreuzen Sie bitte an:	richtig	falsch
Die Übungen bestehen aus Einzelsätzen, die teilweise durchnumeriert sind.	✕	
In jedem Satz wird ein bestimmtes Grammatikphänomen geübt.		
Manche Übungen bereiten eine Sprech- oder Spielsituation vor.		
Die Lernenden können die Übungen frei ausgestalten.		
Am Anfang vieler Übungen stehen Beispielsätze, die als Modell dienen.		
Es sind Übungen zur Entwicklung des Leseverständnisses.		
Die meisten Übungsanweisungen geben an, was der Lernende <u>im Unterricht</u> tun soll.		

Typische Übungsformen der ALM sind:

Zusammenfassung

1. Die Ergänzung eines Lückentextes
2. Die Satzbildung nach einem vorgegebenen Muster
3. Die Frage-Antwort-Übung (Umformungsübung)
4. Die Dialogübung (Dialogergänzung/Durchspielen).

d) Der Lektionsaufbau

Die meisten Kapitel des Lehrbuchs (außer den Wiederholungslektionen) sind nach einem einheitlichen Lektionsschema aufgebaut:

Einführungsteil	Übungsteil	Landeskundeteil	Im Anhang
Situationsbild mit Dialog, Bilderfolge mit Teilsituationen, dazu: kurze Texte mit Beispielsätzen, die das jeweilige Grammatikpensum enthalten	Satzbildungs-, Einsetz- / Lücken-, Umformungsübungen, Dialogübungen	Foto mit Informationstext (ohne Übungen und ohne Bezug zum Lektionsthema)	Grammatik (nach Lektionen geordnet), Wörterverzeichnis, einsprachig und alphabetisch (mit Hinweis auf Fundstelle in der Lektion)

Die Grammatik ist zwar aus dem eigentlichen Lektionsschema ausgegliedert, sie steuert aber dennoch den Lektionsaufbau: Die Lektionsdialoge führen das jeweils neue Grammatikpensum ein, die Übungen konzentrieren sich auf die konkrete Umsetzung der Satzmuster.

Die landeskundliche Seite (Foto mit kurzem Informationstext; institutionenkundliche Inhalte) hat keinen Bezug zu den anderen Lektionsteilen. Der innere Zusammenhang einer Lektion sieht folgendermaßen aus:

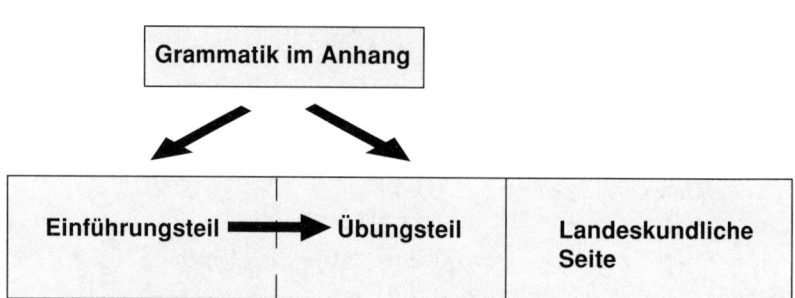

e) Die Lehrstoffprogression

Wir sehen uns das I n h a l t s v e r z e i c h n i s genauer an, um einen Einblick zu bekommen, wie

> die Gewichtung des Lehrstoffs
> die Verbindung der einzelnen Lehrinhalte
> die Abfolge (Progression) des Lehrstoffs
vorgenommen wird.

Das Inhaltsverzeichnis zu den ersten Kapiteln:

Wiederholungslektion

Braun, Nieder, Schmöe (1967), 3

In diesem Inhaltsverzeichnis werden die T e x t e und die dazu gehörenden T h e - m e n und S i t u a t i o n e n hervorgehoben, dann die Information, die durch die landeskundlichen Teile vermittelt wird. Zwei Hinweise dienen linguistischen Aspekten:

1. Die Grammatik wird als „Struktur" bezeichnet;
   nicht die Grammatikkategorien werden benannt, sondern es werden Grammatikinhalte bzw. Beispiele gegeben.
2. Der Phonetik (Ausspracheschulung) ist ein eigener Eintrag in den Kapiteln 1 - 4 gewidmet.

Jede 5. Lektion ist als „Plateaulektion" aus der Grammatikprogression herausgenommen. Diese Lektionen enthalten Lesetexte, Lieder, Reime und Sprichwörter.

Beispiele für die Anlage der G r a m m a t i k p r o g r e s s i o n :

Beispiel Tempussystem

   Kap. 1: Präsens
   Kap. 2: Präsens (Erweiterung und Komplettierung des Schemas der Verb-
            Endungen)
            Präsens von *sein*
   Kap. 4: Präsens von *haben*
            Präteritum von *sein* und *haben*
   Kap. 7: Präsens der Modalverben (komplettes Schema)
   Kap. 12: Perfekt von *haben* und *sein*
   Kap. 16: Präteritum der schwachen und starken Verben (komplettes Schema)
   Kap. 18: Präteritum und Perfekt Passiv

Beispiel Substantive/Nomina

   Kap. 1: Substantive ohne Artikel (z. B. Namen)
   Kap. 3: unbestimmter Artikel und weitere „ein"-Wörter beim Substantiv
   Kap. 6: bestimmter Artikel
            Nominativ und Akkusativ des bestimmten Artikels
   Kap. 9: Nominativ – Akkusativ – Dativ des bestimmten Artikels
            (Die Behandlung des Genitivs und der Pluralformen wird auf den 2. Band
            verschoben!)

Im Tempussystem ergibt sich nach dem Progressionsprinzip der steigenden Komplexität der typische Ablauf:

Präsens (einfache Formen) – Präteritum (einfache Formen) – Perfekt (einfache

Formen) – Präteritum (komplexere Formen) – Präteritum und Perfekt (komplexere Formen).

In der Abfolge der Behandlung der Nomina finden wir die typische Progression vom unbestimmten Artikel (nur zwei Formen im Singular!) zum bestimmten Artikel (drei Singularformen!), die Folge Singular – Plural (Band 2) und die Folge Nominativ – Akkusativ – Dativ (– Genitiv).

Die „versteckte" Grammatikprogression

Selbst wenn die Grammatik nicht in die Lektionen integriert ist und in den Übungen die Kategorien nicht benannt werden, und selbst wenn die Grammatik im Inhaltsverzeichnis nicht hervorgehoben ist, spielt sie dennoch – wie in der GÜM – die tragende Rolle bei der Anlage der Lernstoffprogression. Sie ist aber – im Gegensatz zur GÜM – in einer Progression angeordnet, die den Lernstoff nach steigendem Schwierigkeitsgrad bzw. nach ansteigender Komplexität der zielsprachlichen Strukturen aneinanderreiht. Die Texte (vorwiegend Dialoge), Themen und Situationen sind also der Grammatikprogression nachgeordnet. Sie sind so ausgewählt und gestaltet, daß das jeweilige Grammatikpensum einer Lektion treffend vorgeführt und geübt werden kann.

In Lehrbüchern, die der ALM folgen, dreht sich also alles um diese Grammatikachse. Die folgende Grafik versucht, dies zu verdeutlichen:

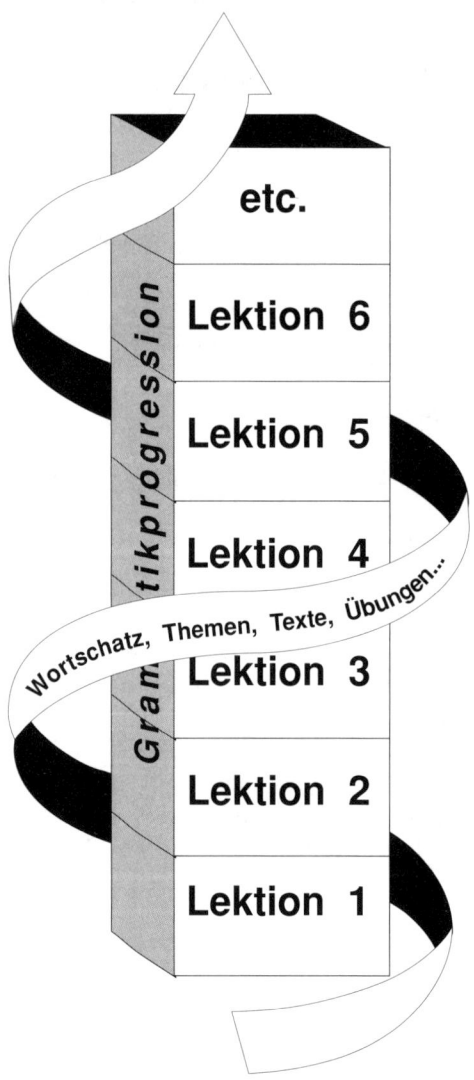

Traditioneller Aufbau eines Lehrwerks, bei dem sich alles „um die Grammatikachse dreht" (lineare Grammatikprogression)

4.1.3 Die technologischen Hilfsmittel der audiolingualen Methode

a) Das Sprachlabor

Innerhalb der audiolingualen Methode nehmen technologische Hilfsmittel einen bedeutenden Platz ein. An erster Stelle steht dabei das Sprachlabor.

Es dient vor allem der Schulung von Aussprache und Hörverstehen: Dem Schüler können authentische Sprechmodelle in der Zielsprache dargeboten werden. Er kann sie imitieren und manipulieren, sein Arbeitstempo selbst bestimmen, das Tonband beliebig oft vor- und zurückspulen und die Übungen so lange wiederholen, bis er sie beherrscht. Das Sprachlabor ist besonders nützlich, wenn der Lehrer kein M u t t e r s p r a c h l e r (Muttersprache = Zielsprache) ist und er außerdem dem Schüler die Möglichkeit bieten will, viele unterschiedliche Sprecher zu hören.

Darüber hinaus hat der Lehrer im Sprachlabor die Möglichkeit, die Arbeit des Schülers objektiv und im Detail zu beurteilen und individuell mit einem Schüler zu arbeiten.

Grundsätzlich können im Sprachlabor alle Übungsformen verwendet werden, die auch im herkömmlichen Unterricht auftreten, so z. B. Übungen zur Ausspracheschulung, Satzmusterübungen, Wortschatzübungen, auch Schreib- und Leseübungen. Dazu können etwa folgende Aufgaben gestellt werden: Hören und Identifizieren, Imitieren, Auswendiglernen, Übungen zur Satzerweiterung und -verbindung, Übungen zur freien Rede, Diktate, Leseübungen usw.

Aufgabe 22

Mit der Verbreitung der ALM kam es in den 60er Jahren zu einer regelrechten Sprachlabor-Euphorie, bald aber auch zu einer intensiven Kritik.
Überlegen Sie: Welche Argumente sprechen <u>für</u> den Einsatz des Sprachlabors – Wo sind die Grenzen/was kann das Sprachlabor <u>nicht</u> leisten?

Was leistet das Sprachlabor?	*Was leistet es nicht?*

b) Visuelle Hilfsmittel

<u>Bilder</u>: Das Problem beim Einsatz von Bildern im Unterricht ist, daß sie nie eindeutig verwendbar sind. Die Verbindung von visuellem Reiz und inhaltlichen Assoziationen ist immer subjektiv. Trotzdem kann man eine gedankliche Assoziation bewußt herstellen und verfestigen, indem Bild und Inhalt gezielt und immer wieder zusammen präsentiert werden. Dabei können die Bilder auch nur skizzenhaft sein.

Beispiel: Haus   Fenster   Orange

   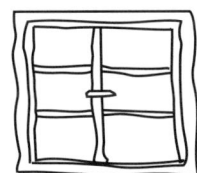   

Zur Einübung sprachlicher Strukturen wird ein bestimmtes Satzstrukturmuster gewählt und an einem Modellsatz verdeutlicht. Die Bilder zeigen die Austauschelemente zur Veränderung des Modellsatzes an.

Beispiel

Beispiel:

1. Schritt: Vorgabe eines Modellsatzes:
   *Siehst du **den Zug**?*
2. Schritt: Analog zum Modellsatz werden mit Hilfe der Bildleiste Sätze gebildet:
   *Siehst du **das Schiff**?*
   *Siehst du **das Flugzeug**?*
   usw.

Vorbereitend muß der Lehrer die Bilder einmal mit der Klasse durchgehen: Zug, Schiff, Flugzeug, Bus usw. und selbst einige Beispielsätze geben: *Siehst du den Zug? Siehst du das Schiff? Siehst du das Flugzeug?*
Danach wird auf die Bilder gezeigt und dem Schüler angedeutet, daß er p a r a l l e l e S ä t z e in der gleichen Sprachgeschwindigkeit formulieren soll.

Klasse: *Siehst du den Bus?*
   Siehst du den Vogel?
   Siehst du den Fisch?
   usw.

(Beispiele s. Lado, 1973, 149)

Weitere visuelle Hilfsmittel sind die <u>Tafel</u>, <u>Wendekarten</u> (Vorderseite: Bild; Rückseite: Wort), <u>Wandbilder</u>, <u>Dias</u> und <u>Diaprojektoren</u>, <u>Filmstreifen</u>, <u>Episkop</u>, <u>Overhead-Projektor</u>, <u>Filme</u>, <u>Fernsehen</u> (s. Lado, 1973, 264f.).

4.1.4 Die Grundlagen der audiolingualen Methode

Die audiolinguale Methode entstand unter maßgeblichem Einfluß der s t r u k - t u r e l l e n Linguistik* auf der einen Seite und der b e h a v i o r i - s t i s c h e n* Lernpsychologie auf der anderen. Beide Konzepte sollen in ihrer Beziehung zum Sprachunterricht kurz erläutert werden.

a) Linguistische Grundlagen: Der Einfluß des amerikanischen Strukturalismus

Der wohl bedeutendste Vertreter des amerikanischen Strukturalismus war Leonard Bloomfield. Mit seinen Büchern *Introduction to the Study of Language* (1914) und *Language* (1933) verfaßte Bloomfield zwei Klassiker der modernen Sprachwissenschaft. Er formulierte darin zwei grundlegende Anliegen:
a) Linguistik soll sich nur mit den Strukturen der Sprache, insbesondere der gesprochenen Sprache, beschäftigen.
b) Linguistik soll eine erfahrungsorientierte (empirische), beschreibende (deskriptive) Wissenschaft sein.

Die von Bloomfield (und anderen) entwickelte Schule der strukturalistischen Sprachanalyse und -beschreibung verwendet nicht mehr das Regelsystem einer zugrundeliegenden Bezugssprache (z. B. des Lateinischen), sondern sucht jede Sprache nach den ihr eigentümlichen strukturellen Gegebenheiten zu erfassen.

Bloomfields Hauptverdienst sind seine Verfahren zur Sprachanalyse. Mit ihrer Hilfe läßt sich jede Sprache vom Laut bis hin zum Satz zergliedern. Dabei wird den verschiedenen Ebenen der Sprachanalyse gleiches Gewicht beigemessen: der Phonologie (z. B. Untersuchung von Aussprache; Betonung (Wort), Intonation (Satz) usw.), Morphologie (z. B. Strukturen der Wortbildung; Endungen; Vor- und Nachsilben; Komposita usw.) und der Syntax (Beziehungen der Einzelelemente im Satz).

Merkmale des S t r u k t u r a l i s m u s :

> Jede Sprache wird nach den in ihrem spezifischen Formensystem vorfindbaren Gegebenheiten beschrieben.
> Das Untersuchungsverfahren ist deskriptiv (Beschreibung der formalen Phänomene) und synchronisch (Bestandsaufnahme des gegenwärtigen Standes ohne Berücksichtigung der historischen Entwicklung).
> Das Untersuchungsverfahren ist induktiv (Sammeln, Ordnen und Auswerten der Sprachphänomene).
> Untersucht wird die gesprochene Sprache, nicht die geschriebene (etwa:Literatur).
> Der Satz ist die grundlegende Untersuchungseinheit. Satzteile werden einheitlich nach formalen Prinzipien klassifiziert, u. a. nach syntagmatischen Kriterien (Beziehung der einzelnen Teile des Satzes zueinander) und nach paradigmatischen Kriterien (Welche sprachlichen Phänomene gehören zusammen – z. B. Endungen des Verbs?). Dabei werden die syntagmatischen Aspekte mit Hilfe des Segmentierungsverfahrens (Bestimmung der Satzteile), die paradigmatischen Aspekte mit Hilfe der Substitutionsprobe bestimmt. (Welche Phänomene treten an bestimmten Stellen im Satz auf und können in einem bestimmten Satzmuster einander ersetzen? Ergänzungen des Verbs können Substantive, Pronomina usw. sein.)

Eine ganze Reihe der Verfahren der strukturalistischen Sprachanalyse finden sich als Übungsformen der ALM wieder (z. B. als Satzmusterübung, als Einsetzübung [substitution table]).

Bloomfield behauptet, daß man eine Sprache nur von einem Muttersprachler lernen kann, der genau beobachtet und nachgeahmt wird. Sprachenlernen heißt für ihn bewußtes Aufnehmen und Nachahmen, geduldiges Üben und Auswendiglernen sowie das Analysieren dessen, was der Lehrer sagt und tut.

Ein weiterer Vertreter der Linguistik und gleichzeitig der audiolingualen Methode ist Robert Lado. Er ging bei seinen Untersuchungen von den Schwierigkeiten beim Fremdsprachenerwerb aus und schloß von da auf die Struktur der jeweiligen Fremdsprache. Dabei bediente er sich der Methoden des Sprachvergleichs (kontrastive Linguistik). Die kontrastive Linguistik, so schreibt er,

> vergleicht die Strukturen zweier Sprachen mit dem Ziel, sämtliche Erscheinungsformen festzustellen, in denen sie voneinander abweichen. Mit der Bestimmung dieser Unterschiede werden die Hauptschwierigkeiten beim Erlernen einer Zweitsprache erhellt, und darum ist die vergleichende Linguistik für den Sprachlehrer besonders wichtig und interessant.
>
> (Lado, 1973, 40)

Diese Ergebnisse der Linguistik legten für den Fremdsprachenunterricht nahe:

Folgen für den Fremdsprachenunterricht

1. Analyse der sprachlichen Strukturen als Grundlage für stufenweise aufzubauende Lehrmaterialien (Progression nach sprachlicher Komplexität im System der Zielsprache)

2. Vermittlung dieser Strukturen durch einen ausgebildeten Linguisten

3. Tägliches mehrstündiges Üben mit Hilfe eines Muttersprachlers in kleinen Klassen

4. Vorrangiges Ziel ist der mündliche Sprachgebrauch (vgl. Stern, 1984, 157f.).

Vergleichen Sie die linguistischen Grundlagen der ALM und der GÜM. Lesen Sie noch einmal die Darlegungen zur GÜM im 2. Kapitel:

Unterschiede:	*Grammatik-Übersetzungs-Methode*	*audiolinguale Methode*
Was wird untersucht: z.B geschriebene oder gesprochene Sprache?		
Wie wird die fremde Sprache untersucht und dargestellt: mit Hilfe einer anderen Bezugssprache oder aus sich selbst heraus?		
Welche Folgen ergeben sich daraus für den Fremdsprachenunterricht?		

b) Der Einfluß lernpsychologischer Theorien

Die audiolinguale Methode wurde in ganz besonderer Weise von den Theorien des B e h a v i o r i s m u s beeinflußt. Auch hier kann man das Erscheinen eines Buches als bahnbrechend bezeichnen, nämlich Skinners *Verbal Behavior* (1957). Skinner beschreibt Sprache grundsätzlich als eine Form des Verhaltens und legt ihr die entsprechenden Gesetze zugrunde: vor allem das Gesetz von Reiz und Reaktion (s t i m u l u s und r e s p o n s e) und die Verhaltensprogrammierung. Skinner behauptet,

> daß kein grundlegender Unterschied darin bestehe, wenn eine Ratte in einem Experimentierkäfig lernt, einen Hebel zu drücken, um als „Belohnung" eine Futterpille zu bekommen, und wenn ein Mensch lernt, stimmliche Signale als „Operanten" zur Befriedigung seiner Bedürfnisse zu verwenden.

> (Stern, 1984, 299)

Vergleichen Sie die lernpsychologischen Grundlagen der ALM und der GÜM. Lesen Sie dazu noch einmal die Ausführungen zur GÜM im 2. Kapitel.

Unterschiede:	*Grammatik-Übersetzungs-Methode*	*audiolinguale Methode*
Wie wird Sprachenlernen beschrieben?		
Welche Folgen ergeben sich daraus für den Fremdsprachenunterricht?		

Aus den lernpsychologischen Theorien ergeben sich folgende Grundannahmen für die audiolinguale Methode:

Fremdsprachenlernen ist in erster Linie ein mechanischer Prozeß der Gewohnheitsbildung.

a) Gewohnheiten werden durch Verstärkung gefestigt.
b) Die Verstärkung dieser Gewohnheiten beim Fremdsprachenlernen geschieht am wirkungsvollsten durch die Bestätigung richtiger Antworten, nicht durch die Korrektur von Fehlern.
c) Sprache ist Verhalten, und Verhalten kann nur gelernt werden, indem es beim Schüler ausgelöst und durch beständiges Üben eingeschliffen wird.
(vgl. Stern, 1984, 325)

Ziel ist also das S p r a c h k ö n n e n, nicht das Sprachwissen (wie in der GÜM). Dabei haben die p r i m ä r e n F e r t i g k e i t e n (Hören/vor allem: Sprechen) Vorrang vor den sekundären (Lesen/Schreiben).

c) Literatur/Textwissenschaften

Die vorherrschende Textsorte ist der Dialog, der als „Modell für Alltagsgespräche" gestaltet wird. Landeskundlich orientierte (beschreibende) Sachtexte ergänzen das Angebot an Texten. Literarische Texte werden weitgehend ausgeklammert.

d) Landeskunde

Auch im inhaltlich-thematischen Bereich wird der Gegensatz zur GÜM deutlich: Es geht nicht mehr um die Beschäftigung mit literarischen Texten als den Zeugnissen der Kultur des Zielsprachenlandes, sondern es geht um die Beherrschung praktisch verwertbaren Alltagswissens und alltäglicher Kommunikationssituationen.

e) Unterrichtsprinzipien der ALM

> Vorrang des Mündlichen vor dem Schriftlichen (des Hörens/Sprechens vor dem Lesen/Schreiben). Daraus ergibt sich die didaktische Folge der Fertigkeiten: erst Hören, dann (Nach)sprechen, dann erst Lesen, zum Schluß Schreiben.
> Situativität des Unterrichts. Die Sprachmuster der Grammatik werden in Alltagssituationen eingebettet und dialogisch präsentiert.
> Authentizität der Sprachvorbilder (Nachahmung der Sprachgewohnheiten des Muttersprachensprechers, insbesondere seiner Aussprache)
> Einübung von Sprachmustern durch Imitation und häufiges Wiederholen (Einschleifen von Sprachgewohnheiten)
> Grundlegende Einsprachigkeit des Unterrichts, Ausschluß der Muttersprache aus dem Unterrichtsgeschehen
> Progression des Lernprogramms anhand der Grammatiklehrstoffe durch systematische Steigerung der Komplexität der Sprachmuster der Zielsprache (der Vergleich zur Muttersprache spielt bei der Anlage der Grammatikprogression keine Rolle)
> Charakteristische Übungsformen der ALM:
  – Satzmusterübungen in vielfachen Variationen (p a t t e r n   d r i l l*)
  – Satzschalttafeln/Substitutionsübungen
  – Lückentexte/Einsetzübungen
  – Auswendiglernen und Nachspielen von Modelldialogen.

Im Reader S. 137ff. finden Sie eine ausführliche Darstellung der 15 Grundprinzipien der ALM, wie sie von Robert Lado, einem ihrer Hauptvertreter, formuliert wurden.

> *Skizzieren Sie anhand der Beispiele aus der Lehrbuchlektion und mit Hilfe der angegebenen Unterrichtsprinzipien einen Lektionsentwurf zur ALM (Einführungsdialog; Übungen; Beispielgrammatik) zu: „Präpositionen mit Dativ".*

4.2 Die audiovisuelle Methode (AVM)

4.2.1 Zur Einführung

Die audiovisuelle Methode stellt eine Weiterentwicklung der audiolingualen Methode dar. Der Ausdruck „audio-visuell" ist aus zwei Wörtern lateinischen Ursprungs zusammengefügt:

lat. *audire* = hören
lat. *videre* = sehen

Ins Deutsche übersetzt, bedeutet dies: „H ö r - S e h - M e t h o d e".

Obwohl die Wurzeln der audiolingualen und der audiovisuellen Methode dieselben sind, lassen sich einige wesentliche Unterschiede feststellen.

Aufgabe 26:
vorbereitende Übung

> *Eine Übung zum „Aufwärmen": Wie gut können Sie die „Sprache" der Bilder in einem audiovisuellen Lehrwerk entschlüsseln?*
>
> *In audiovisuellen Lehrwerken wird sehr viel über Bilder und Bilderfolgen zu vermitteln versucht:*
>
> *– die Gesprächssituation, in der sich die Personen befinden*
> *– worüber sie reden usw.*
>
> *Dafür wird oft eine eigene „Zeichensprache" entwickelt: „ **X** " z. B. bedeutet „nicht/kein" (Verneinung), „ **!** " bedeutet: etwas mit Nachdruck sagen.*
>
> *Die folgende „Bildergeschichte" ist dem Lehrwerk Schulz/Griesbach/Lund: Auf deutsch, bitte! entnommen. Wir haben nach dem dritten Bild den Begleittext weggestrichen.*
>
> *Versuchen Sie bitte anhand der Bilder, den Begleittext zu den einzelnen Bildern zu „ rekonstruieren":*

Reihe 1

Es ist Donnerstag abend. Herr und Frau Seitz sitzen bei Tisch.

„Wo bleiben denn die Kinder? Wir essen um 7 zu Abend, und sie sind noch nicht gekommen!"

„Heinz ist mit Fritz ins Kino gegangen."

Reihe 2

Reihe 3

Reihe 4

Reihe 5

Reihe 6

Reihe 7

Reihe 8

Schulz, Griesbach, Lund (1969), 33ff.

4.2.2 Geschichtlicher Hintergrund und Begriffsbestimmung

Zeitlich parallel zur Entwicklung der audiolingualen Methode in den USA entstand in Frankreich die audiovisuelle Methode. Von der amerikanischen Entwicklung war sie allerdings unbeeinflußt.

> Unter einem audio-visuellen Kurs im engeren, sozusagen klassischen Sinne, versteht man jenes Verfahren des Fremdsprachen-Anfangsunterrichts, das von P. Guberina konzipiert und 1954-56 vom CREDIF* erstmalig in Form des Französischkurses *Voix et Images de France* verwirklicht wurde. Guberina selbst nennt dieses Verfahren die „audio-visuelle, global-strukturelle Methode"..

(Strack,1973,9)

* CREDIF = Centre de recherche et d'étude pour la diffusion du français

Das Unterrichtsprinzip der audiovisuellen Methode besteht darin, Sprache, wo immer möglich, mit optischem Anschauungsmaterial zu verbinden. Das heißt, in einer Dialogsituation wird dem Schüler zuerst der Inhalt der Situation durch visuelle Mittel verdeutlicht, dann erst folgt die entsprechende sprachliche Ausdrucksform.

Die Reihenfolge der Darbietung verläuft also anders als in der audiolingualen Methode. Dort wird zuerst die sprachliche Form vorgegeben (Hören ⟶ Nachsprechen) und dann erst in ihrer Bedeutung erklärt (s. Real, 1984, 33/34).

Bilder und Bilderfolgen werden nicht nur zur Bedeutungsvermittlung bei der Sprachaufnahme (Einführung) eingesetzt, sondern ebenfalls bei der Sprachverarbeitung (Übung) und der Sprachanwendung (Transfer).

Beispiele dazu: Bilder steuern das Übungsgeschehen *(Vorwärts 1)*:

Beispiel

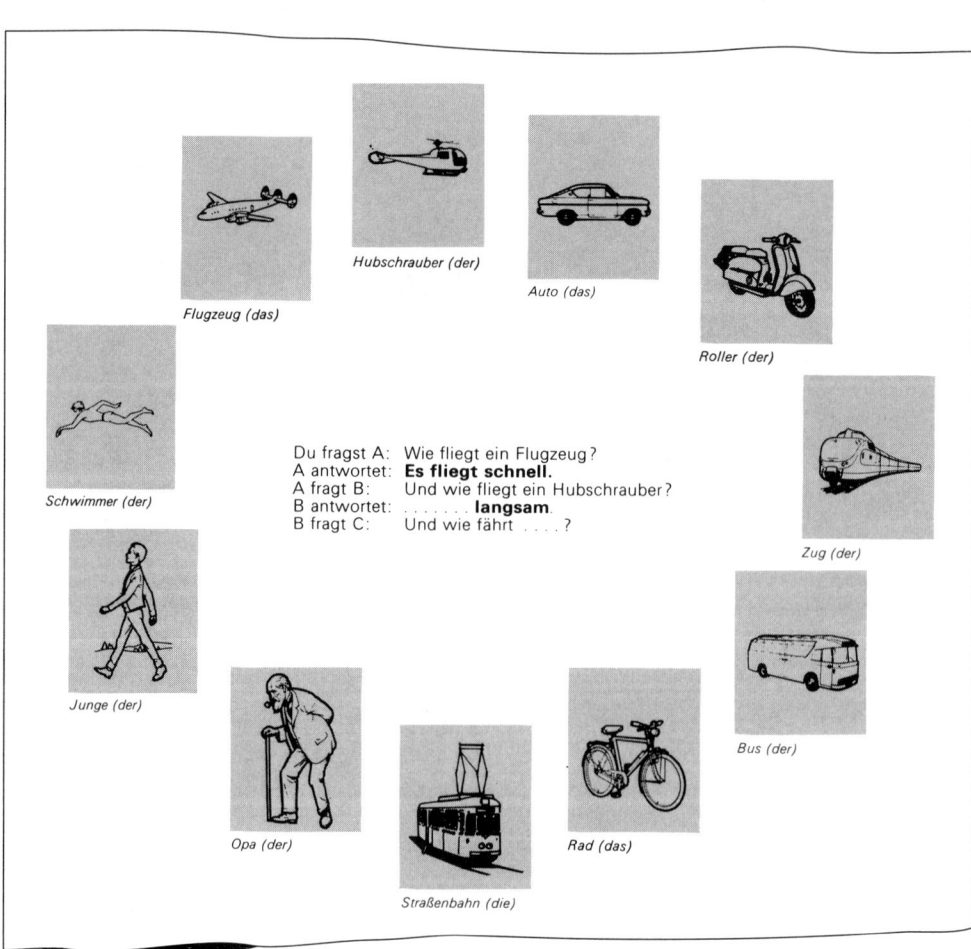

Arnold, Kayser (1974), 63

64

Bilder strukturieren auch den Anwendungsteil:

Beispiel

WAS SAGEN SIE ?   **Schreibe eine Unterhaltung**

Hier sind Wörter:

1. Bratwurst — hungrig — Mutti — sehr — wir sind —
Lumpi — prima ! — immer — Klaus — ihr seid —
Lieselotte — auch

2. am besten — zum — links — Kino — komme —
danke schön — Lieselotte — geradeaus — du —
komme — ich — gehst — Frau — wie — Grüß Gott —
bitte schön

Arnold, Kayser (1974), 43

4.2.3 Unterrichtstechniken der audiovisuellen Methode

1. Die Unterrichtseinheit beginnt mit der Präsentation eines Bildes oder einer Bilderfolge (f i l m   s t r i p) und eines auf Tonband aufgenommenen Dialogs. Das heißt, ein visueller Reiz wird mit einem akustischen Reiz verbunden, so daß beide eine Bedeutungseinheit (semantische Einheit) bilden.

Unterrichtsphasen

2. In der zweiten Unterrichtsphase werden die Bedeutungen einzelner Gesprächseinheiten erklärt (durch Deuten, wiederholtes Anhören einzelner Passagen, Fragen und Antworten).
3. Durch mehrfaches Wiederholen von Bild und Text müssen die Dialoge in der dritten Phase auswendig gelernt werden.
4. In der vierten Phase sollen sich die Schüler allmählich von der visuell-akustischen Vorgabe lösen. Sie werden z. B. aufgefordert, eigene Dialoge zu den Bildern zu machen oder die Szene im Rollenspiel nachzuahmen.
5. Außerdem werden in jeder Stunde Satzmusterübungen (p a t t e r n   d r i l l s*) zu den entsprechenden, in den Dialogen eingeführten Grammatikstrukturen durchgeführt.
6. Schreiben und Lesen werden im späteren Verlauf des Kurses ebenfalls in den Unterricht miteinbezogen.

Der Aufbau einer solchen Unterrichtseinheit orientiert sich deutlich an den behavioristischen Lerngesetzen (s. S. 60f.). Der Lernvorgang wird als Verbindung von Reiz (Bild) und Reaktion (sprachliche Äußerung) gesehen.

Die Verwendung technischer Unterrichtsmedien unterstützt diesen Prozeß. Die audiovisuelle Methode bedient sich kombinierter Bild- und Tonträger, meist in Form von Bildern bzw. Bildstreifen (Diaprojektor) und Tonbändern (auch im Sprachlabor).

*Einsatz technischer
Medien*

Ein Vergleich von audiolingualer und audiovisueller Methode bezüglich ihrer methodischen Verfahrensweisen läßt deutliche Parallelen erkennen: Ebenso wie die ALM legt die AVM vorrangig Wert auf die gesprochene Sprache, sie verwendet einfache Modellsätze zum Üben einzelner Satzstrukturen (pattern drills), läßt die verschiedenen p a t t e r n s auswendig lernen, sieht Sprachenlernen als einen Habituationsprozeß und verwendet technische Hilfsmittel im Unterricht.

*Vergleich ALM - AVM:
Ähnlichkeiten*

Der Hauptunterschied zur ALM liegt im <u>gleichzeitigen Einsatz von akustischem und visuellem Material</u>. Damit wird auch der zentralen Forderung nach einem sinnvollen Bezugsrahmen für die zu behandelnden Dialoge Genüge geleistet.

Vermittlung der originalen Situation, Bedeutungsvermittlung, visuelle Gedächtnisstütze, situatives Üben, Transferhilfe sowie landeskundliche Anschauung können nach Walter (1983, 66f.) als die übergeordneten Ziele der audiovisuellen Methode gesehen werden.

4.2.4 Kritik an der audiovisuellen Methode

Viele der Prinzipien, die im Rahmen der audiovisuellen Methode formuliert wurden, haben den Fremdsprachenunterricht verändert. In ihrer „Reinkultur" wurde sie aber – außer in der audio-visuellen, global-strukturellen Methode in Frankreich – fast nirgendwo praktiziert.
Die Kritiker bemängeln am Gesamtkonzept vor allem (vgl. Firges,1975; Vielau, 1976):

> den weitgehenden Ausschluß des kognitiven und kreativen Potentials der Lernenden zugunsten eines vorwiegend rezeptiven und reproduktiven Lernverhaltens
> die Reduktion des Lernprozesses im Fremdsprachenunterricht auf das behavioristische Konzept (Ausbildung von Sprachgewohnheiten durch Verhaltenskonditionierung)
> das rigide Phasenschema des Unterrichtsablaufs, das zur Monotonie im Unterricht führt
> die Einschränkung der Rolle des Lehrers auf die des „Medientechnikers", die ihm keinen pädagogischen Spielraum mehr läßt
> den Widerspruch zwischen der Forderung nach Mündlichkeit, Situativität und Authentizität der Sprache einerseits und dem Festhalten an einer – an formalsprachlichen Strukturen orientierten – Grammatikprogression
> den völligen Ausschluß der Muttersprache in der Lernstoffprogression, Unterrichtsplanung und Unterrichtsgestaltung
> die Sinnentleerung und Banalisierung der Lehrbuchdialoge und -übungen wegen der Dominanz der Grammatikpatterns und die Marionettenhaftigkeit der Lehrbuchfiguren.

Die audiovisuelle Methode hat bis heute nachhaltig auf den Fremdsprachenunterricht gewirkt und viele begeisterte Anhänger gefunden. Selbstverständlich blieb auch die Kritik an der Grundkonzeption wie auch an einzelnen Unterrichtsprinzipien und an der Gestaltung des Unterrichtsablaufs nicht aus.

Welches sind Ihrer Meinung nach die Vorzüge dieser Methode, welches ihre Schwächen und Nachteile?

Vorzüge	*Schwächen/Nachteile*

4.2.5 Die AVM und die nachfolgenden Konzeptionen

Aufgabe 28

Die audiovisuelle Methode hat auch die Gestaltung der Generation von Lehrbüchern beeinflußt, die nach der „kommunikativen Wende" des Fremdsprachenunterrichts (vgl. Kap. 5) entstanden sind.
Die folgenden Seiten sind einem Lehrbuch entnommen, das Mitte der 80er Jahre erschienen ist: Seeger, Vorwärts International.

Welche Elemente der audiovisuellen Konzeption können Sie erkennen? Notieren Sie Stichwörter:

1. Einführung von neuem Lernstoff:

Seeger (o.J.), 32.

Ihre Notizen: _____

_____

_____

2. *Eine Übungsseite:*

LEKTION 3

D

Wie heißt das auf deutsch?
Buch. Das ist ein Buch.

1 Julia, wie heißt das auf deutsch? — Buch! — Wie bitte? — Buch. — Ach so. Das ist ein Buch.

Ebenso mit:

- Wie heißt das auf deutsch?
- o Buch.
- Wie bitte?
- o Buch.
  Das ist ein Buch.

2 Das ist ein ... .

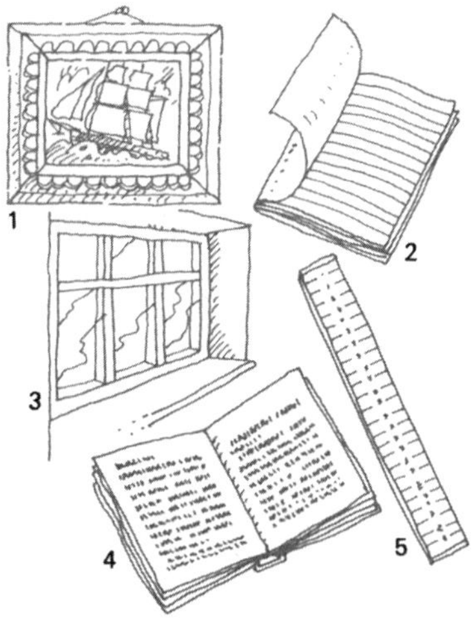

Heft
Fenster
Lineal
Buch
Bild

Seeger (o.J.), 35

Ihre Notizen:

3. Eine Grammatikseite:

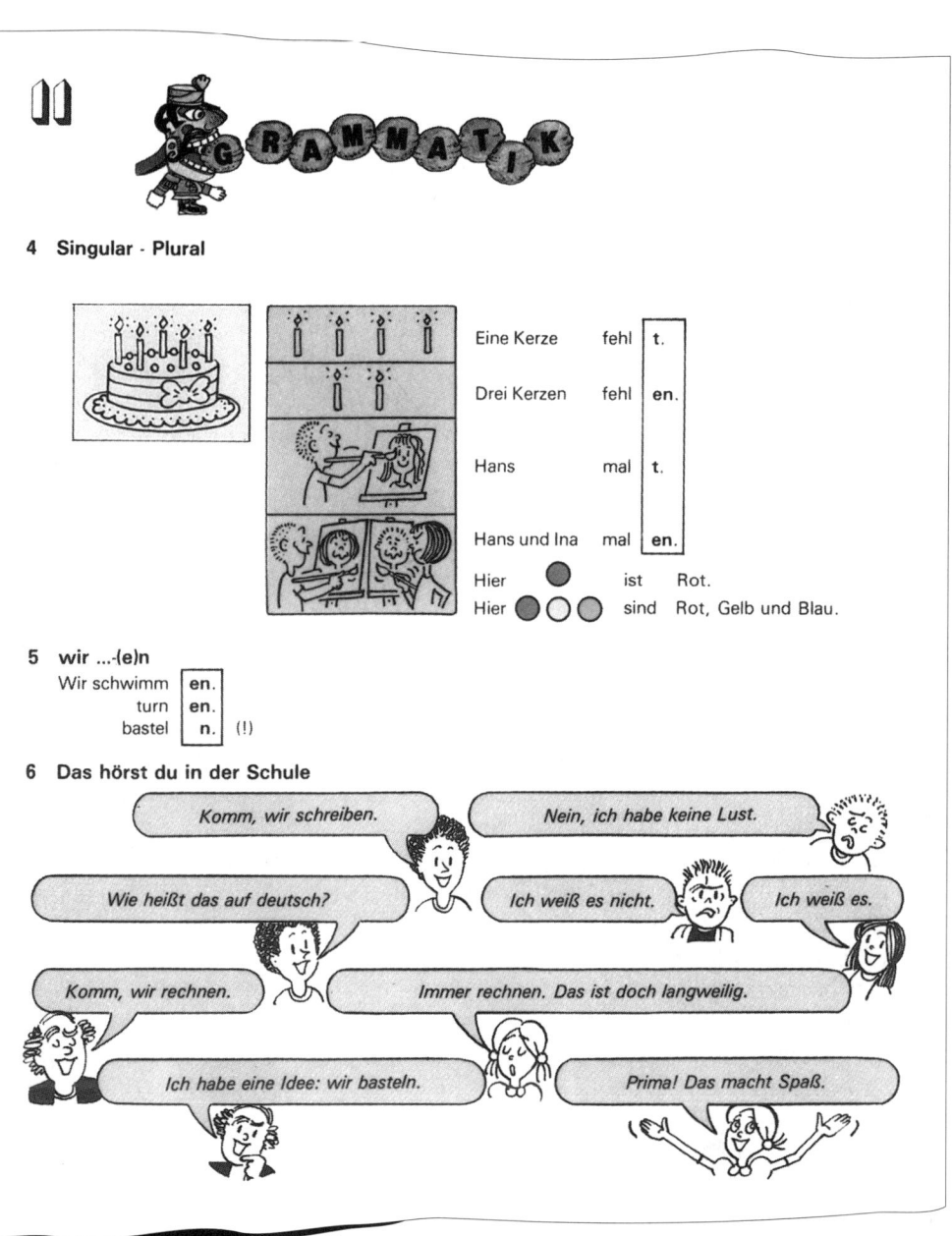

GRAMMATIK

4 Singular · Plural

Eine Kerze	fehl	t.
Drei Kerzen	fehl	en.
Hans	mal	t.
Hans und Ina	mal	en.

Hier ⬤ ist Rot.
Hier ⬤◯⬤ sind Rot, Gelb und Blau.

5 wir ...-(e)n

Wir schwimm en.
     turn en.
     bastel n. (!)

6 Das hörst du in der Schule

Komm, wir schreiben.

Nein, ich habe keine Lust.

Wie heißt das auf deutsch?

Ich weiß es nicht.

Ich weiß es.

Komm, wir rechnen.

Immer rechnen. Das ist doch langweilig.

Ich habe eine Idee: wir basteln.

Prima! Das macht Spaß.

Seeger (o.J.), 132

Ihre Notizen: _____

_____

_____

_____

_____

5 Die vermittelnde Methode (VM):

Versuch einer Verbindung der GÜM und der ALM in den 50er Jahren

5.1 Vermischung der Methoden – in der Unterrichtspraxis häufig anzutreffen

Wir haben im einleitenden Kapitel zu dieser Studieneinheit darauf hingewiesen, daß die Entstehung neuer Unterrichtsmethoden von einer Vielzahl von Faktoren abhängig ist. In der Praxis des neusprachlichen Unterrichts hat es keine zeitlich genau abgrenzbaren Epochen gegeben – etwa in der Art, daß von 1960 bis 1975 der Fremdsprachenunterricht weltweit nur nach der audiovisuellen Methode praktiziert worden wäre. Für die Unterrichtspraxis ist vielmehr ein Nebeneinander der verschiedenen Methoden für unterschiedliche Zielgruppen und Regionen und eine Vermischung und Überlagerung kennzeichnend.

Nebeneinander von Methoden

Gründe

Diese Vermischung und Überlagerung kann viele Gründe haben. Es kann sein, daß ein Lehrer mit dem Konzept einer neuen Methode nicht zurechtkommt, daß er mit den Unterrichtsverfahren, die ihm vertraut sind, einen besseren und erfolgreicheren Unterricht gestalten kann und deshalb nur einzelne Prinzipien des neuen Unterrichtskonzepts übernimmt.

Es kann aber auch sein – und das ist nicht selten der Fall –, daß eine neue Methode für die Bedürfnisse und Lernvoraussetzungen einer ganz bestimmten Zielgruppe entwickelt worden ist (vgl. die Entstehung der ALM aus dem Bedarf nach Dolmetschern im Zweiten Weltkrieg) und für diese Zielgruppe auch erfolgreich eingesetzt wird. Überträgt man sie aber auf eine Lerngruppe mit anderen Bedürfnissen und anderen Lernvoraussetzungen, dann „funktioniert" sie nicht mehr richtig: Sie muß angepaßt und „zurechtgebogen" werden.

Man hat lange Zeit daran geglaubt, daß man, wenn man das Erlernen von Fremdsprachen nur intensiv und „wissenschaftlich" genug erforschen würde, schließlich eine Lehrmethode entwickeln könnte, die die beste, für alle Menschen gültige Methode sein würde. Diesen Anspruch, eine wissenschaftlich begründete und universell gültige Lehrmethode zu sein, hat zuletzt die audiovisuelle Methode erhoben (Lado, 1964).

Wir werden bei der Diskussion der kommunikativen und der interkulturellen Ansätze der Fremdsprachendidaktik wieder auf diese Fragen zurückkommen, weil sie für die Weiterentwicklung der Fremdsprachendidaktik und -methodik in der Zeit nach der AVM eine entscheidende Rolle gespielt haben. Die Diskussion hat deutlich gemacht, daß man zunächst zwischen der Lehr-und der Lernperspektive unterscheiden muß. Es mag sein, daß das menschliche Gedächtnis so strukturiert ist, daß bei allen Menschen ähnliche Lernprozesse ablaufen (Aufnahme, Speicherung, Aktivierung von Lernstoff) – darüber wissen wir eigentlich noch nicht sehr viel –, es gibt aber erhebliche Zweifel, ob es überhaupt möglich und sinnvoll ist, eine Unterrichtsmethode zu entwickeln, nach der a l l e Menschen gleich gut Fremdsprachen lernen.

Lehr- und Lernperspektive

Für diese Zweifel gibt es gute Gründe:

1. Es gibt ganz unterschiedliche Zielsetzungen des Fremdsprachenunterrichts. Ein Wissenschaftler, der Deutsch lernt, um Fachtexte seines Wissenschaftsgebietes zu lesen, verfolgt ein anderes Ziel als eine Fremdsprachensekretärin, die etwa Handelskorrespondenz auf deutsch erledigen soll, oder ein Tourist, der sich in Deutschland mit den Leuten unterhalten will. Der Wissenschaftler will in erster Linie lesen lernen, die Sekretärin schreiben, der Tourist hören und sprechen. Lesen lernt man aber mit anderen Unterrichtsverfahren als Schreiben, Hören und Sprechen. Die Unterrichtsmethoden hängen also von den Unterrichtszielen ab. Eine Methode wie die audiolinguale Methode, deren Ziel die Entwicklung des Hörens und Sprechens ist, eignet sich deshalb nicht besonders gut zur Entwicklung des Leseverstehens.

2. Es gibt ganz unterschiedliche Lernvoraussetzungen bei Lernenden in unterschiedlichen Regionen wie auch bei den einzelnen Menschen.
   So spielt das A l t e r eine wichtige Rolle: Ein Kind in der Grundschule lernt eine Fremdsprache anders als ein Erwachsener. Aber auch k u l t u r s p e z i - f i s c h e Prägungen (kulturelle Werte und Normen, Verhaltensweisen, Lerntraditionen), die M u t t e r s p r a c h e der Lernenden und ihre Nähe bzw. Distanz zur Zielsprache, die Breite des W i s s e n s und der L e b e n s - e r f a h r u n g, die K e n n t n i s a n d e r e r F r e m d s p r a c h e n, aber auch i n d i v i d u e l l e Faktoren wie Intelligenz, Motivation, Leistungsbereitschaft usw. spielen bei der Entwicklung von „effektiven" Unterrichtsmethoden eine wichtige Rolle.

3. Auch die Lernsituation hat erheblichen Einfluß auf die Gestaltung der Unterrichtsmethoden. Es liegt auf der Hand, daß man mit Lernenden, die im deutschsprachigen Raum Deutsch lernen, den Unterricht anders gestalten muß als mit Lernenden, deren Unterrichtsort vom deutschsprachigen Raum weit entfernt ist. Für die Unterrichtsgestaltung maßgeblich sind aber auch Faktoren wie das Lehrbuch und andere Unterrichtsmedien, die Anzahl der Stunden, die für den Unterricht zur Verfügung stehen, die Lehrer und ihre Qualifikation, aber auch Gruppengröße und -zusammensetzung, die wir unter dem Schlagwort „institutionelle Bedingungen" zusammenfassen können.

5.2 Ein Beispiel aus den 50er Jahren: die vermittelnde Methode (VM)

Wir wollen im folgenden Abschnitt an einem Beispiel aus den 50er Jahren deutlich machen, wie die Berücksichtigung der Faktoren „Lernergruppe" und „Lernsituation" zu einer interessanten Verbindung von Elementen und Prinzipien der damals bekannten Grammatik-Übersetzungs-Methode und der audiolingualen Methode geführt hat, die unter der Bezeichnung „V e r m i t t e l n d e M e t h o d e" in die Geschichte des Fremdsprachenunterrichts eingegangen ist. 1955 erschien ein neues Lehrwerk von D. Schulz und H. Griesbach: *Deutsche Sprachlehre für Ausländer* (S/G), das schon bald eine führende Stellung unter den Lehrwerken für Deutsch als Fremdsprache einnahm und bis heute eines der am weitesten verbreiteten Lehrbücher ist.

Das Lehrbuch *Deutsche Sprachlehre für Ausländer* wird in der Fachliteratur häufig als Vertreter der Grammatik-Übersetzungs-Methode zitiert (vgl. die Studieneinheit *Grammatik lehren und lernen* von Funk/Koenig, 1991). Dafür gibt es gute Gründe:

Hinweis

⟹

> Wesentliche Elemente der GÜM stehen – wie wir sehen werden – deutlich im Vordergrund. Dazu gehört vor allem auch die Betonung der Grammatik. Sie strukturiert sowohl die Progression des Lehrstoffs („Grammatikachse", vgl. S. 56) als auch den Aufbau der einzelnen Lektionen.
> Es gibt im deutschsprachigen Raum kein Lehrbuch nach der GÜM, das eine nennenswerte Verbreitung gefunden hat. Um „reine" GÜM-Lehrbücher zu finden, muß man bei ausländischen Verlagen – etwa in England oder in Frankreich – nachforschen (vgl. unser Beipiel S. 20ff. aus einem Lehrbuch, das 1955 in London erschien ist – im selben Jahr wie Schulz/Griesbach).

5.2.1 Wie kam es zur Entwicklung der VM?

Nach dem Ende des Zweiten Weltkrieges kamen seit dem Anfang der 50er Jahre wieder mehr Leute in die deutschsprachigen Länder, um Deutsch zu lernen. Sie besuchten in der Bundesrepublik vor allem die Goethe-Institute, die Deutschkurse anboten. Die Klassen waren „bunt gemischt", was die Herkunft der Teilnehmer und ihre Muttersprachen anging. Alle Kursteilnehmer waren Erwachsene, die meisten hatten vor Deutsch schon eine andere Fremdsprache (Englisch, Französisch, Spanisch) auf „traditionelle Art", d.h. nach der GÜM gelernt, wollten aber beim Deutschlernen nicht nur Grammatikkenntnisse erwerben und Lesen und Übersetzen einüben, sondern sich mit anderen Leuten im alltäglichen Leben auf deutsch verständigen lernen. Die damals gebräuchlichen Lehrwerke für Deutsch als Fremdsprache im Erwachsenenbereich waren aber in der Tradition der GÜM verfaßt.

D. Schulz und H. Griesbach entschlossen sich deshalb, ein neues Lehrwerk zu verfassen, das auf die veränderte Zielsetzung (Einbezug des Mündlichen), die Besonderheiten der Zielgruppe (Erwachsene mit Vorkenntnissen im Fremdsprachenlernen; Heterogenität der Gruppenzusammensetzung) und die Lernsituation (Lernen im deutschsprachigen Raum) eingehen sollte. Sie entschlossen sich, bewährte Prinzipien der GÜM – etwa die Systematik der Grammatik- und Wortschatzprogression – beizubehalten, dazu aber Anregungen aus der ALM, deren Konzept damals intensiv diskutiert wurde, aufzunehmen – insbesondere im Bereich des Lektionsaufbaus und der Übungsgestaltung.

Die Heterogenität der Lernergruppen (unterschiedliche Muttersprachen) zwang dazu, die Lernstoffpräsentation und das Unterrichtsverfahren e i n s p r a c h i g anzulegen. Das widerspricht dem Prinzip der GÜM, die Muttersprache der Lernenden bei der Grammatikprogression zu berücksichtigen und sie als Unterrichtssprache zu verwenden. Es erfüllt aber die Forderung der ALM, die Muttersprache der Lernenden so weit wie möglich aus dem Unterricht zu „verbannen" und den Unterricht nur in der Zielsprache zu führen.

Weil der Lernort im deutschsprachigen Raum lag und die Kursteilnehmer zwangsläufig außerhalb des Unterrichts im Alltag ihre Deutschkenntnisse einsetzen mußten, war es naheliegend, in den Lektionstexten Themen und Situationen der alltäglichen Wirklichkeit – z. B. Zimmersuche; eine Verabredung zum Kinobesuch; auf der Post; im Reisebüro – darzustellen und manche Texte in Gesprächsform, d. h. dialogisch zu gestalten. Damit erfüllte das Lehrbuch die Forderungen der ALM nach der Berücksichtigung des mündlichen Sprachgebrauchs und nach Einbettung des Sprachlernstoffes in Alltagssituationen.

Wir sehen uns in den folgenden Abschnitten die wichtigsten Abschnitte einer Lektion genauer an:

> den Einführungstext, der das neue Lernpensum enthält
> den Grammatikteil
> den Übungsteil

und betrachten dann in diesem Lehrwerk

> den Lektionsaufbau
> die Anlage der Lernstoffprogression.

Wir wollen dabei zeigen, welche Veränderungen im Unterrichtskonzept durch die Verbindung von GÜM und ALM entstehen.

5.2.2 Der Lektions-Einführungstext

Für die Charakterisierung eines Lektionstextes in einem Fremdsprachenlehrbuch sind drei Aspekte wichtig:

1. Die Aufmachung (Layout):
> Wie ist der Text gegliedert (Überschrift; Abschnitte)?
> Gibt es Bilder, die das Verstehen des Textes unterstützen (Visualisierung)?

2. Die sprachliche Gestaltung/Textsorte:
> Welcher Sprachstil wird verwendet?
> Welche Textsorte wird verwendet (z. B. Beschreibung; Gespräch; Brief usw.)?

3. Die Funktion des Textes:
> Gibt er Informationen zur Landeskunde?
> Präsentiert er neuen Sprachlernstoff (z. B. Grammatik)?

Ein Beispiel aus dem Lehrwerk:

ABSCHNITT SECHS

—— A ——

Zwei Studenten in München

Robert studiert in München. Er ist seit einem Monat dort. Er wohnt zusammen mit seinem Freund Hans beim Kaufmann Krüger, Elisabethplatz 30, Ecke Agnesstraße. Frau Krüger ist die Hausfrau von Robert. Seine Wohnung ist nicht weit von der Universität. Die Wohnung liegt der Post gegenüber.

Robert geht morgens aus dem Haus und fährt mit seinem Fahrrad zur Universität. Hans hat kein Fahrrad und geht immer zu Fuß. Aber sein Weg ist nicht weit; vom Elisabethplatz zur Universität braucht er nur zehn Minuten.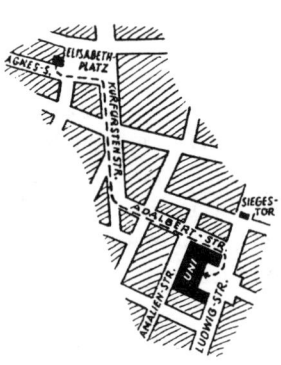

Mittags nach den Vorlesungen geht Robert mit seinem Freund zum Essen. Sie gehen die Ludwigstraße entlang und bei einem Zeitungsstand links um die Ecke zu einem Gasthaus. Dort ißt man sehr gut. Gewöhnlich bestellen sie ein Menü; das ist nicht so teuer. Nach dem Essen lesen sie die Zeitungen und die Illustrierten und trinken manchmal ein Glas Bier oder eine Tasse Kaffee.

Nachmittags geht Robert wieder zu einer Vorlesung. Jetzt geht er allein ohne seinen Freund, denn Hans arbeitet zu Haus für seine Prüfung. Nach der Vorlesung ist er frei und fährt nach Haus. Manchmal geht Hans seinem Freund entgegen. Dann machen sie einen Spaziergang durch den Park. Nach dem Abendessen arbeiten sie oder gehen wieder spazieren. Oft besuchen sie mit ihren Freunden ein Kino oder ein Theater. Meistens gehen sie aber früh zu Bett, denn sie sind abends immer sehr müde.

Griesbach, Schulz (1955), 28

Auswertung des Beispiels:

Zur Aufmachung:

Es gibt eine Überschrift, die das Thema des Textes angibt: Wir werden Informationen zu *Zwei Studenten in München* bekommen. Die Überschrift ist durch Fettdruck hervorgehoben.
Zum Text gehören auch zwei Bildchen (Vignetten), die eine Kirche und den Ausschnitt eines Stadtplanes zeigen (Signale für „München" (die Frauenkirche) und „Orientierung in einer Stadt"). Der Stadtplan ist so klein gezeichnet, daß man mit ihm nicht viel anfangen kann.

Zum Sprachstil/zur Textsorte:

Man könnte den Text als einen „Bericht" bezeichnen. Der Stil ist sachlich-informativ, die Sprache ist einfach (vorwiegend Hauptsätze, die aneinandergereiht sind).

Zur Funktion:

Der Text berichtet vom Leben zweier Studenten in München. In erster Linie beschreibt er ihren Tageslauf.
Neben dieser inhaltlichen Aufgabe hat der Text aber auch eine d i d a k t i s c h e Funktion: Er führt ein neues Lernpensum der Grammatik ein. Solche „grammatikalisierenden" Texte sind charakteristisch für die GÜM.

Aufgabe 29

Überlegen Sie:

Könnte man diesen Text – so wie er ist – auch außerhalb des Lehrbuchs „in der Realität" finden, z. B. in der Zeitung oder in einer Sammlung von „Münchner Geschichten"?

Lesen Sie den Text noch einmal genau. Er enthält Satz für Satz ein ganz bestimmtes Grammatikphänomen! Er wurde von den Autoren des Lehrbuchs vor allem deshalb verfaßt, um dieses neue Grammatikpensum einzuführen.
Haben Sie es entdeckt?
Sie bekommen die Lösung, wenn Sie den nächsten Abschnitt zur Grammatikdarstellung lesen.

5.2.3 Zur Grammatikdarstellung

Abschnitt B des Lehrbuchs, der die Grammatik enthält, schließt sich unmittelbar an den Einführungstext an. Der Grammatikteil sieht so aus:

—— B ——

1. Präpositionen mit dem Dativ

Robert geht um 9 Uhr *aus dem* Haus. Er wohnt *mit seinem* Freund *bei seiner* Tante. *Nach dem* Essen trinkt er eine Tasse Kaffee. Er ist *seit einem* Monat in Deutschland. Er bekommt das Geld *von seinem* Vater. Er geht *zu seinem* Freund. Hans geht *seinem* Vater *entgegen*. Die Wohnung liegt *der* Post *gegenüber*.

> **aus, bei, mit, nach, seit, von, zu, entgegen, gegenüber**
> **IMMER MIT DATIV**

M e r k e n   S i e ! :   e n t g e g e n   und   g e g e n ü b e r   stehen   oft   n a c h   dem Substantiv.

> | bei | dem | → | beim |
> |-----|-----|---|------|
> | von | dem | → | vom |
> | zu | dem | → | zum |
> | zu | der | → | zur |

---

2. Präpositionen mit dem Akkusativ

Hans geht *durch den* Park. Robert bestellt *für seinen* Freund ein Glas Bier. Das Taxi fährt *gegen das* Haus. Robert geht *ohne seine* Schwester spazieren. Die Freunde gehen *um das* Haus. Wir fahren *die* Straße *entlang.*

durch, für, gegen, ohne, um, entlang
IMMER MIT AKKUSATIV

M e r k e n   S i e ! : e n t l a n g   steht   immer   n a c h   dem   Substantiv.

3. Das Zeitadverb

Der Unterricht beginnt *morgens.* Ich lerne immer *vormittags. Mittags* gehe ich zum Essen. *Nachmittags* gehe ich spazieren. *Abends* besuche ich ein Kino. *Nachts* bin ich zu Hause.
Ich habe *montags* immer Vorlesungen. *Sonntags* arbeite ich nicht.

Substantiv	Adverb
der Morgen	morgen*s*
der Vormittag	vormittag*s*
der Mittag	mittag*s*
der Nachmittag	nachmittag*s*
der Abend	abend*s*
die Nacht	nacht*s*
der Montag	montag*s*
der Dienstag	dienstag*s*
usw.[1])	

4. Wortstellung

	I	II	III
Robert geht zur Universität,	*aber*	Hans	bleibt	zu Haus.
Wir gehen zu Bett,	*denn*	wir	sind	sehr müde.
Robert liest,	*und*	Hans	schreibt	einen Brief.
Sie lesen Zeitungen,	*oder*	sie	arbeiten	zusammen.
Er arbeitet nicht,	*sondern*	er	geht	spazieren.

Merken Sie die Wortstellung:
a b e r ,   d e n n ,   u n d ,   o d e r ,   s o n d e r n   zählen   nicht!

Griesbach, Schulz (1955), 29f.

Wenn man den Grammatikteil dieses Lehrwerks ansieht, wird deutlich, warum die Autoren den Text *Zwei Studenten in München* verfaßt haben: Der Text dient als „Verpackung" für das neue Grammatikpensum:

– Präpositionen mit Dativ
– Präpositionen mit Akkusativ
– das Zeitadverb
– die Wortstellung.

Dabei ist ein Text entstanden, den man als Sprachlehrtext bezeichnen könnte. Solche Texte gibt es nur im DaF-Lehrbuch, nicht in der Realität außerhalb des Unterrichts! Man nennt sie auch „synthetische" Texte (griechisch: *synthatein* = zusammensetzen) – im Gegensatz zu „authentischen" Texten (aus der Realität außerhalb des Sprachunterrichts).

Wenn solche Lektionstexte in einem Lehrwerk gehäuft auftreten, ist das ein Hinweis darauf, daß das Lehrbuch nach einer f o r m a l s p r a c h l i c h e n G r a m m a t i k p r o g r e s s i o n angelegt ist und daß deshalb der systematische Grammatikunterricht einen sehr wichtigen Platz im didaktischen Konzept einnimmt – typisch für die GÜM.

Die einzelnen Abschnitte im Grammatikteil dieses Lehrwerks sind nach einem ganz bestimmten Schema aufgebaut:

1. Es werden zunächst Beispielsätze gegeben, die das neue Grammatikphänomen enthalten, wobei dieses durch eine andere Schrifttype (Schrägdruck) hervorgehoben ist.

2. Es wird dann eine Regel zum neuen Grammatikpensum formuliert. Sie ist besonders hervorgehoben (also sehr wichtig!) durch Einrahmung, durch Halbfettdruck und durch die Verwendung von Großbuchstaben.

3. Es werden schließlich Ausnahmen von der Regel in einem Merksatz angegeben. Die Schrifttype ist kleiner, aber es wird Halbfettdruck und gesperrter Schriftsatz (Buchstaben mit Zwischenraum) verwendet: Man soll die Ausnahmen auf keinen Fall übersehen.

Die Abfolge der Lernschritte in diesem Konzept lautet also:

$$\text{Beispiel} \longrightarrow \text{Regel} (\longrightarrow \text{Ausnahme, falls vorhanden}).$$

Man nennt dies ein induktives Lehrverfahren (charakterisisch für die ALM) – im Gegensatz zum deduktiven Lehrverfahren, das zuerst die Regel formuliert und dann zur Regel Beispielsätze (und ggf. Ausnahmen) angibt. Dieses deduktive Verfahren war für die GÜM charakteristisch.

Aufgabe 30

> *Überlegen Sie:*
>
> *Was könnte die Autoren dieses Lehrwerks veranlaßt haben, ein induktives Lehrverfahren zu wählen?*

Der Grammatikteil ist in diesem Lehrbuch sehr übersichtlich gestaltet, der Lehrstoff wird in kleine Schritte aufgeteilt. Der Grammatikteil ist das „Zentrum" der Lektion. Er steuert die Gestaltung der Texte und – wie wir gleich sehen werden – auch die Auswahl der Übungen, den Lektionsaufbau und die Lernprogression des gesamten Lehrbuchs.

5.2.4 Die Übungen

Die Übungen werden in diesem Lehrbuch in einem eigenen Abschnitt (D) nach dem Einführungstext und der Grammatikdarstellung angeboten:

—— D ——

Übung 26: *Präpositionen mit dem Dativ:*

1. Robert geht um 9 Uhr aus d - Haus. 2. Er wohnt zusammen mit sein - Freund Hans. 3. Ich gehe zu mein - Schwester. 4. Ihr fahrt heute mit eure - Fahrräder - zu d - Universität. 5. Der Brief kommt von d - Großmutter. 6. Ich bin schon seit ein - Woche hier. 7. Sie geht ihr - Vater entgegen. 8. Nach d - Essen besuchen wir meinen Onkel. 9. Meine Wohnung liegt d - Bahnhof gegenüber. 10. Ich habe das Geld von mein - Vater. 11. Ich mache einen Besuch bei mein - Tante. 12. Euer Haus steht unser - Haus gegenüber. 13. Die Schüler kommen aus d - Schulzimmer. 14. Ich zahle mit ein - Geldschein. 15. Das Auto gehört meinem Freund seit ein - Monat. 16. Mein Vater kommt mit mein - Mutter aus Köln. 17. Ich fahre mein - Eltern entgegen. 18. Mein Bruder wohnt bei d - Kaufmann Krüger. 19. Bier trinken wir aus ein - Glas, Kaffee aus ein - Tasse. 20. Wir kommen von d - Unterricht und gehen zusammen zu d - Bahnhof. 21. Haben Sie einen Brief von Ihre - Eltern? — Nein, ich habe keinen Brief von meine - Eltern, sondern von mein - Bruder. 22. Ist der Weg von d - Elisabethplatz zu d - Universität weit? 23. Ich trinke ein Glas Bier zu d - Essen. 24. Nach d - Essen trinke ich eine Tasse Kaffee.

Übung 27: *Präpositionen:*

1. Wir fahren mit unsere - Fahrräder - um d - Stadt. 2. Das Auto fährt gegen d - Haus. 3. Heute gehe ich ohne mein - Freund zu d - Universität, denn er arbeitet für seine - Prüfung. 4. Meine Tante fährt mit d - D-Zug durch d - Land. 8. Ich mache keine Übungen für mein - Freund. 6. Nach d - Schule arbeiten wir immer ohne unser - Lehrer. 7. Herr Breuer fährt mit sein - Auto d - Straße entlang. 8. Die Familie sitzt um d - Tisch. 9. Der Briefträger bringt einen Brief für mein - Vater. 10. Nach d - Essen kocht die Mutter Kaffee für ihr - Gast. 11. Der Kaufmann arbeitet für seine - Frau und sein - Sohn. 12. Wo ist die Post? — Gehen Sie die Straße entlang, dann rechts um d - Ecke.

Übung 28: *Antworten Sie mit einem Satz!*

1. Wo wohnen Sie? (**bei,** *mein Vater, meine Tante, meine Freunde*) 2. Wohin gehst du? (**zu,** *die Post, der Bahnhof, das Theater, mein Onkel*) 3. Mit wem gehst du spazieren? (**mit,** *der Vater, die Lehrerin, meine Freunde, die Eltern*) 4. Wann geht Robert nach Haus? (**nach,** *das Essen, der Unterricht, die Vorlesungen*) 5. Für wen arbeitet mein Vater? (**für,** *der Sohn, die Familie, die Kinder*) 6. Seit wann sind Sie in Deutschland? (**seit,** *ein Jahr, eine Woche, ein Monat, vier Tage*) 7. Wo ist die Schule? (**gegenüber,** *die Post, der Bahnhof, mein Haus*) 8. Von wem hat der Schüler das Geld? (**von,** *der Vater, der Onkel, die Schwester, die Eltern*) 9. Wem geht Robert entgegen? (*der Vater, der Gast, die Mutter, seine Geschwister*) 10. Zu wem gehen wir heute nachmittag? (**zu,** *die Hausfrau, der Lehrer, meine Tante, meine Geschwister*)

Übung 29: *Zeitadverbien:*

1. Wir haben .... *(Morgen)* und .... *(Nachmittag)* Unterricht. 2. Ich esse .... *(Mittag)* immer um 1 Uhr. 3. In Deutschland arbeiten wir .... *(Sonntag)* nicht. 4. Er hat .... *(Sonnabend Nachmittag)* keine Schule. 5. Die Lehrer besuchen .... *(Mittwoch)* immer das Theater. 6. Wir schreiben .... *(Abend)* unseren Eltern und unseren Freunden. 7. Ihr besucht .... *(Freitag)* immer eure Freunde. 8. Ich bin .... *(Dienstag Vormittag)* immer zu Haus. 9. .... *(Donnerstag)* beginnen die Vorlesungen um 9 Uhr. 10. Der Briefträger kommt .... *(Morgen)* um 8 Uhr und .... *(Nachmittag)* um 3 Uhr.

Übung 30: *Verbinden Sie die zwei Sätze!*

B e i s p i e l e :

Wir gehen zu Bett. Wir sind müde. (denn)
Wir gehen zu Bett, denn wir sind müde.
Robert fährt mit dem Fahrrad. Hans geht zu Fuß. (aber)
Robert fährt mit dem Fahrrad, aber Hans geht zu Fuß.

1. Ich trinke ein Glas Bier. Mein Freund trinkt eine Tasse Kaffee. *(aber)* 2. Mein Bruder geht in die Schule. Ich besuche die Universität. *(aber)* 3. Hans geht zu Fuß. Er hat kein Fahrrad. *(denn)* 4. Hans geht nicht zur Universität. Er arbeitet zu Haus. *(denn)* 5. Wir gehen um 9 Uhr aus dem Haus. Die Vorlesungen beginnen um 9.15 Uhr. *(denn)* 6. Herr Braun bietet Walter Zigaretten an. Walter lehnt ab. *(aber)* 7. Er raucht nicht. Das Rauchen schadet seiner Gesundheit. *(denn)* 8. Herr Meier macht eine Geschäftsreise. Seine Frau ist zu Haus. *(aber)* 9. Er fährt mit dem Taxi. Er hat keine Zeit. *(denn)* 10. Der Eilzug fährt um 8.58 Uhr von Köln ab. Er fährt nicht nach Frankfurt, sondern nur nach Mainz. *(aber)*

Griesbach, Schulz (1955), 31f.

Aufgabe 31

Wie kann man diese Übungen charakterisieren?
Kreuzen Sie bitte an:

Ablauf einer Übung	✖	*Einzelsätze, die numeriert sind.*
		Inhaltlich zusammenhängende Sätze, die zusammen einen Text ergeben.
Übungsanweisungen		*Die Übungsanweisungen beschreiben eine Tätigkeit (etwas einfügen, spielen, tun usw.).*
		Die Übungsanweisungen geben den Grammatiklernstoff an.
Aufbau		*Die Übungen lassen dem Lernenden großen Spielraum bei der sprachlichen Ausgestaltung.*
		Die Übungen steuern das Sprachverhalten der Lernenden sehr genau (Lückentexte; Einsetz- und Umformungsübungen).

Typische <u>Übungsformen</u> in diesem Lehrbuch:

> der Lückentext (vgl. Ü 29)
> die Einsetzübung (vgl. Ü 26 und 27)
> die Umformungsübung (vgl. Ü 28 und 30), mit Angabe eines Beispiels, wenn die Übungsform schwieriger ist (vgl. Ü 30).

Alle diese Übungsformen sind charakteristisch für die ALM.

Die <u>Übungsanweisungen:</u>

Charakteristische Übungsanweisungen sind:

Bilden Sie Sätze ... (im Passiv)/Bilden Sie Fragen/Ergänzen Sie ... (den Satz)/Setzen Sie ... (die Endung) ein/Antworten Sie mit einem ganzen Satz –
bzw. die direkte Benennung des Grammatikpensums, das neu gelernt werden soll („Präpositionen"/ „Zeitadverbien").

Solche Übungsanweisungen verweisen darauf, daß sprachliche Formen korrekt gebildet werden sollen. Das Ziel solcher Übungen ist also die korrekte Anwendung der Grammatik(regeln).

Auch im Übungsapparat zeigt sich die Vermischung der GÜM und der ALM in diesem Lehrbuch sehr deutlich:
Es verwendet zwar eine Reihe von Übungsformen, die für die ALM charakteristisch sind, folgt aber in den Übungszielen weitgehend den Vorstellungen der GÜM.

5.2.5 Der Lektionsaufbau

Die 36 Kapitel des Lehrbuchs *Deutsche Sprachlehre für Ausländer* sind einheitlich nach dem folgenden Schema gegliedert:

Teil A: Lesestück
Teil B: Grammatik
Teil C: Wortschatz
Teil D: Übungen
Teil E: Lesestücke (zur Wortschatzerweiterung bzw. zur landeskundlichen Information)

Da die Grammatik den Aufbau des gesamten Lehrwerks bestimmt, ist der Teil B, wie gesagt, das „Zentrum eines jeden Kapitels".
Der innere Zusammenhang der einzelnen Lektionsteile sieht wie folgt aus:

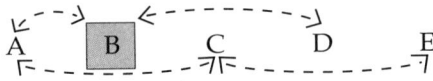

Der Wortschatzteil (C) greift gelegentlich Aspekte des Lektionstextes (A) und des landeskundlichen Lesestücks (E) auf. Oft konzentriert sich die Wortschatzvermittlung auf formalsprachliche Fragen des Wortschatzes (Wortbildung; Wortfamilien; Bildung von Komposita; Verbformen usw.).

5.2.6 Die Lehrstoffprogression

Um einen Einblick zu bekommen, wie in einem Lehrbuch die Gewichtung, Aufteilung und Abfolge des Lehrstoffes – d. h. die Progression – vorgenommen wird, muß man das Inhaltsverzeichnis genauer ansehen.

Im Lehrbuch von Schulz/Griesbach sieht das Inhaltsverzeichnis so aus:

Griesbach, Schulz (1955), IX

Zu den Lektionstexten (A) und den Lesestücken (E) werden die Themen angegeben (in Abschnitt 8 etwa „Mein Haus" und „Zimmer zu vermieten"). Die Themen geben Hinweise auf die Wortschatzbereiche, die in der jeweiligen Lektion durchgenommen werden. Weitere Hinweise zum Wortschatz geben auch die C-Teile.

Ausführlich und genau ist das Inhaltsverzeichnis dieses Lehrbuchs nur im Bereich der Grammatik (B-Teile). Auch das ist ein augenfälliger Hinweis darauf, daß die Grammatik in der Lehrstoffprogression die tragende Rolle spielt.

Die Grammatikprogression ist nach steigendem Schwierigkeitsgrad (Komplexität) der sprachlichen Formen des Deutschen angelegt. Das Prinzip lautet: Zuerst werden die sprachlich einfachen Formen gelehrt, dann die schwierigeren Formen.

Dazu zwei Beispiele:

Beispiel 1: Tempussystem

einfach

	Kap. 1:	Präsens von *sein*
Kap. 2:	Präsens von *haben* und *heißen*
Kap. 4:	Präsens der starken Verben
Kap. 7:	Präsens der Modalverben
Kap. 9:	Imperfekt (schwache und starke Verben)
Kap. 10:	Perfekt (schwache und starke Verben)
Kap. 12:	Imperfekt und Perfekt der Verben *legen/liegen; stellen/stehen* usw.
Kap. 13:	Plusquamperfekt

komplex Kap. 17: Futur

Beispiel 2: Deklination der Substantive

einfach

Kap. 2:   Substantiv: Singular und Plural; Nominativ und Akkusativ
Kap. 5:   Substantiv: Dativ; Dativ und Akkusativ
Kap. 9:   Substantiv: Genitiv

komplex   Kap. 11: Wiederholung und Ergänzung der Deklination

Auch bei der Lehrstoffprogression zeigt sich die „Mischform": Grundsätzlich gehen GÜM und ALM bei der Anlage der Lernstoffprogression nach dem Prinzip „Vom Einfacheren zum Schwierigeren" vor. Während die GÜM aber die Struktur der Muttersprache der Lernenden berücksichtigt, d. h. bei der Anlage der Lernprogression zur Grammatik kontrastive Aspekte einbezieht (wer z. B. Englisch als Muttersprache hat, stößt auf andere Lernschwierigkeiten als jemand, dessen Muttersprache Französisch ist), schließt die ALM bei der Anlage der Lernprogression im Lehrwerk die Berücksichtigung der Muttersprache ausdrücklich aus (Prinzip Einsprachigkeit). Unser Lehrbuch konzentriert sich bei der Anlage der Lehrprogression einerseits auf formalsprachliche Aspekte (Steigerung der Komplexität der sprachlichen Formen) – typisch für die GÜM –, berücksichtigt dabei aber nur die Zielsprache Deutsch und nimmt auf die Muttersprache der Lernenden keine Rücksicht – typisch ALM.

Aufgabe 32

Welche Elemente und Prinzipien im didaktisch-methodischen Konzept des Lehrbuchs Deutsche Sprachlehre für Ausländer *(Griesbach/Schulz) von 1955 kann man der GÜM bzw. der ALM zuordnen? Was trifft für beide zu? Was ist neu?*

	GÜM	*ALM*	*beide*	*ganz neu*
Unterricht so weit wie möglich in der Zielsprache (Einsprachigkeit)		✖		
Betonung der Grammatik				
Einbezug von Alltagsthemen und Alltagsdialogen				
Induktives Verfahren der Grammatikdarstellung (vom Beispiel zur Regel)				

81

	GÜM	ALM	beide	ganz neu
Darstellung der Grammatik-regeln in der Zielsprache				
Lernstoffprogression nach formalsprachlichen Aspekten				
Übungsformen, die das sprachliche Verhalten des Lernenden stark lenken				
Rücksichtnahme auf die besonderen Lernbedingungen der Gruppe und die Lern-situation				

6 Die Entwicklung der kommunikativen Didaktik (KD)

6.1 Die Situation Anfang der 70er Jahre

Wir haben im ersten Kapitel dieser Studieneinheit deutlich zu machen versucht, daß in einer Epoche unterschiedliche Faktoren zusammenwirken müssen – gesellschaftlich-politische, institutionelle, fachwissenschaftliche, lerntheoretische usw. –, damit eine neue Konzeption des fremdsprachlichen Unterrichts entstehen kann. In der ersten Hälfte der 70er Jahre ergab sich solch eine Konstellation. Wir wollen sie anhand der Situation in Europa bzw. in der Bundesrepublik Deutschland zunächst kurz skizzieren und dann auf die einzelnen Aspekte näher eingehen.

Der gesellschaftlich-politische Bereich

Der Bedarf an Fremdsprachenkenntnissen war in den Jahren seit dem Zweiten Weltkrieg durch den Zusammenschluß der europäischen Staaten in militärischen, kulturellen und wirtschaftlichen Bündnissen stetig gestiegen. Auch die wachsende Mobilität der Menschen in Beruf und Freizeit (Tourismus) und die rasante Entwicklung der Kommunikationsmedien (z. B. Telefon; Rundfunk und Fernsehen) trug ganz erheblich dazu bei, daß der Bedarf an Fremdsprachenkenntnissen sich immer mehr ausweitete.

In der Bundesrepublik kam hinzu, daß nach der Ablösung einer konservativ orientierten Bildungspolitik der 50er und 60er Jahre durch eine sozial-liberale Regierung (1969) ein „Reformklima" entstand, in dem neue gesellschaftliche Modelle und neue pädagogische Leitvorstellungen diskutiert wurden (Schlagwort: emanzipatorische Pädagogik und Didaktik).

Neue Zielgruppen von Fremdsprachenlernenden   neue Zielgruppen

Fremdsprachenlernen war noch in den 50er Jahren ein Privileg höherer Bildung. Es waren damals in erster Linie die Schüler des Gymnasiums, die Fremdsprachen lernen konnten (nur 5 - 10 % eines Schülerjahrgangs!).

Das änderte sich grundlegend in den 60er Jahren. In der Bundesrepublik wurde z. B. Mitte der 60er Jahre Englisch als Schulfach für a l l e Schüler eingeführt, d. h. nicht nur für Schüler, die das Gymnasium oder die Realschule besuchen, sondern auch für die – als leistungsschwächer eingestuften – Schüler der Hauptschule.
Gleichzeitig stieg das Fremdsprachenangebot im Bereich der außerschulischen Bildung – insbesondere im Bereich der Volkshochschulen, die vor allem von Erwachsenen besucht werden –, außerordentlich schnell an.

Diese neuen Zielgruppen – Hauptschüler, Erwachsene, Teilnehmer an beruflicher Fortbildung – konnte man nicht mit den Methoden des gymnasialen Unterrichts „bedienen", da ihre Zielvorstellungen und ihre Lernvoraussetzungen ganz anders geartet waren als die der Gymnasialschüler. Man mußte Unterrichtsverfahren entwickeln, die den jeweiligen Lerngruppen gemäß waren: eine „hauptschulgemäße Methode" für den Englischunterricht bzw. „erwachsenengemäße" Lehrverfahren für den Unterricht an den Volkshochschulen. Die Notwendigkeit, sich in der Zielsetzung und in den Unterrichtsmethoden auf diese neuen Zielgruppen einzustellen, hat die Entwicklungen in der Fremdsprachendidaktik und -methodik in der Bundesrepublik Deutschland besonders nachhaltig beeinflußt und verändert.

Neue Erkenntnisse der Bezugswissenschaften der Fremdsprachendidaktik – insbesondere der Linguistik und der Lerntheorie

Entscheidende Anstöße für eine Neuformulierung der Zielsetzungen des Fremdsprachenunterrichts kamen von der Integration der P r a g m a l i n g u i s t i k *. Sie betrachtet Sprache nicht als ein System* von sprachlichen Formen, sondern als einen Aspekt menschlichen Handelns (Kommunikation = mit Sprache etwas [miteinander] tun). Zur selben Zeit wuchs auch die Kritik an der behavioristischen Lerntheorie, die ein wesentlicher Faktor im Konzept der ALM/AVM gewesen war: Fremdsprachenlernen könne man nicht als „Verhaltensprogrammierung" betreiben, Fremdsprachenlernen sei vielmehr ein bewußter (kognitiver) und kreativer Vorgang (Firges, 1975; Vielau, 1976).

Dieses „Bündel" von neuen Impulsen, das seit dem Anfang der 70er Jahre auf den Fremdsprachenunterricht einwirkte, führte zunächst zu einer intensiven Diskussion über die Zielsetzung des Unterrichts: Neue Lehrpläne – sog. Rahmenrichtlinien – wurden erstellt, die das übergreifende Lehrziel „Befähigung zur Kommunikation" („kommunikative Kompetenz") in die Praxis umsetzen sollten.

Die Ausformulierung des „kommunikativen Ansatzes" vollzog sich in den 70er Jahren in mehreren Stufen, auf die wir im folgenden Abschnitt näher eingehen werden.

6.2 Die Leitlinien des kommunikativen Ansatzes

Die Diskussion um die Neuorientierung der Fremdsprachendidaktik und -methodik Anfang der 70er Jahre konzentrierte sich auf zwei Perspektiven:
a) die pragmatische Perspektive
b) die pädagogische Perspektive
und auf die Frage, wie sie sinnvoll miteinander verknüpft werden könnten.

Im folgenden Abschnitt werden diese beiden Perspektiven eingehender dargestellt.

6.2.1 Die pragmatische Orientierung des Fremdsprachenunterrichts

Die Notwendigkeit einer stärkeren Berücksichtigung pragmatischer Ziele beim Erlernen von Fremdsprachen ergab sich aus den Entwicklungen im gesellschaftlichpolitischen Bereich (vgl. Kap. 6.1). Moderne Fremdsprachen lernt man – im Gegensatz zu den „alten Sprachen" Latein und Griechisch, die es nur noch als „Buchsprachen" gibt –, um sich mit anderen Menschen verständigen zu können, um sich im Zielsprachenland (etwa als Tourist oder Geschäftsmann) zurechtfinden und mit den Leuten unterhalten zu können, um Fernsehsendungen, Radioprogramme, Zeitungen und Bücher zu verstehen.

pragmatische Ziele   Dies sind p r a g m a t i s c h e Ziele: „Lebende" Sprachen lernt man in erster Linie, um sie für A l l t a g s k o m m u n i k a t i o n zu benutzen.

Pragmatische Ziele sind nicht erst seit den 70er Jahren für den Fremdsprachenunterricht aktuell. Sie hatten schon bei der Entwicklung der audiolingualen Methode (Dolmetscherausbildung) eine tragende Rolle gespielt. Die kommunikative Didaktik hat im Bereich der pragmatischen Orientierung wesentliche Impulse von der ALM/AVM – z. B. die Prinzipien der „Situativität", der „Authentizität der Sprachvorbilder", der „Einbettung des neuen Lehrstoffes in Alltagsgespräche", des „Übens im Kontext" usw. – aufgegriffen und weiterentwickelt.

Es ist sicher kein Zufall, daß sich diese pragmatische Orientierung des Fremdsprachenunterrichts zuerst im Unterricht mit Erwachsenen durchgesetzt hat und daß von diesem Bereich schon sehr frühzeitig wesentliche Impulse zur Neugestaltung der Ziele, Unterrichtsverfahren und Prüfungen ausgegangen sind (vgl. das *Zertifikat Deutsch als Fremdsprache,* das in seiner ersten Fassung 1972 gemeinsam vom Goethe-Institut und vom Deutschen Volkshochschulverband für den Deutschunterricht in der Erwachsenenbildung vorgelegt wurde).

Für den Fremdsprachenunterricht im Schulbereich bedeutete die pragmatische Orientierung zunächst eine Erweiterung der Zielsetzung: Grammatikkenntnisse der fremden Sprache oder Kenntnisse im landeskundlichen/kulturellen Bereich sind n i c h t das eigentliche Ziel des Fremdsprachenlernens! Es ist vielmehr wichtig, daß der Schüler lernt, seine Fremdsprachenkenntnisse im Alltag anzuwenden (im Umgang mit Leuten, die die fremde Sprache als Verständigungsmittel benutzen; im Umgang mit fremdsprachlichen Medien usw.). Hauptziel eines pragmatisch orientierten Fremdsprachenunterrichts ist also nicht die Vermittlung von – sprachlichen bzw. landeskundlichen – Kenntnissen (darauf hatte sich die GÜM konzentriert!), sondern die Entwicklung von fremdsprachlichem K ö n n e n, d. h. von fremdsprachlichen Fertigkeiten (Hören, Sprechen, Lesen, Schreiben in der Fremdsprache).

Wenn man diese Umorientierung in der Zielsetzung ernst nimmt, ergeben sich weitreichende Veränderungen im Bereich der Auswahl der Themen und Texte, in der Gewichtung der sprachlichen Systeme (z. B. der Grammatik), in der Gestaltung von Übungen und in der Lernprogression.

Darauf gehen wir bei der Darstellung des pragmatisch-funktionalen Konzepts genauer ein (Kap. 6.3).

Hinweis

6.2.2 Die pädagogische Orientierung des Fremdsprachenunterrichts

Die Diskussion um die pragmatische Orientierung des schulischen Fremdsprachenunterrichts führte bald zu einer heftigen Kontroverse.

Die Haupteinwände gegen diesen Ansatz lauteten:

1. Wer kann mit Bestimmtheit sagen, wann und wo und wie unsere Schüler ihre Fremdsprachenkenntnisse auch tatsächlich „im Leben" verwenden? Manche Schüler werden sie schon während ihrer Schulzeit aktiv einsetzen, etwa bei Reisen im Ausland, und sie nach der Beendigung der Schule im beruflichen Leben brauchen, andere werden sie vielleicht nie benutzen.

2. „Alltagskommunikation lernen" – ist das wirklich alles, was der Fremdsprachenunterricht den Schülern zu bieten hat? Reicht das aus, um einen Unterricht, der mehrere Schuljahre umfaßt, zu gestalten? Ist die Begegnung mit einer fremden Sprache nicht zugleich auch die Begegnung mit einer fremden Welt? Trägt das nicht auch zur Persönlichkeitsbildung des Schülers bei, wenn sein Erfahrungshorizont erweitert wird? Muß nicht im Fremdsprachenunterricht in ganz besonderer Weise Wert darauf gelegt werden, daß das Verständnis für andere Völker, Kulturen, Lebensweisen und die Fähigkeit, gemeinsam Probleme zu lösen, entwickelt wird?

Es ist selbstverständlich, daß das Fach Deutsch im Schulbereich in ü b e r g r e i f e n d e pädagogische Leitvorstellungen eingebunden ist. Es kann deshalb seine Lernziele nicht losgelöst von den Fragen nach diesen – für alle Schulfächer gültigen – Leitlinien formulieren.

Wenn man aber ein Konzept zu entwickeln sucht, in dem p ä d a g o g i s c h e und p r a g m a t i s c h e Zielsetzungen miteinander verbunden werden, muß zunächst der Anspruch einer elitären Bildung aufgegeben werden. Bei der Formulierung einer übergreifenden Konzeption müssen dann eine Reihe von grundlegenden Fragen gestellt werden:

grundlegende Fragen

> Wozu soll die Schule in Zeiten, in denen sich Verhaltensnormen, Wertsysteme, Lebensweisen und Kommunikationsmöglichkeiten rapide verändern, die Schüler erziehen?
> Worauf soll die Schule die nachfolgende Generation vorbereiten, wenn sich die Welt so schnell verändert?
> Welche Qualifikationen braucht ein Schüler, um in einer Welt, die sich rasch verändert, als Erwachsener zurechtzukommen?

Solche Fragen können aus der Perspektive eines einzelnen Faches oder einer nur auf schulische Fragen ausgerichteten Pädagogik nicht beantwortet werden. Es sind Fragen, die sich auf übergreifende gesellschaftlich-politische Bereiche beziehen. Die Bemühung um eine übergreifende gesellschaftliche* (Habermas, 1971), sozialpsychologische* (Krappmann, 1971) und pädagogische (Schlagwort: „emanzipatorische Didaktik") Fundierung des Fremdsprachenunterrichts wurde in der Bundesrepublik in den 70er Jahren intensiv und kontrovers geführt (Neuner, 1987).

Hinweis

Sie finden dazu im Glossar unter den Schlagwörtern „Emanzipatorische Didaktik" (S. 151) und „Sozialpsychologie" (S. 153) genauere Ausführungen.

Wir haben erwähnt, daß Ende der 60er Jahre in der Bundesrepublik im Rahmen eines Regierungswechsels – von einer konservativ ausgerichteten Regierung zu einer sozial-liberal orientierten – ein „Reformklima" entstand. Dies führte dazu, daß in der Diskussion um die Neuorientierung des Fremdsprachenunterrichts Anfang der 70er Jahre gesellschaftspolitische „Grundsatzfragen" eine entscheidende Rolle spielten, während in anderen Ländern – etwa in Großbritannien – die Bemühung um eine pragmatische Ausrichtung des Fremdsprachenunterrichts (Wilkins, 1972; Widdowson, 1972; Littlewood, 1975 u. a.) im Vordergrund stand.

Beispiel

Daß der Fremdsprachenunterricht in übergreifende pädagogische Zielsetzungen eingebunden ist, ist nicht neu. So wird etwa im Lehrplanentwurf des Allgemeinen Deutschen Neuphilologenverbandes zum Schulfach Englisch an Gymnasien aus dem Jahr 1951 – der sich weitgehend an den Prinzipien der GÜM orientiert – ausdrücklich ein „erziehliches Lehrziel" formuliert:

Erziehliches Lehrziel:

> Der englisch-amerikanische Kulturkreis weist so viele Verkörperungen hohen Menschentums auf und bietet in seinem Schrifttum so klare Wertmaßstäbe, daß der englische Unterricht in besonderem Maße höchste Werte, wie Wahrheitsliebe, Rechtssinn, Toleranz, Freiheitsbewußtsein, Achtung vor der Einzelpersönlichkeit und vor fremdem Volkstum, in der deutschen Jugend zur Entwicklung bringen kann. So erzieht er sowohl zur Selbstbesinnung wie zur Völkerversöhnung. Da das englische Schrifttum auch reich ist an Werken, die zu letzten Daseinsfragen vorstoßen, so vermag der englische Unterricht zu einer geläuterten Weltanschauung zu führen.

> (Allgemeiner Deutscher Neuphilologenverband [ADNV], Mitteilungsblatt, 1951, 3)

Man muß sich vergegenwärtigen, daß die GÜM die Lehrmethode war, mit der im Gymnasium einer sehr kleinen Elite leistungshomogener und bildungsorientierter Schüler Fremdsprachenunterricht erteilt wurde. Ziel war vorrangig die Vermittlung sprachlichen und kulturkundlichen W i s s e n s .
Diese „erziehliche" Zielsetzung wird mit weiteren Lehrzielen verbunden: dem „sprachlichen", dem „geistig-formalen" und dem „kulturkundlichen":

Sprachliches Lehrziel:

> Der Schüler muß mit der Sprache des Schrifttums wie der Umgangssprache der Gegenwart so vertraut sein, daß ein gelesener oder gehörter Text, der keinen ungewöhnlichen Wortschatz enthält, verstanden wird und daß ein Handlungsablauf oder ein Gedankengang mündlich und schriftlich in der Fremdsprache in einer der Alterssprache entsprechenden Form dargestellt werden kann. Das bedingt die passive und aktive Beherrschung eines Grundwortschatzes und der gebräulichsten idiomatischen Wendungen (Lautbild, Schriftbild und Bedeutung) sowie Einsicht in die grammatischen und stilistischen Bildungsgesetze und Gewandtheit in ihrer Anwendung sowie die Fähigkeit, die in normalem Tempo gesprochene Sprache nach Klang und Inhalt aufzunehmen und sie lautrichtig mit richtiger Intonation zu sprechen.

> (ADNV, Mitteilungsblatt, 1951, 2)

Geistig-formales Lehrziel:

> Der englische Unterricht soll dazu beitragen, den jugendlichen Geist an planmäßiges Denken zu gewöhnen und zur Konzentration zu erziehen. An der Erfassung der vielfälti-

gen sprachlichen Formen und ihrer Einreihung in grammatische und stilistische Kategorien soll der Schüler seine Fähigkeit zu ordnendem Denken schulen ...

(ADNV, Mitteilungsblatt, 1951, 2)

Kulturkundliches Lehrziel:

Durch das Schrifttum soll der Schüler in das Geistes- und Kulturleben des englischen und amerikanischen Volkes eingeführt werden und die Kräfte kennenlernen, die in allmählicher Entwicklung das heutige England bzw. Amerika gestaltet haben und lebendig fortwirken. Dabei sollen ihm insbesondere diejenigen Schöpfungen, die als geformte und formende Bestandteile der abendländischen Tradition auf unser deutsches Geistesleben Einfluß gehabt haben, sowie die Beiträge der anglo-amerikanischen Welt zur Kultur der Menschheit zum Bewußtsein gebracht werden.

(ADNV, Mitteilungsblatt, 1951, 3)

Diese Formulierungen machen deutlich, daß die <u>Prägung des Schülers durch den Lernstoff</u> – die Fremdsprache, die fremde Kultur – erfolgen soll.

Entscheidend für die Entfaltung der kommunikativen Didaktik des Fremdsprachenunterrichts war, daß bei der Entwicklung beider Leitlinien – der pragmatischen und der pädagogischen – und bei ihrer Verbindung immer deutlicher wurde, daß ein sinnvolles Unterrichtskonzept nicht nur vom Lehrstoff her entwickelt werden kann, sondern daß es nötig ist, auf die Zielvorstellungen und die Lernvoraussetzungen der jeweiligen Lerngruppe einzugehen; d. h. bei der Entwicklung des didaktisch-methodischen Konzepts <u>die Besonderheiten der jeweiligen Lerngruppe</u> zu berücksichtigen. Es ist kein Zufall, daß zunächst stärker pragmatische Ziele aufgegriffen wurden (im Anschluß an die audiovisuelle Methode) und daß auch danach seit dem Beginn der 80er Jahre die Diskussion um eine <u>Regionalisierung</u> des didaktischen und methodischen Konzepts des fremdsprachlichen Deutschunterrichts zu einem der zentralen Themen wurde.

Ausgangspunkte in einem stärker lernerorientierten Konzept sind:

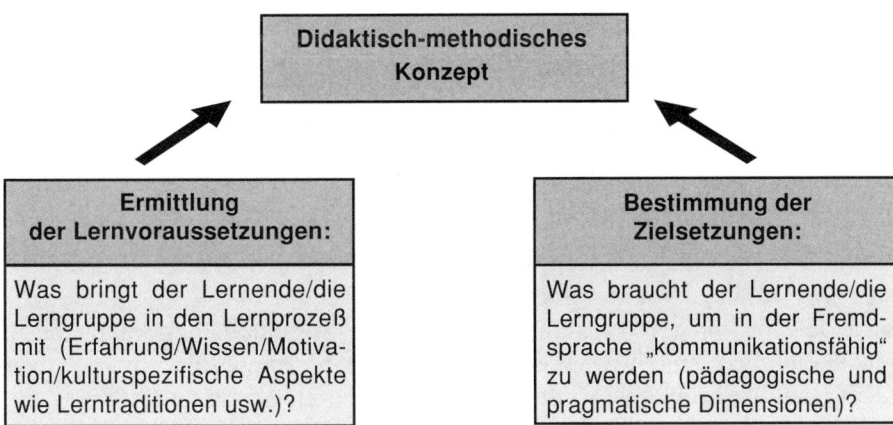

Man kann deshalb in der Entwicklung der kommunikativen Didaktik zwei P h a - s e n unterscheiden, die von einer steigenden Intensität in der Bemühung um die Lernerorientierung geprägt sind:

Phasen

1. das pragmatisch-funktionale Konzept der 70er und frühen 80er Jahre
2. das interkulturelle Konzept, das seit der Mitte der 80er Jahre intensiv diskutiert und weiterentwickelt wird.

Die beiden folgenden Abschnitte dieser Studieneinheit (Kap. 6.3 und 7) beschäftigen sich mit diesen Entwicklungen.

6.3 Das pragmatisch-funktionale Konzept

6.3.1 Die Integration der Pragmalinguistik in das didaktische Konzept

Wir haben erwähnt, daß bei der Entwicklung der ALM/AVM pragmatische Überlegungen zur Verwendung der Fremdsprache in „Alltagssituationen", zum „Vorrang des Mündlichen vor dem Schriftlichen" wichtige Impulse gaben und daß die kommunikative Didaktik daran anknüpft.

Eine Schwierigkeit, die die ALM in ihrem didaktischen Konzept nicht lösen konnte, war der Widerspruch zwischen einer auf Sprachverwendung angelegten Zielsetzung und einer linguistischen Grundlage (Strukturalismus), die auf die Analyse und Beschreibung der sprachlichen F o r m ausgerichtet war. Das führte in den Lehrbüchern der ALM/AVM oft zu Dialogen, deren Sprache unnatürlich und „hölzern" wirkte, weil sie formalsprachliche Grammatikpensen um jeden Preis in eine „natürliche Sprechsituation" zu zwingen suchte, und zu Übungen, die sich fast ausschließlich auf die Absicherung formalsprachlicher Korrektheiten konzentrierten.

Ein Ausweg aus diesem Dilemma ergab sich für die Fremdsprachendidaktik erst, als in den 60er Jahren eine neue linguistische Grundlage in der Pragmalinguistik bzw. S p r e c h a k t t h e o r i e * geschaffen war.

Sprechakttheorie

Die P r a g m a l i n g u i s t i k * betrachtet Sprache nicht als ein System von Formen, sondern als A s p e k t m e n s c h l i c h e n H a n d e l n s. Sie untersucht also, „was Menschen mit Sprache machen", wenn sie sie zur Verständigung untereinander benützen (Austin, 1962). Dabei geht es vor allem um die Analyse des Sprechaktes (Searle, l969) (lat. *agere* = handeln), dessen einzelne Komponenten genauer dargestellt werden:

> Wie kann man die Mitteilungsabsichten eines Sprechers systematisch beschreiben und klassifizieren (Sprechintentionen)?
> Wie werden Sprechabsichten in Sprache „umgesetzt"? Welche unterschiedlichen Möglichkeiten gibt es, eine bestimmte Sprechabsicht in ganz unterschiedliche „Versprachlichungsmuster" zu fassen?
> Was beeinflußt die Auswahl unterschiedlicher Versprachlichungsmuster in einer konkreten Gesprächssituation?
> Welche Wirkungen können beim Gesprächspartner ausgelöst werden?

Hinweis

Ausführlichere Hinweise zum Stichwort „Pragmalinguistik" finden Sie im Glossar, S. 152.

Mit Hilfe der Pragmalinguistik schien es möglich, ein s p r a c h f u n k t i o n a l e s Konzept zu entwickeln. Ziel dieses Konzepts ist die möglichst rasche und zuverlässige Anwendung des im Unterricht Gelernten auf K o m m u n i k a t i o n s s i t u a t i o n e n d e s A l l t a g s.

Insbesondere die von der Pragmalinguistik erstellte Systematik der Sprechabsichten (Sprechintentionen) fand in der Fremdsprachendidaktik starke Beachtung und wirkte nachhaltig auf die Lernzielbestimmung und Lehrmaterialgestaltung.

Hinweis

Eine ausführliche Liste von „Sprechabsichten" (aus der *Kontaktschwelle DaF*) finden Sie im Reader, S. 140ff.

Ein Beispiel:

Beispiel

Die Sprechabsicht „Gefallen/Mißfallen ausdrücken" gehört zur übergreifenden Kategorie „Ausdruck evaluativer Einstellungen, Werthaltungen" und ist Teil des zugrundeliegenden Sprechaktes „Bewertung/Kommentar" (vgl. in der oben genannten Liste [S. 141] den Abschnitt 2.6).

Wenn also jemand sagt *Das Bild finde ich scheußlich!*, dann drückt er die Sprechabsicht „Mißfallen" aus. Indem er das sagt, t u t er etwas: Er bewertet bzw. kommentiert das Bild, d. h., er vollzieht den Sprechakt „Bewertung/Kommentar".

Die Sprechabsicht „Mißfallen ausdrücken" kann man mit ganz unterschiedlichen sprachlichen Mitteln formulieren:

– *Das (Bild) finde ich scheußlich!*
– *Furchtbar!* (+ Zeigen auf das Bild)
– *Das (Bild) gefällt mir überhaupt nicht!*
– *Das (Bild) ist eine Zumutung!*
– *Gefällt dir das (Bild) etwa?!*
– usw.

Welches sprachliche Mittel davon in einer aktuellen Gesprächssituation verwendet wird, hängt z. B. davon ab, wie sehr man betroffen ist, zu wem man das sagt (zu einem guten Bekannten oder zu einem Fremden), ob man unmittelbar vor dem Bild steht (und darauf zeigen kann) oder ob man über das (nicht unmittelbar präsente) Bild spricht.
Für das Erlernen der Fremdsprache ist auch von Bedeutung, daß einmal wenig Sprache gebraucht wird (*Furchtbar!*), im anderen Fall mehr und komplexere Sprache benötigt wird (*Gefällt dir das [Bild] etwa?!*).
Daraus kann man eine z y k l i s c h e Progression zur Entfaltung des Sprechens entwickeln:

Mißfallen äußern

Stufe 1:
Furchtbar! Nicht schön!
Adjektiv/Negation + Adjektiv

Stufe 2:
Ich finde das Bild nicht schön.
Verneinter Aussagesatz mit Akkusativergänzung

Stufe 3:
Das Bild gefällt mir überhaupt nicht!
Verneinter Aussagesatz mit Dativobjekt und verstärkter Negation

Stufe 4:
Gefällt dir das Bild etwa?!
Fragesatz mit Dativobjekt als rhetorische Frage

Vgl. dazu auch Kap. 6.3.2 a)

Hinweis

· Aufgabe 33

Ein Beispiel aus dem Lehrbuch Deutsch aktiv.

Überlegen Sie:

1. Könnte diese Seite auch aus einem audiovisuellen Lehrwerk stammen?

2. Welche Elemente der audiovisuellen Methode finden Sie?

2

① Wie finden Sie das?

Was? Ich finde es toll!

Scheußlich!

Wirklich??

② ○ Müller ist heute phantastisch.
● Ich finde Maier noch besser.
○ Ja, da haben Sie recht.
   Aber der Schiedsrichter . . . . .
● Eine Katastrophe!
○ Wirklich!

③ Na, wie schmeckt dir das?

Die Bratwürste sind sehr gut. Aber das Sauerkraut schmeckt mir nicht.

④ ○ Wie gefällt dir das Kleid?
● Welches?
○ Das da!
● Nicht so gut, etwas langweilig.
○ Hm, das finde ich nicht.
● Das da hinten gefällt mir besser.
   So?

Wie finden Sie	das . . .	**?**	Phantastisch!	Das finde ich nicht!
findest du	den . . .		Ausgezeichnet!	So?
	die . . .		Toll/Prima!	Wirklich?
			Sehr gut!	Stimmt!
Wie gefällt Ihnen	das . . .	**?**	Gut.	Da haben Sie recht!
dir	der . . .		Es geht.	Das finde ich auch!
	die . . .		Etwas langweilig.	Wirklich!
			Komisch.	Ganz richtig!
Wie schmeckt Ihnen	das . . .	**?**	Nicht so gut.	
dir	der . . .		Schlecht.	
	die . . .	**?**	Scheußlich!	
			Eine Katastrophe!	

Neuner u.a. (1979), 66

Da jede sprachlich zu meisternde Gesprächssituation aus einer jeweils spezifischen Kombination solcher Sprechakte bzw. Sprechabsichten besteht, schien es so, als ob durch die Pragmalinguistik eine präzise Planung des Fremdsprachenunterrichts nach s p r a c h f u n k t i o n a l e n Kategorien ermöglicht werden könnte.

Wir haben erwähnt, daß sich das pragmatisch-funktionale Konzept in Europa relativ rasch im Bereich des Fremdsprachenunterrichts mit Erwachsenen durchgesetzt hat. Wer in Europa außerhalb der Schule als Erwachsener weitere Fremdsprachen lernt, verbindet damit im allgemeinen ganz konkrete berufliche oder private Vorstellungen: Man will z. B. mit Geschäftspartnern ins Gespräch kommen oder sich als Tourist im Urlaub im fremden Land schneller zurechtfinden. Mit dem funktionalen Konzept kann man relativ rasch so viel von der jeweiligen Fremdsprache lernen, wie man zur e l e m e n t a r e n Verständigung benötigt.

Von solchen Überlegungen gehen die Arbeiten aus, die durch den EUROPARAT im Bereich der Fremdsprachenpolitik in den letzten zwanzig Jahren angeregt wurden. Dabei geht es vor allem um die Bestimmung dieses „elementaren Niveaus" (des sog. K o n t a k t s c h w e l l e n*-Niveaus) der Verständigung mit Hilfe der Fremdsprache. Es ist mittlerweile für fast alle europäischen Sprachen erstellt. Für Deutsch als Fremdsprache wurde diese Entwicklung von Baldegger/Müller/Schneider in der schon mehrmals zitierten *Kontaktschwelle Deutsch als Fremdsprache* (1981) geleistet.

6.3.2 Merkmale des pragmatisch-funktionalen Konzepts

a) Die Veränderung der Grammatikprogression

Wir haben erwähnt, daß die Zuordnung von Sprechabsichten mit Versprachlichungsmustern unterschiedlicher Komplexität eine z y k l i s c h e P r o g r e s s i o n bei der Entwicklung der sprachlichen Äußerungsfähigkeit ermöglicht. (vgl. Kap. 6.3.1)

Dazu ein weiteres Beispiel:

Beispiel

Die Sprechabsicht „einen Wunsch äußern" kann man sprachlich einfach oder kompliziert ausdrücken, z. B. beim Kauf eines Kleidungsstücks:

- *Ich möchte bitte (einen Anzug).*
- *Zeigen Sie mir bitte (Anzüge).*
- *Wo finde ich (Anzüge)?*
- *Haben Sie (Anzüge)?*
- *Könnten Sie mir bitte (Anzüge) zeigen?*
- *Einen Anzug bitte!*
- *Kann ich (den Anzug) mal anprobieren?*
- *Ich hätte gern (einen Anzug).*
- *(Bringen Sie mir) den dort!* (Wenn man auf den Anzug zeigen kann.)
- *Würden Sie mir bitte (Anzüge) zeigen?*
- *Wären Sie bitte so freundlich und würden mir (Anzüge) zeigen?!*
  (Mit dieser letzten Formel kann man zum Beispiel einem Verkäufer gegenüber übertriebene Höflichkeit oder Ungeduld/Ironie ausdrücken.)

Deutlich ist jedoch, daß die einzelnen Formulierungen unterschiedlich viel und unterschiedlich komplizierte Sprache verwenden.

Einfach und häufig verwendet ist z. B. *Ich möchte bitte* + Akkusativergänzung, sprachlich komplexer ist die Struktur *Ich hätte gern (einen Anzug)*, am aufwendigsten (und auch in der Anwendung eingeschränkt) ist: *Würden Sie bitte so freundlich sein und ...*

Bei der Anlage der Grammatikprogression in einem pragmatisch-funktionalen Konzept wird man im Verlauf des Sprachkurses zwei- oder dreimal auf die Sprechabsicht „einen Wunsch äußern" eingehen und dabei zunächst *Ich möchte ...*, dann *Ich hätte gern* (ggf. im Unterricht mit Fortgeschrittenen auch noch *Würden Sie bitte so freundlich sein und ...*) als Versprachlichungsmuster einführen sowie andere sprachliche Äußerungsmöglichkeiten, die den Lernenden schon bekannt sind, sammeln. Auf diese Weise kommt immer mehr Sprache „ins Spiel": Es entsteht eine Lernprogression.

Aufgabe 34

> *Versuchen Sie, die im Beispiel angegebenen Versprachlichungsmuster nach steigendem Schwierigkeitsgrad zu ordnen, und geben Sie zu jeder Struktur die Grammatik an, die sie enthält. Sie erhalten dadurch einen Hinweis, wie man eine Grammatikprogression nach sprachfunktionalen Kriterien anlegen kann.*

Aber nicht nur die Grammatikprogression ändert sich im pragmatisch-funktionalen Konzept, verändert wird auch die G e w i c h t u n g der einzelnen Grammatikpensen. Zum „Kommunizieren in Alltagssituationen" muß man aktiv, d. h. zum Sprechen, n i c h t die ganze Grammatik des Deutschen beherrschen. Man kann z. B. Passivfügungen durch andere, einfachere Strukturen ersetzen (z. B. durch Formulierungen mit *man* ...). Dialogische Sprache neigt grundsätzlich dazu, einfachen Satzbau und eine reihende Anordnung von Sätzen zu bevorzugen. Man kann deshalb – von solchen Überlegungen ausgehend – festlegen, welche Grammatikpensen zu einer elementaren „Mitteilungsgrammatik" gehören und auf diese Grammatikphänomene den Schwerpunkt legen, wenn es darum geht, daß eine Lerngruppe möglichst rasch „gesprächsfähig" werden will.

Andererseits bedeutet „Befähigung zur Alltagskommunikation" auch, daß man mit Hilfe der Fremdsprache die Gesprächspartner verstehen, Radio- und Fernsehsendungen verfolgen und Zeitungen lesen lernen kann. Im Hör- und Leseverstehens-Bereich brauchen wir aber z. T. andere Grammatikphänomene und setzen sie im Verstehensprozeß anders ein (zum Identifizieren der Bedeutung einer – mündlichen oder schriftlichen – Äußerung). Man muß deshalb eine spezifische Didaktik und Methodik des Hör- und Leseverstehens entwickeln.

Hinweis

Dazu finden Sie Hinweise im vorliegenden Kapitel unter Abschnitt c), wenn wir näher auf die Arbeit mit „authentischen Texten" eingehen.

b) Die Veränderung der Themenschwerpunkte/Grundwortschatz

Aufgabe 35

> *Worüber reden die Leute im Alltag?*
> *Welche Themenbereiche sind Ihrer Meinung nach für <u>Alltagskommunikation</u> wichtig?*
> *Machen Sie eine Liste.*
> *z. B.*
> *Einkaufen*
> *.........*
> *.........*

In der *Kontaktschwelle* findet man auch einen Katalog von T h e m e n (sog. „spezifische Begriffe"), auf die sich A l l t a g s k o m m u n i k a t i o n häufig bezieht und die die Grundlage für den Aufbau und die Abstufung eines elementaren Inhaltswortschatzes bilden:

Beispiel

1. Personalien: Informationen zur Person
2. Wohnen
3. Umwelt
4. Reisen und Verkehr
5. Verpflegung

6. Einkaufen und Gebrauchsartikel
7. Öffentliche und private Dienstleistungen
8. Gesundheit und Hygiene
9. Wahrnehmung und Motorik
10. Arbeit und Beruf
11. Ausbildung/Schule
12. Fremdsprache
13. Freizeit und Unterhaltung
14. Persönliche Beziehungen und Kontakte
15. Aktualität: Themen von allgemeinem Interesse

vgl. Baldegger u.a. (1980), 236f.

Man kann die einzelnen Abschnitte immer weiter aufgliedern:

Beispiel

Beispiel: 1. Personalien: Informationen zur Person

1.1. Name
1.2. Adresse
1.3. Telefon
1.4. Geburtsdatum, Geburtsort
1.5. Alter
1.6. Geschlecht
1.7. Familienstand
1.8. Staatsangehörigkeit
1.9. Herkunft
1.10. Berufliche Tätigkeit
1.11. Religion
1.12. Familie
1.13. Interessen, Neigungen
1.14. Charakter, Temperament
1.15. Aussehen

vgl. Baldegger u.a. (1980), 236

und erhält bei weiterer Aufschlüsselung genauere Hinweise zum e l e m e n t a r e n Wortschatz und zum A u f b a u w o r t s c h a t z.

Beispiel

Beispiel: 1.7. Familienstand

Spezifischer Begriff	sprachlich abgestufte Realisierung
Familienstand	Familienstand (z. B. Formular) + verheiratet/nicht verheiratet ledig geschieden
heiraten	+ heiraten Wir haben 1971 geheiratet.
Ehepaar	Ehepaar/Eheleute
Ehemann	+ Mann Mein Mann ist nicht zu Hause. Ehemann (Formulare)
Ehefrau	+ Frau Ehefrau (Formulare)

```
Familie          +  Familie
                    Haben Sie Familie?
Kinder           +  Kind
                    Haben Sie Kinder?
                 +  Tochter
                 +  Mädchen
                 +  Sohn
                 +  Junge


+ = vorgeschlagen zur produktiven Verwendung
```

vgl. Baldegger u.a. (1980), 242

Aufgabe 36

Hier ist die Aufgliederung des Themenbereichs „Familie":

Eltern
Kinder
Geschwister
Großeltern
Verwandte
Verwandtschaft

Suchen Sie Wörter, die zu den einzelnen Oberbegriffen gehören, und entscheiden Sie dann, welche der Wörter Sie „zur produktiven Verwendung vorschlagen", bzw. dem elementaren Wortschatz zuordnen würden (= „+").

Beispiel: *Eltern*   *+ Vater*
                            + Mutter
               Kinder   *.. ...*

c) Konzentration auf pragmatisch sinnvolle Rollen und Situationen

Ein wichtiges Verfahren des pragmatisch-funktionalen Konzepts ist auch die Analyse von R o l l e n, die in der fremden Sprache zu meistern sind. Solche Rollenanalysen sind insbesondere dort nützlich, wo Fremdsprachenlernen auf einen Aufenthalt im Zielsprachenland vorbereiten soll bzw. wo das Erlernen der Fremdsprache im Zielsprachenland selbst erfolgt.

Beispiel

Rollenanalyse: Erwachsenenbereich (europäisches Ausland)/Aufenthalt im Zielsprachengebiet

```
>  <  = a k t i v  zu beherrschende Rolle

(   )  = Komplementärrolle, die man  v e r s t e h e n  muß

–  >Kunde</(Verkäufer)
–  >Kunde</(Dienstleistungspersonal, z. B. Post-, Bankbeamter
   Tankwart)
–  >Kunde, Gast< (Bedienungspersonal, z. B. Kellner)
–  >Zivilperson</(Amtsperson, z. B. Zöllner, Polizist)
–  >Patient</(Arzt, Krankenhauspersonal)
–  >Passagier</(Personal, z. B. Schaffner, Taxichauffeur)
–  >Passagier/Passagier< (in öffentlichen Verkehrsmitteln)
–  >Verkehrsteilnehmer/Verkehrsteilnehmer< (z. B. Fußgänger,
   Autofahrer)
```

- >Autofahrer/Mitfahrer< (z. B. Autostopper)
- >Eingeladener/Gastgeber<
- >Nachbar/Nachbar< (z. B. Zimmernachbar, Sitznachbar)
- >Informationssuchender/privater Informant< (z. B. Orts-
  kundiger)
- >Informationssuchender</(Auskunftspersonal, z. B. im Bahnhof, Verkehrsamt)
- >Zuschauer – Zuhörer</(öffentlicher Sprecher, z. B. Reise-
  führer, Redner, Medien)
- >privater Gesprächspartner/privater Gesprächspartner<
  (z. B. Meinungsaustausch)

vgl. Baldegger u.a. (1980), 19 f.

Aufgabe 37

Ergänzen Sie bitte die folgende Tabelle:

wer? (Rolle)	wo? (Situation)	worüber? (Thema)
z. B. Kunde ⟶	z. B. im Geschäft ⟶	z. B. Kauf von Kleidern
Gast	...	...
Zivilperson		
Patient		
Passagier		
Verkehrsteilnehmer		
Autofahrer		
Eingeladener		
Informations- suchender		
Zuschauer		
privater Gesprächspartner		

*Wählen Sie zwei Konstellationen von Rolle/Situation/Thema aus, und schrei-
ben Sie dazu kurze Dialoge.*

Das folgende Beispiel verdeutlicht die typische Verbindung

Beispiel

> eines spezifischen Begriffs (Themas):
  Personalien: Informationen zur Person: Aussehen, Charakter, Temperament
> mit einer Rolle:
  privater Gesprächspartner/Zeitungsleser
> mit einer Sprechintention:
  Eigenschaften erfragen und angeben
> und einem Grammatikpensum:
  Adjektivendungen (Akkusativ Singular)

4

○ Hier, hör mal: "Eine gutaussehende Dame, 34 Jahre alt, 1 Meter 66 groß, blonder, langhaariger Typ, wünscht intelligenten, liebevollen Partner." Ist das nichts für dich?

● Nochmal, was für ein Typ?

○ Ein blonder, langhaariger.

● Und was für einen Mann sucht die?

○ Einen intelligenten, liebevollen.

● Nein, nein, die paßt zu dir! Sind da noch andere?

○ Ja, hier: "Nettes Mädchen, gutaussehend, sucht lieben Mann."

● Ach, ich bin doch schon zu alt.

○ Du? Du bist doch erst 48!

● Ich finde Heiratsanzeigen blöd! Und du?

Eine blond**e** langhaarig**e** 34jährig**e**	Dame	wünscht	ein**en** intelligent**en** liebevollen	Partner.
Ein nett**es** gutaussehend**es**	Mädchen	sucht	ein**en** lieben netten	Mann.
Ein blond**er** schlank**er**	Typ	möchte	ein**en** freundlichen	Herrn kennenlernen.

Neuner u.a. (1979), 68

d) Zum Aufbau der Lernprogression im pragmatisch-funktionalen Konzept

In den Konzepten, die v o r der kommunikativen Didaktik entwickelt worden waren – insbesondere in der GÜM und der ALM/AVM – hatte bei der Entwicklung einer Lehrprogression die Grammatik die führende Rolle übernommen, alle anderen Faktoren, z. B. Inhalte/Themen, Situationen usw., waren ihr untergeordnet worden. Für die Anlage der Grammatikprogression war das Prinzip der steigenden Komplexität sprachlicher Formen in der Zielsprache maßgeblich gewesen.
Im pragmatisch-funktionalen Konzept verliert die Grammatik ihre führende Rolle. Es sind – wie gesagt – Grammatikkenntnisse nicht mehr das eigentliche Ziel des fremdsprachlichen Könnens. Bei der Anlage der Lehrprogression spielen nun neben der Grammatik mehrere Faktoren eine g l e i c h r a n g i g e Rolle:

> Sprechintentionen (von denen die Grammatik abgeleitet wird)
> Rollen/Situationen
> Themen/Inhalte (von denen der Wortschatz bestimmt wird)
> Texte.

Je nach Schwerpunktsetzung der einzelnen Abschnitte in der Lehrprogression kann einmal die Vermittlung eines neuen Grammatikpensums, die Beschäftigung mit einer Sprechsituation bzw. die sprachliche Gestaltung einer Rolle, die Darstellung eines bestimmten Themas, eines neuen Wortschatzpensums oder die Erarbeitung eines (Hör- bzw. Lese-)Textes im Vordergrund stehen.
Wir haben zu zeigen versucht, daß im pragmatisch-funktionalen Konzept die Grammatik von den Sprechintentionen her „gebündelt" und nach ihrem tatsächlichen Vorkommen im Alltagssprachgebrauch gewichtet wird (vgl. Kap. 6.3.1 und 6.3.2a)).

Beispiel: Beispiel

Die Behandlung des Tempus-Systems

Traditionelle Progression: (steigende Komplexität sprachlicher Formen)	Progression nach pragmatisch-funktionalen Erwägungen:

Präsens
Imperfekt
Perfekt
Plusquamperfekt
Futur I
Futur II
    (alle Lernpensen
    gleich gewichtet)
	Präsens
	Perfekt (Reden über Vergangenes)
	Imperfekt (hauptsächlich zum *Lesen* von Zeitungstexten)
	Plusquamperfekt (wenig Gewicht)
	Futur I (wenig Gewicht, da im Deutschen Zukünftiges weniger durch die Futurform als durch Zeitadverbien usw. ausgedrückt wird)
	Futur II (wenig Gewicht: nur Verstehen wichtig)

Bei den ersten Entwürfen zu Lehrwerken, die nach pragmatisch-funktionalen Überlegungen gestaltet wurden – etwa bei *Deutsch aktiv* (Band 1, 1979) – ergab sich insbesondere hinsichtlich der systematischen Grammatikprogression ein Dilemma: Diese Lehrwerke waren – wie auch die Lehrwerke der GÜM und der ALM/AVM – noch wenig zielgruppenspezifisch angelegt. (Bei *Deutsch aktiv* etwa lautete die Bestimmung der Zielgruppe, das Lehrwerk sei für erwachsene Lernende aus westlich-industrialisierten Ländern gedacht.) Die Abfolge und Gewichtung der Sprechintentionen, die die Grammatikprogression bestimmt, ist aber von den kommunikativen Bedürfnissen jeder einzelnen Lernergruppe abhängig. Deshalb erfolgte die Festlegung der Progression der Sprechintentionen in diesen Lehrwerken relativ willkürlich. Die

Folge war, daß es im Vergleich zur traditionellen Grammatikprogression zu „Sprüngen" und zu „Löchern" in der Grammatikprogression kam.

Auch die Kopplung von Sprechabsichten + Rollen/Situationen + Thematik + Grammatik ist nicht fest gefügt. Es gibt allenfalls plausible, d. h. in alltäglichen Sprechsituationen häufig und ‚natürlich' vorkommende Konstellationen.

Beispiele:

Im Beispiel S. 95f. findet sich solch eine ‚plausible' Kombination von „Eigenschaften erfragen und angeben" (Sprechabsicht) + Personenbeschreibung (Thema) + Adjektiv (Grammatik). Man könnte sich aber auch die folgenden, im alltäglichen Sprachgebrauch häufig auftretenden Kombinationen denken:

– „Eigenschaften erfragen und angeben" (Sprechabsicht) + Kleiderkauf (Thema) + Kunde (Rolle) + Adjektiv (Grammatik)
 oder
– „Eigenschaften erfragen und angeben" (Sprechabsicht) + Wohnungssuche (Thema) + Mieter (Rolle) + Adjektiv (Grammatik).

Aufgabe 38

Versuchen Sie, weitere „natürliche", d. h. häufig vorkommende ‚Verbindungen von Grammatik – Sprechabsicht – Rolle – Thematik zu finden.

In welcher Konstellation kommen die folgenden Kombinationen häufig vor?

	Sprechabsicht	Rolle	Thema
o Modalverben:	Gebot/Verbot	Verkehrsteilnehmer	Parken im Halteverbot (Verkehrs-zeichen)
o Passiv:			
o Perfekt:			
o Futur I:			

In der ersten Phase der Entwicklung des funktionalen Konzepts versuchten die Lehrbuchautoren, möglichst alle dieser „natürlichen" Verbindungen von Grammatik, Sprechabsicht und Thematik bzw. Sprechsituation in D i a l o g e n darzustellen. Sie standen dabei nach wie vor unter dem Einfluß der Prinzipien der audiolingualen/ audiovisuellen Methode (z. B. Vorrang des Mündlichen vor dem Schriftlichen).

Beschränkungen des Verfahrens

Dabei wurden die Beschränkungen dieses Verfahrens bald deutlich:
1. N i c h t j e d e s Grammatikpensum hat „natürliche" Partner im Bereich von Sprechintention und Thematik.
2. Viele Grammatikpensen sind in dialogischer Rede, in gesprochener Sprache, u n g e b r ä u c h l i c h, sie treten „natürlich" vor allem in n i c h t-dialogischen Textsorten auf. Wollte man sie in Dialoge „verpacken", kämen wieder die künstlich-synthetischen Dialoge zustande, wie sie für die Lehrbücher der audiolingualen Methode charakteristisch waren.
3. Um „Alltagssituationen" sprachlich zutreffend und authentisch zu erfassen, genügt es nicht, „Modelldialoge" (zu einem Grammatikpensum) zu entwerfen, man

muß vielmehr auch die für die betreffende Alltagssituation charakteristischen L e s e - u n d H ö r t e x t e und S c h r e i b a n l ä s s e einbeziehen.

Beispiele:

Beispiele

Situationen: $\longrightarrow$	Lese- und Hörtexte:
Am Bahnhof:	Fahrpläne; Zugdurchsagen; Fahrkarten usw.
Auf Wohnungssuche:	Wohnungsanzeigen; Mietverträge; Wohnungsgrundriß; Telefonat usw.
In der Schule:	Stundenpläne; Zeugnisse; Durchsagen usw.

e) Pragmatisch orientierte Textarbeit

Diese Überlegungen führten zu einer Neubestimmung und Neugewichtung des Lernzieles „Leseverständnis" als wichtigem Aspekt von Alltagskommunikation. Lesen im funktionalen Konzept ist aber nicht auf die Lektüre „wertvoller" Literatur bezogen (wie in der GÜM), sondern auf das Verstehen von A l l t a g s t e x t e n.

Solche Textsorten sind z. B.:

a) Gebrauchstexte, die den Alltag regulieren:	b) Sachtexte mit Informationscharakter:
Ansagen	Bekanntmachungen
Anzeigen	Berichte
Bedienungsanleitungen	Bildunterschriften
Bekanntmachungen	Briefe
Fahrpläne	Erläuterungen zu Grafiken/Statistiken
Formulare	
Karten	Flugblätter
Preislisten	Führer (Reiseführer)
Programme	Kommentare
Rezepte	Leserbriefe
Schilder	Lexika
Speisekarten	Nachrichten
Telefonbücher	Plakate
Verkehrszeichen	Programme
Wetterberichte	Prospekte
usw.	Schlagzeilen
	Tabellen
	Werbetexte
	usw.

Aufgabe 39

Auf der nächsten Seite finden Sie eine Liste von Alltagssituationen.
Welche charakteristischen Lese–Textsorten findet man in diesen Situationen?

Ergänzen Sie die folgende Tabelle:

Textsorten:

Im Hotel	z. B. Anmeldeformular; Preisliste; Gepäckaufkleber usw.
Im Restaurant	
In der Jugendherberge	
Auf dem Campingplatz	
Im Reisebüro	
Auf der Post	
Auf dem Fundbüro	
Im Krankenhaus	
Beim Arzt	
Beim Frisör	
An der Tankstelle	
In der Autowerkstatt	
Am Zoll	
Im Kaufhaus	
Im Supermarkt	
Im Geschäft (Bäcker usw.)	
Am Kiosk	
Auf dem Markt	
Im Flugzeug	
Im Bus	
Am Bahnhof	
Am Taxistand	
An der Haltestelle	
Im Museum	
In der Ausstellung	
Im Kino	
Im Theater	

Beispiele

Sehen Sie sich die beiden folgenden Texte an.
Welche Art von Text (welche „Textsorte") ist das?

a)

Neuner u.a. (1987), 79

b)

ren mit der Arbeit der Polizei zufrieden.

Bundesrepublik an zweiter Stelle der Einbruchsstatistik

Paris (dpa)

Die Bundesrepublik liegt an zweiter Stelle der internationalen Einbruchsstatistik. Wie das französische Informations- und Dokumumentationszentrum der Versicherungen mitteilte, werden in der Bundesrepublik jährlich im Durchschnitt 16 Einbrüche pro 100 000 Einwohner begangen. Nur Großbritannien liegt nach der Übersicht mit 18 Einbrüchen pro 100 000 Einwohner noch darüber. Frankreich lag mit einer Quote von acht Einbrüchen noch hinter den USA (13), aber vor Japan (3). Bei der Berechnung wurden sämtliche Einbrüche und Diebstähle in Wohnungen, Häuser, Geschäfte oder Ämter berücksichtigt.

100 Tote durch Hochwasser

Neuner u.a. (1987), 95

Aufgabe 40

Kreuzen Sie an:

a) ist	*b) ist*
ein Bericht	*eine Zeitungsanzeige*
ein Programm	*eine Bekanntmachung*
ein Kochrezept	*ein Zeitungsbericht*

Die beiden Texte sind unverändert in das Lehrbuch übernommen worden: Es handelt sich um „authentische" Texte. Sie haben eine ganz bestimmte Aufmachung („Layout") und verwenden eine ganz bestimmte, für die jeweilige Textsorte charakteristische Sprache (Stil/Sprachliches Register). Sie haben auch eine ganz bestimmmte Funktion: Sie vermitteln z. B. ganz bestimmte Inhalte, sie geben uns Hinweise, wie man etwas macht, oder sie berichten über bestimmte Ereignisse bzw. Sachverhalte.

a) Kochrezept   **b) Zeitungsbericht**

Layout

4 Fotos verdeutlichen die einzelnen Phasen des Kochvorgangs.
Die einzelnen Phasen des Kochvorgangs werden im Text klar markiert (1., 2., 3., 4.; deutliche Absätze).

Typisch ist die fettgedruckte Überschrift, die Anordnung in Spalten (Zeitung), manchmal gibt es dazu ein Foto. Auch die Nennung des Ortes, von dem die Meldung kommt (Paris), und die Nennung der Nachrichtenagentur (dpa: Deutsche Presseagentur) sind typisch.

a) Kochrezept   b) Zeitungsbericht

Sprachstil/Register

Typisch ist der „Infinitiv-Stil": Um eine Anweisung zu geben (wie man etwas machen soll), muß man keine vollständigen Sätze formulieren: *(Sie sollen zuerst) 1/2 l Wasser mit 1/2 Kaffeelöffel Salz aufkochen.* Hier wird knapp und direkt formuliert – auf der Verpackung ist wenig Platz! Das Rezept spricht den Leser direkt an und sagt ihm, was er tun soll (Rezepte im Kochbuch sind manchmal auch im Imperativ formuliert: *Kochen Sie 1/2 l Wasser mit 1/2 Kaffeelöffel Salz auf!*).

Der Zeitungsbericht ist ein Sachtext, der einen Sachverhalt möglichst klar und eindeutig darzustellen versucht. Hauptsätze dominieren. Jeder Satz enthält wichtige Information. Da die Information kurz und knapp formuliert werden muß (aus Platzgründen), finden wir z. B. viele Komposita (z. B. Einbruchsstatistik).

Funktion/Inhalt

Das Kochrezept hat seinen Zweck erfüllt, wenn der Leser beim Kochen keinen Fehler macht, wenn er sich an die Anweisungen hält und am Schluß alles richtig gemacht hat: Es ist eine Handlungsanleitung.

Der Zeitungsbericht hat seinen Zweck erfüllt, wenn der Leser am Schluß die Information richtig aufgenommen hat – er weiß dann Genaueres über das, was in der Überschrift steht (sie gibt das „Thema" an).

Ziele des Unterrichts mit solchen Texten sind:

1. Die fremde Sprache so verstehen lernen, wie sie tatsächlich im Zielsprachenland verwendet wird.
2. Information aus authentischen Texten entnehmen lernen (und ggf. Handlungen danach richtig ausführen).

Aus der I n t e g r a t i o n des Lesens von Alltagstexten ergaben sich weitreichende Folgen für die pragmatisch-funktionale Didaktik:
Der Aufbau des Leseverständnisses geschah traditionellerweise über „gradierte", d. h. konstruierte Texte, deren sprachlicher Schwierigkeitsgrad im Verlauf des Lernprogramms schrittweise gesteigert wurde. Dabei war ein Wort-für-Wort-Verständnis die Grundlage der Lesedidaktik, die der Vorstellung einer Wort-für-Wort-Übersetzung als Zielleistung des Fremdsprachengebrauchs entsprach.

In den letzten Jahren hat sich eine intensive Forschung zum fremdsprachlichen Leseprozeß entwickelt (Karcher, 1985; Zimmer, 1988) und zu ersten Entwürfen einer V e r s t e h e n s g r a m m a t i k (Bernstein, 1986; Neuner, 1984; Heringer, 1987; Westhoff, 1987; Fabricius-Hansen, Heringer, 1988) geführt.

Verstehensgrammatik

Um authentische Texte des Alltags in ihrer Funktion für fremdsprachliche Verständigung zu verstehen, muß man sie aber n i c h t i n a l l e n sprachlichen D e t a i l s ‚dekodieren' können (Edelhoff, 1985). Je nach der Funktion der Textsorte und dem Lesezweck reicht es oft aus,

a) einen Text s e l e k t i v zu verstehen, d. h. nur ganz bestimmte Informationen aufzunehmen (z. B. bei einem Fahrplan: Zugabfahrt; bei einem Wetterbericht: was für eine bestimmte Region wichtig ist usw.),
b) einen Text g l o b a l zu erfassen (z. B. den Inhalt eines Zeitungsartikels, eines Briefes oder Prospekts).

Diese Zielsetzungen erfordern die Entwicklung einer neuartigen Lesedidaktik, sie erfordern z. B. neuartige Übungen zur Entwicklung von L e s e s t r a t e g i e n (Neuner, 1984; Westhoff, 1987).

Eine ausführliche Liste zur Entwicklung von Verstehensstrategien finden Sie im Reader, S. 145ff.

Hinweis

f) Neue Übungsformen und -sequenzen

Wenn im fremdsprachlichen Deutschunterricht „Befähigung zur Kommunikation" erreicht werden soll, dann reichen die traditionellen Übungsformen – wie z. B. Einsetz- und Umformungsübungen; Lückentextergänzungen – nicht aus, um dieses Lernziel zu erreichen. Im Unterricht müssen dann in Übungen realitätsnahe Sprachverwendungsweisen „durchgespielt" (simuliert) werden.
Um passende Übungsformen zu bestimmen, müssen zunächst sprachliche Handlungen aus der Alltagsrealität analysiert und kommunikativ relevante Aufgabenstellungen formuliert werden.

Beispiele:

Beispiele

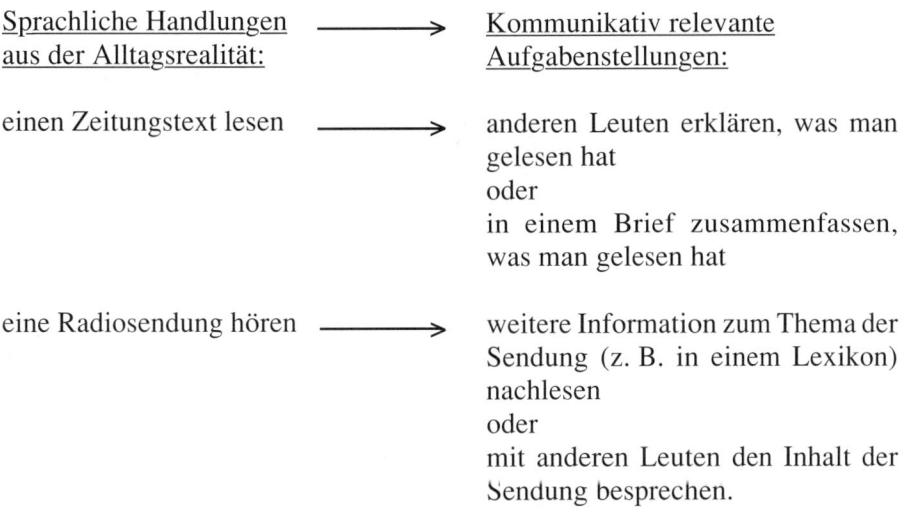

Sprachliche Handlungen aus der Alltagsrealität:		Kommunikativ relevante Aufgabenstellungen:
einen Zeitungstext lesen	⟶	anderen Leuten erklären, was man gelesen hat oder in einem Brief zusammenfassen, was man gelesen hat
eine Radiosendung hören	⟶	weitere Information zum Thema der Sendung (z. B. in einem Lexikon) nachlesen oder mit anderen Leuten den Inhalt der Sendung besprechen.

Aufgabe 41

> *Sie haben auf S.100 eine Zuordnung von „Situationen" und „Textsorten" vorgenommen. Gehen Sie diese Tabelle noch einmal durch, und entwickeln Sie „kommunikative Aufgabenstellungen" wie in den oben skizzierten Beispielen.*
>
> | Situationen: | Textsorten: | Komm. Aufgabenstellungen: |
> |---|---|---|
> | *Im Hotel* | *Anmeldeformular* | ⟶ *Ein Anmeldeformular ausfüllen* |
> | *Im Restaurant* | *Preisliste* | ⟶ *Sich die Preisliste erklären lassen* |
> | *In der Jugendherberge* | *Gepäckaufkleber* | ... |
> | ... | ... | ... |

Um solch komplexe Aufgaben wie „einen Zeitungstext lesen und dann anderen Leuten erklären, was man gelesen hat" in der Fremdsprache zu meistern, müssen Übungen entwickelt werden, die einerseits das Verständnis eines Textes entwickeln und sichern, andererseits die schriftliche bzw. mündliche Äußerung vorbereiten. Das geschieht in abgestuften Übungssequenzen. Übungssequenzen werden so angelegt, daß das Übungsgeschehen Stufe für Stufe v o m V e r s t e h e n z u r Ä u ß e r u n g führt.

Im kommunikativen Konzept werden Übungen nach ihrer Funktion im Lernprozeß gruppiert in:

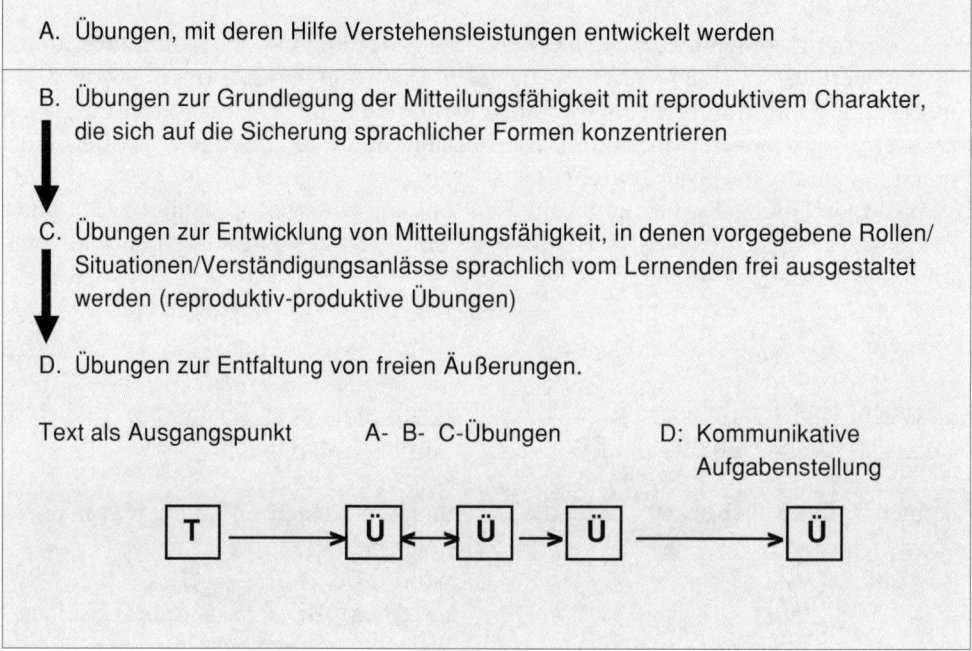

Hinweis

Eine ausführlichere Darstellung der „Übungstypologie zum kommunikativen Deutschunterricht" finden Sie im Reader, S. 147f.

6.3.3 Das offene methodische Konzept der pragmatisch-funktionalen Didaktik: Unterrichtsprinzipien

Eine in sich geschlossene „Methodik" des kommunikativen Deutschunterrichts gibt es nicht, da die unterschiedlichen Rahmenbedingungen des Deutschunterrichts und die Voraussetzungen, die unterschiedliche Lerngruppen in den Lernprozeß mitbringen, ein o f f e n e s und f l e x i b l e s methodisches K o n z e p t verlangen, das z. B. auf l e r n g r u p p e n s p e z i f i s c h e Bedingungen und kulturspezifische Lerntraditionen eingeht. Es lassen sich aber einige allgemeine didaktische und methodische Prinzipien angeben, die im Hinblick auf die jeweilige Lernergruppe kombiniert und variiert werden müssen:

1. Eine entschiedene Orientierung des Lernprozesses an I n h a l t e n, <u>die dem Lernenden etwas</u> b e d e u t e n, d. h. ihm helfen, sich in der fremden Welt zu orientieren und dabei eine neue Perspektive auf die eigene Welt zu entwickeln.

Hinweis

Dazu wird in Kap. 7.3 mehr gesagt.

2. A k t i v i e r u n g des Lernenden: Der Lernende wird nicht als „leeres Gefäß" verstanden, das mit Wissen „angefüllt" werden muß, sondern als aktiver Partner im Lernprozeß, der zu bewußtem (kognitivem), selbstentdeckendem Lernen und zum kreativen Umgang mit der Fremdsprache angeregt werden soll. Die Entwicklung von Verstehensstrategien an fremdsprachlichen Texten und die Fähigkeit, sich frei zu äußern, bereiten nicht nur die Kommunikation in „Realsituationen"

vor, sondern sie dienen auch der Unterrichtskommunikation selbst.
Der Lernprozeß wird so zum Lerngegenstand im Unterricht (z. B.: Wie kann ich in einem unbekannten Text die wichtige Information herausfinden? Wie merke ich mir am besten neue Wörter? usw.). Über den Lernprozeß und unterschiedliche Lernwege und -strategien wird im Unterricht immer wieder gesprochen.

3. Deutlich ist auch eine V e r ä n d e r u n g   d e r   S o z i a l f o r m e n des Unterrichts: Der traditionelle Frontalunterricht (bei dem der Lehrer redet und die Schüler nur dann etwas sagen, wenn sie dazu aufgefordert werden) wird erweitert durch variable Formen der Einzel-, Partner- und Gruppenarbeit (abhängig von den Möglichkeiten der Lerngruppe und der Zielsetzung des Unterrichts).

4. Auch die L e h r e r r o l l e wird neu gesehen. Der Lehrer ist eher ein „Helfer im Lernprozeß" als nur der Wissensvermittler oder der „Medientechniker".

5. Verändert wird auch das Konzept der L e h r m a t e r i a l i e n. Nicht das in sich geschlossene und durchprogrammierte Lehrsystem wird angestrebt, sondern Lehrmaterialien, die so „offen" angelegt sind, daß sie an jeder Stelle im Hinblick auf die Ziele und Bedürfnisse der jeweiligen Lerngruppe angepaßt, variiert, erweitert und ergänzt werden können.

Aufgabe 42

Vergleichen Sie die methodischen Prinzipien der audiolingualen/audiovisuellen Methode mit dem methodischen Konzept der kommunikativen Didaktik.

Wo finden Sie Entsprechungen?

Welche markanten Unterschiede sind zu erkennen?

Das pragmatisch-funktionale Konzept hat den Unterricht in den modernen Fremdsprachen in Europa und in den anderen Industriestaaten – insbesondere im Bereich der Erwachsenenbildung – nachhaltig beeinflußt. Bis zur Mitte der 80er Jahre erschien eine neue „Generation" von Lehrwerken – für DaF seien hier stellvertretend *Deutsch aktiv, Themen, Deutsch konkret* und *Sprachkurs Deutsch* genannt –, die mit unterschiedlichen Schwerpunktsetzungen nach den Prinzipien dieses Konzepts gestaltet sind.

7 Der interkulturelle Ansatz (IA):

Die Weiterentwicklung des pragmatisch-funktionalen Konzepts in Entwürfen einer zielgruppen- bzw. regionalspezifischen Didaktik und Methodik des fremdsprachlichen Deutschunterrichts seit der 2. Hälfte der 80er Jahre

7.1 Zur Einführung

Bei der weltweiten Verbreitung der nach dem pragmatisch-funktionalen Konzept erstellten Lehrwerke für den fremdsprachlichen Deutschunterricht wurde deutlich, daß „kommunikative Kompetenz in Deutsch als Fremdsprache" nicht überall auf der Welt und nicht für alle Menschen dasselbe bedeutet und daß deshalb auch die Unterrichtsverfahren nicht einfach „exportiert" werden konnten.

Kritik am pragmatisch-funktionalen Konzept

Fraglich ist in zielsprachenfernen Ländern und kulturell andersartigen Regionen insbesondere:

> die Betonung des mündlichen vor dem schriftlichen Sprachgebrauch, der Vorrang des Sprechens vor dem Lesen/Schreiben und die Ausrichtung des Lehrgangs an Sprechintentionen, wenn weder ein unmittelbares Bedürfnis noch die Möglichkeit zu einer Kommunikation mit einem Partner aus dem Zielland besteht

> die allzu einseitige Orientierung an „Alltagssituationen" und „Alltagsthemen" der Zielsprachenländer, zu denen man keinen unmittelbaren Zugang hat

> die Beschränkung des Lesens auf Alltagstexte unter weitgehender Vernachlässigung literarischer Texte

> die Ausklammerung der Muttersprache bei der Anlage des Lernprogramms und der Lernprogression

> die Nichtberücksichtigung von eigenkulturellen Rahmenbedingungen des Lernens, angefangen bei der Sprachenfolge, den äußeren Bedingungen (Schulsystem, Klima usw.) bis hin zu kulturspezifischen Lerntraditionen und Wertorientierungen bzw. Tabu-Themen.

7.2 Ein Beispiel: Deutschunterricht an thailändischen Oberschulen

Die Rahmenbedingungen

(vgl. Krampikowski, 1989; Saeng-Aramaruang, 1987)

1. Deutsch lernen in Thailand ca. 2000 Schüler.

2. Deutsch wird in der Einheits-/Ganztagsschule als Wahlpflichtfach in den Klassen 10 - 12 unterrichtet (hauptsächlich in Bangkok).

3. Deutsch ist zweite Fremdsprache nach Englisch. Konkurrenzsprachen im Wahlpflichtbereich sind Französisch, Japanisch, Chinesisch und Hindi.

4. Das Lernen von Fremdsprachen – außer Englisch – hat keinen besonders hohen Status, die Motivation für den Deutschunterricht ist entsprechend gering.

5. Da naturwissenschaftliche Fächer als Wahlpflichtfächer höher angesehen sind, bildet die Schülerpopulation, die sich für Deutsch entscheidet, eine eher negative Auslese. Als positive Motivation wird die Aussicht auf ein Studienstipendium in der Bundesrepublik Deutschland genannt.

Bis zu einem gewissen Grad spielt auch die Möglichkeit der beruflichen Verwertung der Deutschkenntnisse im eigenen Land (Tourismus; deutsche Firmen) eine Rolle, gute Englischkenntnisse sind jedoch – auch bei einer Bewerbung bei einer deutschen Firma – wichtiger als elementare Deutschkenntnisse.

6. Schwierig gestaltet sich die konkrete Unterrichtssituation:

- große Klassenstärken
- klimatische Bedingungen (große Hitze/Luftfeuchtigkeit usw.)
- hoher Lärmpegel (Klassenräume haben im allgemeinen keine Fensterscheiben!)
- Fehlen einer Medienausstattung: außer Cassettenrecordern (die oft für den Einsatz im Unterricht nicht geeignet sind) stehen Tageslichtprojektoren, Kopiergeräte usw. nicht dauernd zur Verfügung
- Unzulänglichkeiten in der Lehrerausbildung, was Sprachkenntnisse und fachliche Schulung angeht. Wegen der nachteiligen Besoldung der Lehrer gehen oft gerade die am besten ausgebildeten Germanistikstudenten n i c h t in den Lehrberuf, sondern suchen besser bezahlte Stellungen in Handel und Tourismus.
- Ausgeprägte kulturspezifische Lehr– und Lerntraditionen (Frontalunterricht; Dominanz des Lehrers; Auswendiglernen von Lehrtexten; Chorsprechen zur Wiederholung und Festigung des Lehrstoffes; Sanktionierung des unaufgeforderten lauten und ‚vorlauten‘ Sprechens des Schülers)
- Ausklammerung bestimmter Themen (z. B. sexuelle und religiöse Tabus), die in den Zielsprachenländern einen anderen Stellenwert haben; gesellschaftliches Harmoniestreben und Strategien der Konfliktvermeidung in der Öffentlichkeit (‚das Gesicht wahren‘) usw.

Berücksichtigt man diese besonderen institutionellen, eigenkulturellen und subjektiven Rahmenbedingungen der Zielgruppe und bedenkt man die konkrete Lernsituation, in der sich thailändische Schüler, die in der Oberstufe Deutsch lernen, befinden (Alter; Lebensumstände; Unterrichtsbedingungen; Weltwissen und Lebenserfahrung; vorgängige Englischkenntnisse; Lerntraditionen; räumliche und kulturelle Distanz zu den deutschsprachigen Ländern) und fragt man sich dann, was die Schüler von dem Deutsch, das sie in den 3 Jahren in der Oberstufe lernen, auch tatsächlich praktisch verwerten können, dann zeigt sich, daß für sie ein p r a g m a t i s c h - f u n k t i o n a l e s Konzept n i c h t ausreicht, um die Ziele des Deutschunterrichts zutreffend zu bestimmen.

1. Die praktische Verwertbarkeit der Deutschkenntnisse während oder nach der Schulzeit (in Freizeit oder Beruf) ist sehr beschränkt. Man kann mit einiger Sicherheit davon ausgehen, daß nur ein geringer Teil der Schüler ihre Deutschkenntnisse als Touristen (oder Studenten) in deutschsprachigen Ländern nutzen können.

2. Im Inland können die Deutschkenntnisse höchstens in der Tourismusbranche oder in deutschen Firmen verwertet werden.

Wenn man diese Perspektive – die Verwertung der Deutschkenntnisse im eigenen Land – für die curriculare Planung des Deutschunterrichts berücksichtigen wollte, müßte man die in Kap. 6.3.2 c) angeführten Rollen, die in der Fremdsprache zu meistern sind, vertauschen: Nicht die Rolle „Kunde" wäre dann aktiv zu beherrschen, sondern die Rolle „Verkäufer", nicht die Rolle „Gast", sondern „Kellner" usw. Dies hätte entsprechende Folgen für die Auswahl der Themen und auch für die Auswahl der Sprechakte/Sprechabsichten!

> *Stellen Sie mit Hilfe der in Kapitel 6.3.2 angeführten Listen zu „Rollen",*
> *„Situationen", „Textsorten" und „Themen" diejenigen Aspekte zusammen,*
> *die für den aktiv-mündlichen Sprachgebrauch für „Deutsch in Thailand"*
> *wichtig sein könnten.*

> *Die Situation des Deutschunterrichts in Ihrem Land:*
> *Versuchen Sie, mit Hilfe der folgenden Stichpunkte die Situation des Deutsch-*
> *unterrichts in Ihrem eigenen Land zu beschreiben.*
>
> 1. *Wie viele Schüler lernen Deutsch – was schätzen Sie?*
> 2. *In welchen Schularten wird Deutsch angeboten?*
> 3. *Ist Deutsch die erste oder zweite/dritte Fremdsprache? Wenn Deutsch*
>   *nicht die erste Fremdsprache ist: Welche Sprachen lernen die Schüler vor*
>   *Deutsch?*
> 4. *Welche Fächer schätzen Ihre Schüler höher: fremdsprachliche Fächer wie*
>   *Englisch, Deutsch usw. oder naturwissenschaftliche Fächer wie Physik,*
>   *Chemie, Biologie?*
> 5. *Was interessiert Ihre Schüler am Deutschlernen: Kontaktmöglichkeiten mit*
>   *Deutschen; Information zu den deutschsprachigen Ländern; Verbesserung*
>   *der Berufschancen; die Vorstellung, nach Deutschland zu reisen bzw.*
>   *einmal in Deutschland zu studieren?*
> 6. *Wie ist in Ihrem Land die konkrete Unterrichtssituation (viele/wenige*
>   *Schüler in einer Klasse; klimatische Bedingungen; Störung durch Lärm;*
>   *Möglichkeit der Nutzung von Medien wie Cassettenrecorder; Sprachlabor;*
>   *Tageslichtprojektor; Kopierer usw.; viele/wenige Unterrichtsstunden im*
>   *Fach)?*
> 7. *Wie gut sind in Ihrem Land die Deutschlehrer ausgebildet (Sprach-*
>   *kenntnisse; fachdidaktische Ausbildung)?*
> 8. *Gibt es in Ihrem Land ausgeprägte kulturspezifische Lerntraditionen, die*
>   *für den Deutschunterricht genutzt werden können bzw. den Unterricht*
>   *erschweren?*
> 9. *Welche Themenbereiche sind in Ihrem Kulturkreis „tabu"? Worüber redet*
>   *man nicht/was tut man nicht in der Öffentlichkeit?*

Funktionale Ziele sind – auch im Hinblick auf die aktive Beteiligung des thailändischen Schülers am Unterricht – wichtig, aber sie müssen offensichtlich in ein u m f a s s e n d e r e s p ä d a g o g i s c h e s K o n z e p t eingefügt werden, wenn man Deutschunterricht in zielsprachenfernen und kulturell unterschiedlichen Regionen planen und gestalten will.

Das Erlernen einer Fremdsprache, die n i c h t a l s l i n g u a f r a n c a (internationale Verkehrssprache) gebraucht wird – dazu gehört Deutsch in den zielsprachenfernen Ländern ohne Zweifel –, muß dazu beitragen, daß der Schüler die fremde Welt, die ihm im Unterricht begegnet, besser verstehen lernt und daß aus der Auseinandersetzung mit der fremden Welt die e i g e n e Welt deutlichere Konturen annimmt.

An dieser Stelle zeigt sich, wie schwierig es ist, Lehrwerke mit pragmatisch-funktionaler Orientierung, die auf einen Aufenthalt in den Zielsprachenländern vorbereiten sollen und die deshalb vorwiegend auf die Erarbeitung von Themen und Situationen aus dem deutschen Alltag abgestellt sind, w e l t w e i t einzusetzen.
Betrachtet man solche Lehrwerke – etwa *Deutsch aktiv* oder *Themen* – aus der Perspektive eines Lernenden, der in großer räumlicher Distanz zu den deutschsprachigen Ländern Deutsch lernt und von ganz anderen kulturellen Wertsystemen und Verhal-

kulturelle Wertsysteme: Folgen

tensweisen geprägt ist als die Menschen im deutschsprachigen Raum, dann wird deutlich, daß ihr didaktisch-methodisches Konzept n i c h t für ihn entworfen worden ist. Das bedeutet:

1. Die Lernziele müßten neu bestimmt werden.

2. Die Auswahl der Themen müßte anders erfolgen.

3. Die Präsentationsweisen der Themen müßten verändert werden. Anders gestaltet werden müßten auch die Lernverfahren (Übungsformen und -sequenzen; Aufgabenstellungen).

4. Auch die Lernkontrollen müßten an die Gegebenheiten im jeweiligen Land angepaßt werden.

Man könnte einwenden, daß jemand, der Deutsch lernt, sich mit den für die deutschsprachigen Länder wichtigen Themenbereichen und Verhaltensweisen vertraut machen muß. Das ist sicher richtig. Aber bei dieser Argumentation wird oft übersehen, daß das Verständnis für die Andersartigkeit der Welt der Zielsprachenländer nicht vorausgesetzt werden kann, sondern erst allmählich entwickelt werden muß.
Eine allzu abrupte Konfrontation des Lernenden etwa mit Themenbereichen aus den Zielsprachenländern, die im eigenen Kulturbereich tabuisiert sind (häufig: Alkohol; Sexualität; Religion; Umgang mit nationalen Symbolen) bzw. eine Verfremdung oder Verzerrung der Realität (etwa durch Ironie oder Karikatur) kann bei ihm Abwehrreaktionen hervorrufen („Kulturschock") und zu Lernblockaden führen. Dasselbe gilt auch, wenn er mit Übungsformen und Aufgabenstellungen konfrontiert wird, die seinen Lerntraditionen und Verhaltensweisen widersprechen (etwa: Aufforderung zu „vorlautem" Diskutieren; zur Äußerung der eigenen Meinung).
Andererseits kann ein Lehrwerk durch die Art, wie die fremde Welt präsentiert wird (Visualisierung; Farbdruck; Layout; lockerer Umgang mit Tabuthemen; beständige Aktivierung des Lernenden, der sich ernstgenommen fühlt usw.), zu einer naiven „Bewunderung" der fremden Welt führen.

Ein interkulturell orientierter Fremdsprachenunterricht muß ein didaktisches Konzept entwickeln, das die skizzierten Gefahren vermeidet, indem er zum Vergleichen der eigenen Welt mit der Welt der Zielsprachenländer und zum Nachdenken und Reden über das, was die fremde Welt als fremd auszeichnet, anregt, was an ihnen interessant und attraktiv, aber auch mißverständlich, bedrohlich und unverständlich sein kann. (Vgl. dazu das Beispiel auf S. 110.)

> Diese Aneignung geschieht allmählich, schrittweise, unter beträchtlichen Spannungen im Lerner. Die Spannungen ergeben sich daraus, daß das jeweilige Fremde nicht nur neue Sprach- und Kulturmöglichkeiten eröffnet, sondern auch eine I n f r a g e s t e l l u n g , ja B e d r o h u n g eigener Sprach- und Kulturerfahrung bedeutet. Es kann als gesichert angenommen werden, daß derartige Aneignungsprozesse von beträchtlichen Hoffnungen und Ängsten begleitet werden. Diese auf das Fremde gerichteten und von dem Fremden ausgehenden Angst- und Hoffnungsgefühle sind zugleich die stärkste M o t i v a t i o n beim Lernen und Kennenlernen von Fremdkultur.
>
> (Krusche, 1983, 251)

Unterschiede im Verhalten als Thema und Gesprächsanlaß im Deutschunterricht veranschaulicht die Abbildung auf der folgenden Seite.

Im vorigen Winter bin ich nach Deutschland gefahren, um meine deutschen Sprachkenntnisse zu verbessern und die Deutschen kennenzulernen. Ich versuchte, mit den Deutschen Kontakt aufzunehmen. Deshalb habe ich wiederholt Deutsche eingeladen. Und jeder, den ich eingeladen hatte, aß gerne ägyptisches Essen.

Doch einmal, als ich einen Taxifahrer und seine Frau zu mir eingeladen hatte, geschah etwas Seltsames. Ich hatte mich einen halben Tag auf diese Einladung vorbereitet. Als sie um 18 Uhr kamen, war der Tisch schon gedeckt. Ich sagte: „Warum gucken Sie so? Das ist nicht zum Gucken, sondern zum Essen."

Die Frau und ich setzten uns zum Essen hin, aber der Mann wollte nicht und sagte: „Nein, danke!" Ich sagte: „Aber kommen Sie zum Essen, es wird Ihnen gut schmecken." – „Nein", wiederholte er. Dann habe ich noch einmal gebeten: „Aber probieren Sie mal!" Da sagte er ärgerlich: „Ich kann nichts essen." – „Das geht doch nicht!" sagte ich, „Sie müssen etwas essen." Da erwiderte er: „Was sind Sie für ein Mensch!" Ich dachte: Was hast du getan, daß er so ärgerlich ist? Während des Essens fragte ich die Frau, die mich anstarrte, als sei ich verrückt: „Warum will er nichts essen?" – „Ehrlich, wenn er könnte, dann hätte er gern gegessen. Wir hatten keine Ahnung, daß Sie uns zum Essen einladen würden." – „Ach, Entschuldigung", sagte ich. „Bei uns in Ägypten ist bei einer Einladung das Essen eine ganz selbstverständliche Sache. Der Gast sagt zwar aus Höflichkeit ‚Nein danke', aber damit ist nicht gemeint, daß er wirklich nicht essen will. Man soll den Gast mehrmals zum Essen auffordern, und der Gast wird immer etwas nehmen, auch dann, wenn er keinen Hunger hat, damit die anderen nicht böse auf ihn werden."

So habe ich erfahren, daß „Nein" auf Deutsch ehrlich „Nein" heißt.

Fatma Mohamed Ismail

Mebus u.a. (1989), 149

7.3 Zielgruppenorientierte Auswahl von Themen und Inhalten des Unterrichts

Die Dominanz von Grammatikprogression und „Alltagssituation" als Planungskriterien für den Deutschunterricht hat die Inhalte der Lehrbuchtexte oftmals nebensächlich werden lassen. Themen und Situationen dienen vor allem im Anfangsunterricht fast nur zur „Verpackung" von Grammatik und Wortschatz. Neue Themen werden in der Regel „dialogisiert" dargeboten, und der Schüler soll diese „Modelldialoge" auswendiglernen und reproduzieren. Für sechzehnjährige thailändische Schüler kann es aber nur wenig motivierend sein, wenn sie beim Fremdsprachenlernen noch einmal alle die Themenbereiche „durchspielen", d. h. in Rollenspielen nachvollziehen müssen, die vielleicht beim Erwerb der Muttersprache im Kindesalter aufregend und wichtig waren (Körperteile benennen; Kleidungsstücke benennen und „kaufen" usw.).

Was Schüler am Deutschunterricht interessieren könnte, ist etwas anderes: Es ist die Möglichkeit, Einblick in eine fremde Welt zu bekommen und sie mit der eigenen Welt zu vergleichen. Themen, die für den Deutschunterricht aus pädagogischer Sicht sinnvoll sind, tragen zur Erweiterung der Lebenserfahrung der Schüler bei, indem sie Anknüpfungsmöglichkeiten an eigene Lebenserfahrungen bieten und zum Weiterfragen über die fremde u n d die eigene Welt anregen.

Aufgabe 45

Ein sechzehnjähriger Schüler ist, was seine Welterfahrung und seine Erfahrung mit den deutschsprachigen Ländern angeht, kein „unbeschriebenes Blatt" mehr.

Woher haben Ihrer Meinung nach Ihre Schüler in erster Linie Informationen über Europa und die deutschsprachigen Ländern? (Fernsehen – Presse – Englischunterricht – andere Unterrichtsfächer – Eltern – Touristen – deutsche Firmen?)

Wie sehen ihre „Deutschlandkenntnisse" wohl aus? Worauf beziehen sie sich? (Politik – Sport – Kulturelles (Musik/Literatur usw.) – Geschichte – Alltagswelt – Popkultur?)

Informationen über fremde Länder sind immer bruchstückhaft. Welche stereotypen Vorstellungen von „den Deutschen/Österreichern/Schweizern" gibt es in Ihrem Land? Wodurch sind sie besonders bedingt?

Die Begegnung mit der fremden Welt verläuft vor dem Hintergrund der eigenkulturell geprägten Lebenserfahrung des Lerners bzw. seiner bruchstückhaften Wissensbestände über die fremde Welt. Ihre Auswirkung auf sein Selbstverständnis kann von der Bewunderung der fremden und Abwertung der eigenen Welt bis zur strikten Ablehnung des „Fremden" (Kulturschock!) reichen. Daher muß man bei der Auswahl der Themen sehr behutsam verfahren.

Es ist wichtig, daß Themen so ausgewählt und strukturiert werden, daß der Schüler sinnvolle Anknüpfungspunkte zu seiner eigenen Lebenserfahrung findet. Er soll beim „Ausflug in die fremde Welt" sicheren Halt in eigenkulturellen Erfahrungen haben, gleichzeitig soll ihm aber von der fremden Welt doch gerade so viel Neues angeboten werden, daß seine Neugier geweckt wird (Motivation zum Dazulernen!), er aber nicht zur naiven „Bewunderung" der fremden Welt verführt wird. Deshalb müssen solche Verstehens- und Lernprozesse im Unterricht immer wieder besprochen werden – falls nötig, in der Muttersprache.

Bei der Auswahl der landeskundlichen Themen für den Deutschunterricht geht es also zunächst n i c h t um eine systematische Darstellung des landeskundlichen Wissens aus der Perspektive der deutschsprachigen Zielländer, auch n i c h t n u r um eine Auswahl landeskundlicher Sachverhalte auf der Grundlage e i g e n k u l t u r e l l e r Lebenserfahrung.

Wir müssen uns darum bemühen, die deutschsprachige Welt mit den Augen der Schüler sehen zu lernen, sonst besteht die Gefahr, daß wir ihnen Wissen „aufpfropfen", das ihnen n i c h t s b e d e u t e t oder das sie mehr verwirrt als informiert.

Andererseits muß man auch vorsichtig mit der Auswahl nicht repräsentativer Einzelaspekte sein, da die Schüler noch keinen Maßstab für eine richtige Einordnung haben und sicher zur Verallgemeinerung von Einzelaspekten neigen.

7.3.1 Schülerinteressen

Aufgabe 46

> *Wie kann man solche Themen finden, die pädagogisch sinnvoll sind und zugleich die Gegebenheiten in den Zielsprachenländern unverzerrt darstellen?*
> *Versuchen Sie, einige solcher Themen zu benennen.*

Eine Möglichkeit ist, die Schüler selbst zu befragen, was sie interessiert und welche Themen sie im Deutschunterricht behandelt haben möchten.

Solche Umfragen haben aber nur einen begrenzten Stellenwert für die Themenauswahl! Was Schüler interessiert, verändert sich entwicklungs- und altersbedingt. Es verändert sich aber auch innerhalb eines Kulturkreises in dem Maß, wie sich die eigengesellschaftlich-kulturellen Wertorientierungen ändern.

Eine andere Möglichkeit ist, diejenigen Themen und Fragen aufzugreifen, die etwa gleichaltrige Jugendliche in deutschsprachigen Ländern besonders bewegen. Aber auch diese Themen wandeln sich rasch mit der Veränderung der gesellschaftlichen Verhältnisse in den Zielsprachenländern – abgesehen davon, daß Jugendliche etwa in der ehemaligen DDR z. T. mit ganz anderen Fragen beschäftigt waren als gleichaltrige Bundesdeutsche, Österreicher oder Schweizer.

Das Thema „Arbeitslosigkeit" war z. B. bei den Jugendlichen in der Bundesrepublik Anfang der 80er Jahre ein brennendes Thema. Es war e i n Aspekt, der die sog. „Null-Bock-Generation" geprägt hat (= „keine Lust auf irgendetwas" im Jugendjargon).

Ende der 80er Jahre waren diese Probleme wegen des drastischen Rückgangs der Geburtenrate weitgehend geklärt. Neuere Umfragen zeigen, daß die Anfang der 90er Jahre nachrückende Generation der 13- bis 15jährigen zumindest in dieser Hinsicht wieder mehr „Lebensmut" hat als gleichaltrige Schüler Anfang der 80er Jahre.

Was für Jugendliche in deutschsprachigen Ländern „brennend aktuell" sein kann, muß also nicht im gleichen Maß etwa auch die Jugendlichen in Ihrem eigenen Land bewegen. Es kann bei ihnen auf Desinteresse und Unverständnis stoßen.

7.3.2 Universelle Lebenserfahrungen als „Brücke" für interkulturelle Themenplanung des DaF-Unterrichts

Weil sich also Schülerinteressen aus unterschiedlichen Gründen rasch wandeln können, müssen wir bei der curricularen Planung nach Themenbereichen suchen, die auf elementare Erfahrungen beim Hineinwachsen in die eigene Gesellschaft und Kultur zurückzuführen sind; auf Erfahrungen, wie sie a l l e Menschen machen, gleich, welchem Kulturkreis sie angehören, und die deshalb zu den elementaren Daseinserfahrungen des „Menschseins" gehören. Wenn man die Unterrichtsplanung auf solchen Themen aufbaut, kann man sicher sein, daß beim Lernenden Grundstrukturen von Erfahrungen vorhanden sind, die die Grundlage des interkulturellen Vergleichs bilden.

Aufgabe 47

> *Überlegen Sie:*
>
> *Welche Lebenserfahrungen machen alle Menschen, unabhängig davon, in welchem Land, in welcher Kultur, in welcher Gesellschaft sie aufwachsen und leben?*
> *Führen Sie die folgende Liste weiter:*
> *Beispiel:*
> *Jeder Mensch muß essen und trinken.*
> *Jeder Mensch wird einmal krank.*
> *.....*
> *.....*

Der nichtdeutsche Schüler wird dann an solch einem Thema zunächst ganz allgemein ‚wahrnehmen‘, daß er zu ihm Zugang hat. Er wird zugleich auch erkennen, daß zwischen seiner eigenen Lebenserfahrung und der der Bezugsgruppe des deutschen Zielsprachenlandes Unterschiede bestehen. Es gibt also einerseits die „Brücke" zwischen seiner Welt und der fremden Welt, auf der man in die fremde Welt gelangen kann (Überbrückung der Fremdheitsschwelle). Zugleich bleibt dem Schüler aber auch so viel an „Spannung partiellen Nichtverstehens" (von konkreten Einzelphänomenen, die an der fremden Welt wahrgenommen werden), daß Motivation zur Erkundung der fremden Welt entstehen kann. So bietet man dem Lerner eine Chance, die Elemente, Einheiten und Strukturen der fremden Welt mit Elementen, Einheiten und Strukturen der eigenen Welt in Beziehung zu setzen, zu „deuten" und im Sinnbildungsprozeß zusammenzufügen.

eigene und fremde Welt

Das klingt komplizierter, als es in Wirklichkeit ist. Die Lernpsychologie sagt uns, daß die Aufnahme neuer Wissens- und Erfahrungselemente nur dann möglich ist, wenn sie auf bereits vorhandene und eigenkulturell geprägte Wissens- und Erfahrungsstrukturen bezogen und in diese eingebettet werden können – nur solche Lernprozesse tragen letztlich zur „Horizonterweiterung" – und damit zur Persönlichkeitsentwicklung – des Schülers bei.

Die systematische und die vergleichende Anthropologie beschäftigen sich seit langem mit der Frage, wie solche U n i v e r s a l i e n menschlicher Daseinserfahrungen beschrieben und kategorisiert werden können (Murdock, 1945; Rudolph/Tschohl, 1977; Kohlberg, 1963).

Universalien

Universelle Daseinserfahrungen beziehen sich auf:

1. grundlegende Existenzerfahrungen (Geburt; Tod; Dasein in der Welt)
2. die persönliche Identität („Ich"-Erfahrung; persönliche Eigenschaften)
3. die soziale Identität im privaten Bereich (die private Gemeinschaft, z. B. Familie: „Wir"-Erfahrung)
4. die soziale Identität im öffentlichen Bereich (z. B. Nachbarschaft, Gemeinde, Staat usw.: „Sie"-Erfahrung)
5. Partnerbeziehungen (Freundschaft; Liebe: „Du"-Erfahrung)
6. Behausung (Haus; Heim)
7. die Umgebung jenseits der privaten Sphäre (Umwelt; Natur; Zivilisation usw.)
8. Arbeit (Unterhaltssicherung)
9. Erziehung (Wertorientierung in einer Gemeinschaft)
10. Versorgung (Nahrung; Kleidung usw.)
11. Mobilität (Raum-Erfahrung; Verkehr usw.)
12. Freizeit/Kunst (zweckfreie Lebensgestaltung)
13. Kommunikation (Benutzung von Zeichensystemen Medien)
14. Gesundheitsfürsorge (Gesundheit; Krankheit; Hygiene)
15. Norm- und Wertorientierung (ethische Prinzipien; religiöse Orientierung usw.)
16. Zeitlich-historische Erfahrung (Vergangenheit; Gegenwart; Zukunft)
17. Geistige und seelische Dimensionen (Selbstreflexion; Vorstellungskraft/Phantasie; Erinnerung; Emotionen usw.)
    ...

Die Liste ist unvollständig und sehr abstrakt. Sie soll auch nur einen ersten Eindruck von den „Suchkategorien" vermitteln, die für die grundlegende Themenauswahl eine Rolle spielen könnten. Diese Liste muß im Hinblick auf kultur- und altersspezifische Faktoren präzisiert werden, wenn man für den DaF-Unterricht relevante Themenbereiche festlegen will (für einen zehnjährigen Schüler ist das Thema „Freizeitgestaltung" anders mit Erfahrung/Interessen belegt als für einen Sechzehnjährigen, ganz gleich, wo er lebt; für einen niederländischen Schüler bietet es andere Aspekte von Erfahrung/Interesse als für einen thailändischen Schüler).

Beispiel: „Freizeit"

1

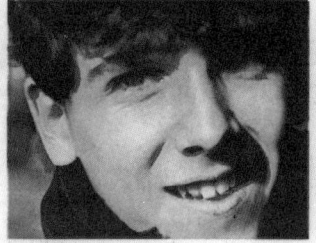

① **Dieter Goedecke**
Alter: 15 Jahre
Größe: 1,72 m
Haare: braun
Augen: blau
Geschwister: 1 Bruder, 1 Schwester
Hobbys: Musik hören
Lieblingsfächer: Sport, Englisch

② **Petra Beikirch**
Alter: 14 Jahre
Größe: 1,65 m
Haare: rotbraun
Augen: hellblau
Geschwister: 1 Bruder
Hobbys: Reiten, Gitarre spielen
Lieblingsfächer: Deutsch, Musik, Sport

③ **Ertürk Hassan**
Alter: 15 Jahre
Größe: 1,58 m
Haare: schwarz
Augen: braun
Geschwister: 2 Brüder, 1 Schwester
Hobbys: Fußball spielen
Lieblingsfächer: Sport, Technik

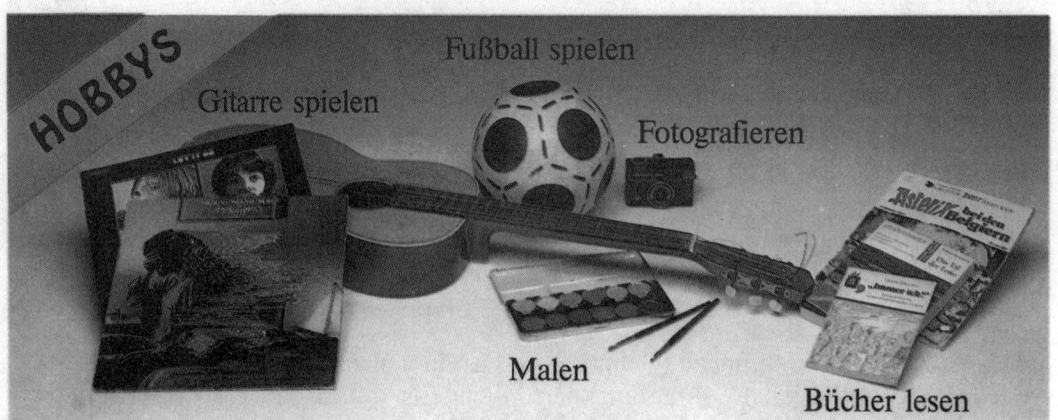

HOBBYS

Gitarre spielen · Fußball spielen · Fotografieren · Malen · Bücher lesen

Er/Sie heißt . . . . .
Er/Sie ist . . . . . (Jahre alt).
Er/Sie ist einen Meter . . . . . groß. Er/Sie ist eins . . . . . .
Seine/Ihre Haare sind . . . . . . Er/Sie hat . . . . . Haare.
Seine/Ihre Augen sind . . . . . . Er/Sie hat . . . . . Augen.
Er/Sie hat . . . . . Bruder/Schwester/Brüder/Schwestern/Geschwister.
Sein/Ihr Hobby ist . . . . . . Seine/Ihre Hobbys sind . . . . . .
Sein/Ihr Lieblingsfach ist . . . . . . Seine/Ihre Lieblingsfächer sind . . . . . .

Ü1 **Bitte beschreiben:**

Personen ① – ⑥.

①, das ist Dieter Goedecke. Er ist . . . . .

Ü2 **Und du?**

Name, Alter, Größe, Haare, Augen, Geschwister, Hobbys, Lieblingsfächer . . . . . ?

Ü3 **Bitte beschreiben:**

deinen Freund, deine Freundin;
deinen Lehrer, deine Lehrerin;
deinen Bruder, deine Schwester
oder deinen Vater, deine Mutter.

Neuner u.a. (1983), 50

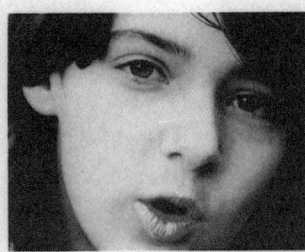 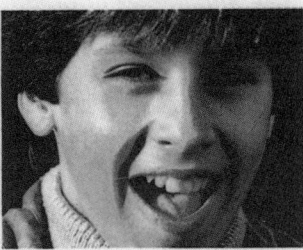 

④ Bettina Tscholl

Alter: 14 Jahre
Größe: 1,64 m
Haare: dunkelbraun
Augen: blaugrün
Geschwister: 1 Bruder,
   1 Schwester
Hobbys: Lesen
Lieblingsfächer: Deutsch, Englisch

⑤ Marc Leis

Alter: 14 Jahre
Größe: 1,58 m
Haare: braun
Augen: graublau
Geschwister: 1 Schwester
Hobbys: Briefmarken sammeln,
   Platten hören, Fußball spielen
Lieblingsfächer: Kunst, Mathematik

⑥ Claudia Schmidt

Alter: 16 Jahre
Größe: 1,70 m
Haare: blond
Augen: grün
Geschwister: 1 Schwester
Hobbys: Malen, Fotografieren
Lieblingsfächer: Kunst, Erdkunde,
   Sozialkunde

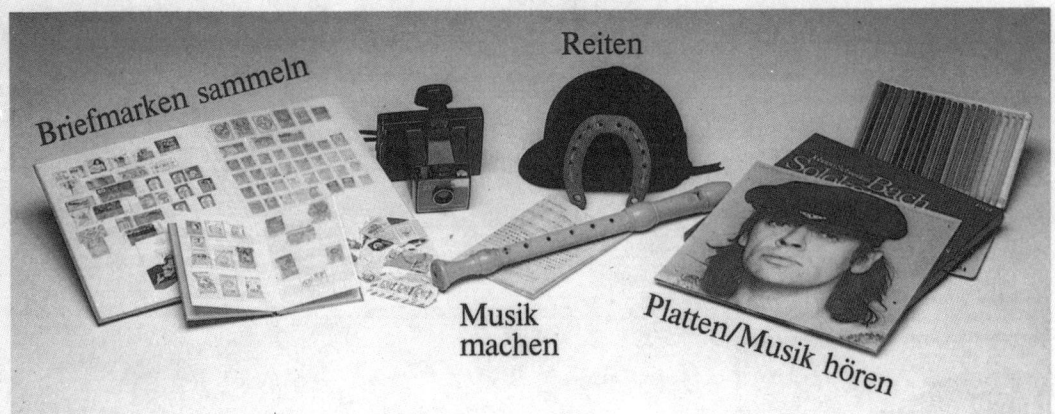

Dieter	hat	Sport	gern.
	hat	Mathematik	nicht gern.
	mag	Sport	ganz besonders.
	mag	Mathematik	überhaupt nicht.
	findet	Sport	Klasse. Spitze. stark.
	findet	Mathematik	blöd. doof. langweilig.
Dieter	interessiert sich sehr für	Musik.	
	interessiert sich nicht für	Sozialkunde.	

Ü4   Und Petra? Marc? Claudia? Ertürk? Bettina?

Neuner u.a. (1983), 51

Sehen Sie sich das Beispiel genauer an.

— „*Freizeit*" —

Welche Aktivitäten nennen
die deutschen Schüler?

Was machen die Schüler in Ihrem Land
in ihrer Freizeit? (Falls möglich, fragen
Sie Ihre Schüler.)

Musik hören

Auswertung:

1. *Welche Freizeitaktivitäten finden Sie bei den deutschen Schülern und bei Ihren Schülern?*
2. *Wo gibt es deutliche Unterschiede?*
3. *Welche Freizeitaktivitäten der deutschen Schüler interessieren Ihrer Meinung nach die Schüler in Ihrem Land?*
4. *Was ist Ihren Schülern ganz fremd? Wie müßte man es Ihren Schülern erklären?*
5. *Was wäre den deutschen Schülern ganz fremd? Wie könnte man es einem deutschen (Brief-)Partner erklären?*

Welche Aspekte des Themas „Schule" sind Ihrer Meinung nach für Ihre eigenen Schüler von besonderem Interesse?

Hinweis

Eine Aufschlüsselung der Erfahrungsbereiche für eine andere Zielgruppe – Deutschunterricht mit ausländischen Schülern in der Bundesrepublik Deutschland – finden Sie im Reader, S.148f.

Aufgabe 49

Legen Sie eine ähnliche Tabelle für Ihre Schülergruppe an.

7.3.3 Konsequenzen für das didaktisch-methodische Konzept

Aus dieser Diskussion kann man einige Schlußfolgerungen für die Didaktik und Methodik eines zielkulturfernen Deutschunterrichts ziehen:

1. In einem interkulturell orientierten Konzept des Unterrichts müssen Themenbereiche und Themenaspekte an elementaren Lebenserfahrungen der jeweiligen Lernergruppe anknüpfen und sie mit repräsentativen Lebenserfahrungen der Gruppe der Gleichaltrigen im Zielsprachenland verbinden.

2. Die fremde Welt ist weder in der Klasse noch in der unmittelbaren Umgebung gegenwärtig, sondern wird im Unterricht immer über Medien vermittelt. Deshalb muß eine spezifische Verstehensdidaktik zu Seh-, Hör- und Lesetexten entwickelt werden (Film und Fernsehen bzw. Video; Schallplatte/Kassette; Lesetextsorten aller Art). Sie muß ganz bewußt die Seh-, Hör- und Leseunterschiede, die sich aus den eigenkulturellen Traditionen und der kulturräumlichen Distanz ergeben, in ihr Konzept miteinbeziehen.

3. Die Entwicklung der fremdsprachlichen Äußerungsfähigkeit (Sprechen) sollte sich nicht nur auf das „Dialogisieren", sondern auch auf das „Sprechen zur Sache/ zum Thema" (Diskutieren) beziehen.

4. Die Entwicklung der fremdsprachlichen Äußerungsfähigkeit geschieht nicht durch bloßes Nachahmen vorgegebener Dialogmuster, sondern auf der Grundlage von Verstehensprozessen, die sich immer vor der Äußerung in der fremden Sprache entfalten. Die didaktische Folge müßte demnach lauten: „Vom Verstehen in der fremden Sprache zur Äußerung".

5. Die Entwicklung einer spezifischen Verstehensdidaktik bedeutet in erster Linie: Entwicklung einer spezifischen Lesedidaktik, da Lesetexte nach wie vor – und sicher noch für lange Zeit – die Grundlage des fremdsprachlichen Unterrichts sind.

6. In einem interkulturellen Konzept des Unterrichts in zielsprachenfernen Regionen wird sich Lesen nicht nur auf Textsorten des Alltagslebens (Sachtexte), sondern vor allem auch auf fiktionale Texte beziehen. Der Literatur kommt in diesem Konzept eine ganz besondere Bedeutung zu.

7. Das grundlegende Verfahren eines interkulturellen Deutschunterrichts ist das des Vergleichs von Elementen, Einheiten und Strukturen der eigenen Kultur mit denen der Zielkultur. Das schließt den Sprachvergleich ausdrücklich mit ein.

8. Dieser Vergleich, der sich normalerweise als „stummer Prozeß" im Kopf des Schülers vollzieht, muß im Unterricht thematisiert werden, d. h. zur Sprache kommen. Es ist für den pädagogischen Erfolg des Unterrichts außerordentlich wichtig, daß immer wieder besprochen wird, wie man etwa einen neuen Text oder ein Foto aus der fremden Welt zu entschlüsseln versucht; aufgrund welcher Einflüsse aus der eigenen Kultur man sich ein Bild von der fremden Welt aufbaut und wie es durch neue Informationen verändert bzw. bestätigt wird; woher man (Vor-)Urteile über die Zielsprachenländer bekommen hat.

Diskussion Küssen

Die während des zweiten Weltkriegs in England stationierten amerikanischen Soldaten hatten vielfach Probleme mit ihren englischen Freundinnen, und umgekehrt: Die Engländerinnen fanden die Amerikaner zu stürmisch, und die Amerikaner fanden die Engländerinnen nicht sehr moralisch. Die Erklärung für diesen Widerspruch liegt in folgendem Schema, das die damals in den beiden Kulturen jeweils „normale" Entwicklung einer LIEBESBEZIEHUNG darstellt. Die Zahlen 1–30 stehen für die einzelnen Schritte (Entwicklungsstufen) vom ersten Augenblick der Bekanntschaft bis zum „Geschlechtsverkehr", wie der juristische Ausdruck heißt.

USA		Groß-britannien
1	erste Kontaktaufnahme	1
2		2
3		3
4		4
5	Küssen	5
.		.
.		.
.		.
25	Küssen	25
.		.
.		.
29		29
30	Geschlechtsverkehr	30

1 Versuchen Sie bitte in einer Gruppendiskussion, das Schema zu interpretieren und die Lösung des Widerspruchs zu finden. (Wenn Sie nicht alleine darauf kommen, so ist das auch kein Beinbruch: Die richtige Lösung steht im Buch Ihres Lehrers/Ihrer Lehrerin.)

2 Wenn man in der Bundesrepublik mit Frauen verschiedener Nationalitäten spricht, hört man oft Äußerungen wie die folgende: „Wenn ich mit deutschen Männern spreche, habe ich nicht das Gefühl, als Frau behandelt zu werden" – (eine Französin). Entspricht das auch Ihren Erfahrungen? Welche Erlebnisse können zu diesem Eindruck geführt haben?

3 Wenn Sie Lust haben, diskutieren Sie in kleinen Gruppen, in welchen Schritten sich in Ihrem Land/Ihren Ländern eine Beziehung entwickelt und welche Bedeutung jeder dieser Schritte hat. Tragen Sie Ihre Ergebnisse dann den anderen vor.

4 Wie ist es in einem deutschsprachigen Land? Haben Sie da eigene Erfahrungen? Wenn nicht, gibt es auch andere Informationsquellen, z. B.: Gespräche mit Ihren Lehrern und anderen Leuten aus den deutschsprachigen Ländern (auch brieflich), Literatur, Filme . . .

Hog u.a.(1984), 105

Vergleichen Sie dieses Konzept einer „interkulturellen Didaktik und Methodik" mit dem Konzept der pragmatisch-funktionalen Didaktik und Methodik. Worin liegen die Gemeinsamkeiten? Welche Unterschiede können Sie feststellen?

Textverständnis als Grundlage des interkulturellen Deutschunterrichts

Um Mißverständnissen vorzubeugen, muß betont werden, daß es bei dieser Konzeption nicht darum geht, den Deutschunterricht in zielsprachenfernen Ländern als „Lesekurs" einzurichten. Es geht vielmehr darum, ein inhaltsorientiertes didaktisches Konzept zu entwickeln, das von Texten ausgeht und an Texten eine Vielfalt von Aufgabenstellungen zur sprachlichen Äußerung entfaltet. Dabei können selbstverständlich die Erfahrungen im Umgang mit Texten aus der GÜM nutzbar gemacht werden, ebenso sind aber auch die bewährten Elemente zur Entwicklung der Äußerungsfähigkeit, wie sie etwa von der ALM/AVM und auch im pragmatisch-funktionalen Ansatz entwickelt worden sind, in das Konzept einzubeziehen. Eine zielgruppenorientierte, interkulturelle Didaktik und Methodik bedient sich also ohne „ideologische Scheuklappen" der Elemente, Theorien und Prinzipien aller vorhandenen Unterrichtskonzepte, die sinnvoll in das übergreifende Konzept eingefügt werden können.

Im folgenden sollen einige Textsorten auf ihre Einsetzbarkeit im Unterricht überprüft werden.

Texte als Ausgangspunkt

Dazu muß angemerkt werden: Nicht jeder authentische Text repräsentiert die fremde Welt in gleicher Weise; nicht jeder Text eignet sich gleich gut für den Fremdsprachenunterricht, und nicht jeder Text erfüllt denselben didaktischen Zweck. Ein Text ist nicht deshalb schon für den fremdsprachlichen Unterricht „geeignet" oder „wertvoll", weil er authentisch ist! Auch eigens für das Lehrbuch verfaßte Texte erfüllen ihren ganz spezifischen didaktischen Zweck beim Aufbau einer Lernprogression. Authentische Texte erfüllen in ihrem eigenkulturellen Kontext ganz bestimmte Aufgaben. Löst man sie aus diesem Kontext und stellt sie in den fremdsprachlichen Deutschunterricht, kann sich ihre Funktion und Wirkung stark verändern.

Querverweis

Bei der Besprechung des pragmatisch-funktionalen Konzepts sind wir auch auf die „Textsorten" eingegangen und haben zwei Kategorien von Textsorten vorgestellt:

a) Gebrauchstexte, die den Alltag regulieren
b) Sachtexte mit Informationscharakter.

Lesen Sie die entsprechenden Passagen (S. 99ff.) bitte noch einmal nach.

Zum Einsatz von Texten im Unterricht

a) Gebrauchstexte, die den Alltag im Zielsprachenland regulieren
   (vgl. Kap. 6.3.2 e)

Sie können im Unterricht in erster Linie für sprachfunktionale Zwecke eingesetzt werden, insbesondere wenn es darum geht, die Schüler auf einen Aufenthalt im Zielsprachenland vorzubereiten. Sie enthalten authentische Informationen über das Zielsprachenland und regen zum Vergleich an (z. B. sieht Werbung/Reklame in Sprachgebrauch und Layout in jedem Land anders aus). Sie können wesentlich zur Schaffung einer „authentischen Atmosphäre" im Klassenzimmer beitragen und dazu anregen, realitätsnahen Sprachgebrauch vorzubereiten.
Dieses imaginative Modell des Fremdsprachengebrauchs (Halliday, 1973) ist insbesondere für jüngere Schüler attraktiv, weil es ihre kreative Phantasie herausfordert.

Dazu ein Beispiel:

Hier ist ein Fahrplan mit den Zugverbindungen von Köln zu anderen deutschen Städten. Stell dir vor, du bist in Köln am Hauptbahnhof und willst nach ... fahren. Du willst am Mittag fahren. Wann geht ein Zug? Wo mußt du umsteigen? usw.

Die Schüler können – und sollten – mit solchen „Versatzstücken der fremden Realität" spielen. Dabei agieren sie auf einer Art innerer Bühne, auf der die Bestandteile der fremden Welt in die Erfahrungen mit der eigenen Welt eingebaut werden (Es schadet dem Spiel der Phantasie nicht, wenn sich dabei z. B. ein thailändischer Schüler den Kölner Hauptbahnhof wie den Bahnhof in Bangkok vorstellt.).
Weil es gerade dieser ‚Hauch von Authentizität' ist, der die Phantasie (und das Spiel mit der fremden Sprache) anregt, sollte man solche Textsorten bei der Verwendung im Unterricht in ihrem Original-Layout belassen. Man kann jedoch die sprachliche Gestaltung vereinfachen, sofern das sprachliche Register gewahrt bleibt.

b) Sachtexte mit Informationscharakter

Texte dieser Art kann man erfolgreich im Unterricht verwenden, wenn sie in ihrem Informationsgehalt so strukturiert sind, daß der Schüler aus seiner eigenen Lebenserfahrung eine Anknüpfungsmöglichkeit zum dargestellten Inhalt hat und aus der ‚Spannung des partiellen Nichtverstehens' heraus Motivation zur eingehenden Beschäftigung mit dem Text entwickeln kann. Beim Lesen wird der Schüler merken, daß er mehr Information über die fremde Welt erhalten muß, wenn er nicht nur den Situationskontext, sondern auch die Fakten, das ‚Wissenswerte' am Text erfassen will.

Solche Textsorten können für didaktische Zwecke sprachlich vereinfacht werden. Dabei sollte aber weder das sprachliche Register, die „Tonlage", zerstört noch der Inhalt simplifiziert werden.
Zwei Arten des Sprachgebrauchs werden bei der Arbeit mit solchen Texten im Unterricht angeregt:

– das personale Modell: *Was bedeutet die Information für mich?*   und
– das heuristische Modell: *Was ist an der fremden Welt im Vergleich zu meiner Welt anders? Woher kommen die Unterschiede?*

c) Fiktionale Texte

In der Zeit der „pragmatischen Welle" der Fremdsprachendidaktik konnte man mit literarischen Texten nicht viel anfangen. Sie galten als zu schwierig und insgesamt als wenig nützlich.

Im Hinblick auf die pädagogischen Ziele des interkulturellen Ansatzes entfalten aber fiktionale Texte ganz besondere Qualitäten: Fiktionale Texte sind einerseits in ihrem Bezug zur Welt „offener", d. h. subjektiv deutbar, andererseits rufen sie eine in sich strukturierte „Welt im Kopf" hervor (Werlich, 1986). Der Lerner wird durch sie angeregt, die Elemente, Einheiten und Strukturen seiner eigenen Welt bei der Deutung der fremden Welt im Text zu aktivieren. Fiktionale Texte „inszenieren" einen „Film im Kopf". Bei dieser Inszenierung werden die Versatzstücke der eigenen Welt in die fremde, ‚ausgedachte' Realität hineinprojiziert. Der fremdsprachliche fiktionale Text schafft beim Leser/Lerner eine Zwischenwelt zwischen seiner eigenen und der (fremdkulturell geprägten) Welt des Textes. Fremdsprachliche literarische Texte können im Unterricht Begeisterung, Engagement und Identifikation (mit Personen, Situationen, Ideen) schaffen. Sie gehen damit über die didaktischen Qualitäten von Sachtexten weit hinaus.

Weil fremdsprachliche literarische Texte einem anderen didaktischen Zweck dienen als Sachtexte, muß man mit ihnen im Unterricht anders umgehen. Vor allem darf man ihr inneres Gefüge nicht durch sprachliche Vereinfachungen so zerstören, daß sie auf die Personen- und Handlungsaspekte reduziert werden (Dies ist ein nachdrückliches Plädoyer gegen die Verwendung von vereinfachten, gekürzten und geglätteten Fassungen literarischer Texte!). Es gibt fiktionale Texte, die sprachlich einfach gehalten sind, vor allem aus dem Bereich der Jugendliteratur, mit denen man schon auf einer relativ frühen Stufe des Fremdsprachenunterrichts arbeiten kann. Auch im Bereich der Lyrik findet man einfache Formen, die sich für den Anfangsunterricht eignen (z. B. aus der „Konkreten Poesie") und Phantasie und kreative sprachliche Äußerung stimulieren (vgl. dazu: Kast, 1985; Mummert, 1989 und das Themenheft „Schreiben" von *Fremdsprache Deutsch,* H. 1/1989).

Lesen Sie dazu auch in folgenden Fernstudieneinheiten nach:

1. Lesen als Verstehen. Zum Verstehen fremdsprachlicher literarischer Texte und zu ihrer Didaktik *von Swantje Ehlers (1992),*

2. Landeskunde und Literaturdidaktik *von Monika Bischof/Viola Kessling/ Rüdiger Krechel,*

3. Arbeit mit literarischen Texten *von Bernd Kast und Swantje Ehlers.*

Querverweis

d) Leseziele

Textverstehen ist ganz wesentlich vom Lesezweck geprägt. Fremdsprachliche Texte wird man erst auf einer weit fortgeschrittenen Stufe der Sprachbeherrschung auf die Erfassung von Details hin lesen. Sehr viel häufiger ist – wie schon früher angemerkt wurde – das globale Lesen (grundlegende Orientierung) bzw. das selektive Lesen (um einen ganz bestimmten Inhaltsaspekt zu ermitteln). Wenn man fremdsprachliche Texte unter solchen Aspekten im Unterricht behandelt (globales, selektives Lesen), kommt es nicht darauf an, daß die Schüler alles verstehen. Für die didaktische Verwendbarkeit entscheidend ist nicht der linguistische Schwierigkeitsgrad eines Textes, sondern die Zielsetzung und die Aufgabenstellung, die in der Textarbeit gelöst werden soll (globales Verstehen, selektives Verstehen, Detailverstehen).

Vgl. dazu dazu die *Checkliste: Entwicklung von Verstehensstrategien am Text* im Reader, S. 145f.

Hinweis

7.3.4 Thematische Progression

Es liegt auf der Hand, daß man von einem Themenschwerpunkt nicht alle Aspekte auf einmal anbieten kann, sondern daß übergreifende Themen im Verlauf des Lernprozesses stufenweise entfaltet werden. Der Vorteil der curricularen Planung nach elementaren Themen- und Erfahrungsbereichen liegt gerade in der Möglichkeit einer zyklischen Progression. Im Verlauf des Unterrichts wird immer wieder auf das grundlegende Thema eingegangen, dabei können – entsprechend dem Lernzuwachs und der steigenden Lebenserfahrung der Schüler – immer neue Aspekte des Themas „ins Spiel" gebracht werden. Die Folge ist u. a. auch eine zyklische Wortschatzprogression – systematischer Wortschatzarbeit kommt in einem themenorientierten curricularen Konzept ein besonderes Gewicht zu.

zyklische Progression

Aus der zyklischen thematischen Progression ergibt sich auch eine Progression der Textsorten, wie das Beispiel auf der folgenden Seite verdeutlicht:

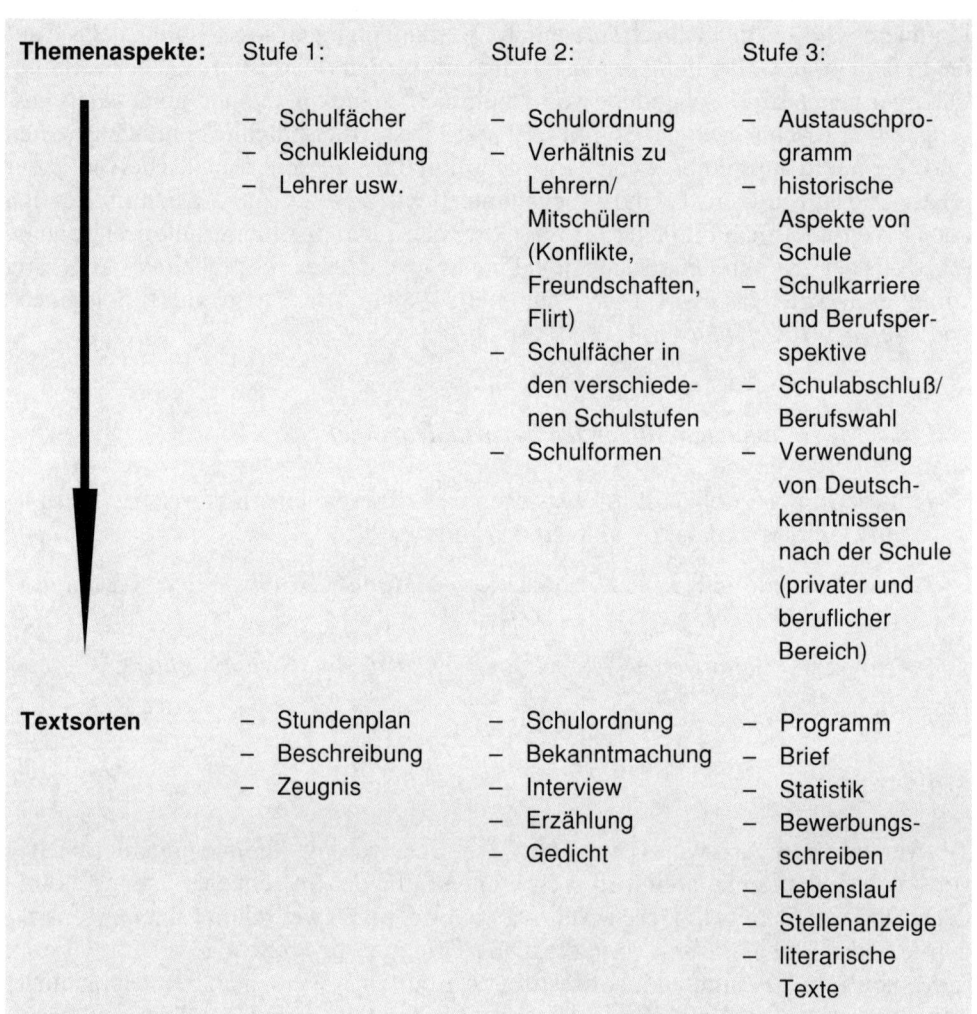

Themenaspekte:	Stufe 1:	Stufe 2:	Stufe 3:

	– Schulfächer
	– Schulkleidung
	– Lehrer usw.
		– Schulordnung
		– Verhältnis zu
		  Lehrern/
		  Mitschülern
		  (Konflikte,
		  Freundschaften,
		  Flirt)
		– Schulfächer in
		  den verschiede-
		  nen Schulstufen
		– Schulformen
			– Austauschpro-
			  gramm
			– historische
			  Aspekte von
			  Schule
			– Schulkarriere
			  und Berufsper-
			  spektive
			– Schulabschluß/
			  Berufswahl
			– Verwendung
			  von Deutsch-
			  kenntnissen
			  nach der Schule
			  (privater und
			  beruflicher
			  Bereich)

Textsorten	– Stundenplan
	– Beschreibung
	– Zeugnis
		– Schulordnung
		– Bekanntmachung
		– Interview
		– Erzählung
		– Gedicht
			– Programm
			– Brief
			– Statistik
			– Bewerbungs-
			  schreiben
			– Lebenslauf
			– Stellenanzeige
			– literarische
			  Texte

Bei dieser Art der Planung der Lernstoffprogression kommt immer mehr fremde Welt ins Spiel. Zugleich steigen aber auch die sprachlichen Anforderungen, und zwar sowohl im Verstehensbereich (steigende sprachliche Komplexität der Textsorten) als auch im Mitteilungsbereich (vom vergleichenden Sprechen über (Lieblings-) Schulfächer bis zur Abfassung eines Bewerbungsschreibens).

7.4 Zusammenfassung: Kommunikative Didaktik – Das pragmatisch-funktionale und das interkulturelle Konzept

Bei der Entwicklung der kommunikativen Didaktik seit der ersten Hälfte der 70er Jahre kann man zwei Grundrichtungen feststellen: eine stärker pragmatisch-funktional ausgerichtete und eine stärker pädagogisch ausgerichtete.

Das pragmatisch-funktionale Konzept

erste Phase

Die erste Phase bis zur ersten Hälfte der 80er Jahre verlief in den europäischen Ländern, in denen das „kommunikative Konzept" formuliert und mit Hilfe des EUROPARATS gefördert wurde, uneinheitlich. Während etwa in Großbritannien der sprachfunktionale Ansatz von Anfang an dominierte, war in der Bundesrepublik Deutschland die kommunikative Didaktik – im Rahmen der Diskussion um die Reform des gesamten Bildungswesens – stärker an übergreifenden pädagogischen Fragen orientiert (e m a n z i p a t o r i s c h e Didaktik*).
Man kann rückblickend feststellen, daß sich in Europa und in den Industrieländern insgesamt dieses Konzept überall dort durchgesetzt hat, wo es im Fremdsprachenunterricht um eine möglichst rasche und effiziente (mündliche) Beherrschung der Fremdsprache für berufliche oder private Zwecke im Elementarbereich geht. Dies

trifft z. B. für weite Bereiche des Fremdsprachenunterrichts mit Erwachsenen zu. Es trifft überall dort zu, wo Fremdsprachenkenntnisse unmittelbar in Alltagskommunikation umgesetzt werden können (Nähe des Lernorts zum Zielsprachenland bzw. Kontaktmöglichkeiten mit Hilfe der Fremdsprache im eigenen Land) und wo die erlernte Fremdsprache eine Art l i n g u a f r a n c a - Funktion hat (s. S. 108). Beispiele dafür sind: die weltweite Verbreitung von Englisch; Deutsch im Tourismusbereich in den Herkunftsländern der „Gastarbeiter" (Mittelmeer). Es trifft also überall dort zu, wo im praktischen Sprachgebrauch „Verständlichkeit" als Lernziel wichtiger ist als „Korrektheit".

Alltagskommunikation

Verständlichkeit

Linguistische Grundlagen

Erheblichen Anteil an der Formulierung des sprachfunktionalen Konzepts hat die P r a g m a l i n g u i s t i k *, die Sprache als Instrument menschlichen Handelns auffaßt und folglich das Sprach-Handeln (Sprechakte; Sprechintentionen usw.) zum Gegenstand ihrer Untersuchungen macht. Sprache wird also nicht mehr nur in ihrem formalen Aufbau (vgl. Strukturalismus/audiolinguale Methode in Kap. 4) beschrieben, sondern in ihrer F u n k t i o n für menschliche Kommunikation.

Pragmalinguistik
Sprechakttheorie

Lerntheoretische Grundlagen

Die Kritik an der audiolingualen Methode hatte sich vor allem am behavioristischen Lernkonzept entzündet. Demgegenüber wird nun Fremdsprachenlernen als g e i s t i g e T ä t i g k e i t, als kognitiver und kreativer Akt im sprachlichen „Handlungsspiel" aufgefaßt.
Maßgeblichen Einfluß hatten in diesem Bereich die S p r e c h t ä t i g k e i t s t h e o r i e (Galperin, 1974; Leont'ev, 1974) und der kognitionstheoretische Ansatz der Allgemeinen Didaktik (Ausubel, 1974).

Sprechtätigkeitstheorie

Literatur- und Texttheorie

Charakteristisch für den sprachfunktionalen Ansatz ist einerseits die Schulung der Gesprächsfähigkeit in der Fremdsprache – eine Weiterführung der Prinzipien des Primats des Mündlichen und der Situativität der audiolingualen Methode –, andererseits werden authentische Sachtexte verstärkt in den Unterricht einbezogen. Dies führt zur Ausbildung einer neuen Lesedidaktik (Schulung des globalen und selektiven Lesens gegenüber dem am Detailverständnis orientierten Konzept der GÜM und der ALM). Im Verlauf der Diskussion um die pädagogische Perspektive des Fremdsprachenlernens in der Schule kommt es zu einer „Neuentdeckung" der didaktischen Qualitäten fiktionaler Texte (wobei die Begriffsbestimmung der „literarischen" Texte nicht nur die „hohe" Literatur, sondern etwa auch Kinder- und Jugendliteratur umfaßt, die auf Themen eingeht, die Schülern näherliegen).

Lesedidaktik

fiktionale Texte

Landeskunde

Die Landeskunde konzentriert sich auf die Integration der für Alltagskommunikation wichtigen Themenbereiche. Sie setzt also das didaktische Konzept der ALM fort.

Didaktische Schwerpunkte und methodische Prinzipien der pragmatisch-funktionalen Fremdsprachendidaktik

Für den Fremdsprachenunterricht ergibt sich aus dem Einbezug der Pragmalinguistik, daß sich z. B. die Grammatikprogression nicht mehr ausschließlich an formalen Aspekten der Sprachstruktur („Vom Einfachen zum Schwierigen") orientiert, sondern daß Aspekte des S p r a c h g e b r a u c h s (z. B. die Versprachlichung von Sprechabsichten) einbezogen werden.

Sprachgebrauch

Aus der pragmatischen Zielsetzung ergeben sich auch andere Übungsformen und -sequenzen. Übungsketten beginnen – entsprechend den Phasen kommunikativen Handelns – bei Verstehensleistungen (Texterarbeitung) und zielen auf die freie Äußerung, wobei Übungen mit zunehmend geringerer Steuerung des Lernverhaltens durchlaufen werden.Die Integration eines kognitiven lerntheoretischen Konzepts führt zu anderen Formen der Sprachaufnahme und -verarbeitung als etwa in der ALM: Der Lerner soll sich b e w u ß t mit den F o r m e n (d. h. der Grammatik) und dem G e b r a u c h der Fremdsprache auseinandersetzen. Das Unterrichtsgespräch über die fremde Sprache und über Sachverhalte in der Zielkultur ist ebenso wichtig wie das Experimentieren mit der Fremdsprache und das Probehandeln im Unterricht (Simulation von Alltagskommunikation im Unterricht). Dabei verändert sich die Lehrerrolle: Der Lehrer wird nicht mehr als der allwissende Vermittler von fremdsprachlicher Grammatik und Kultur gesehen, sondern als der „Helfer" im offenen Lernprozeß. Es verändern sich aber auch die S o z i a l f o r m e n des Unterrichts: Neben dem lehrer- und lehrbuchzentrierten Frontalunterricht gewinnen Partner- und Gruppenarbeit im Unterrichtsgeschehen (gemeinsame Texterschließung; gemeinsames Durchspielen von Kommunikationssituationen) große Bedeutung.

Das interkulturelle Konzept

Das interkulturelle Konzept der Fremdsprachendidaktik geht stärker als das pragmatisch-funktionale Konzept von grundlegenden pädagogischen Überlegungen aus, die sich aus der genaueren A n a l y s e d e r L e r n e r p e r s p e k t i v e ergeben. Untersucht werden etwa Faktoren der kulturspezifisch und individuell geprägten Lebenserfahrung und Lerngeschichte; des Weltwissens; der Lerntraditionen und -gewohnheiten; des Verhältnisses von Ausgangs- und Zielkultur (Kulturkontakt: Vergleich gesellschaftlicher, kultureller und sprachlicher Perspektiven); der individuellen Motivation und Lernleistung und der institutionellen Bedingungen (Sprachenfolge; Unterrichtszeit, die zur Verfügung steht; Einsetzen des Fremdsprachenunterrichts im Bereich des schulischen Lernens; Status der fremdsprachlichen Fächer im Fächerkanon; Medienausstattung [Lehrbücher; technische Medien]; Lehrerausbildung usw.). Die Forschungsergebnisse der Vergleichenden Soziologie und Kulturanthropologie einerseits und der Gedächtnisforschung andererseits (als Teil der Psycholinguistik) finden in diesem Konzept, das auf eine Regionalisierung des Deutschlernens abzielt, ihren Niederschlag (Götze, 1981; Gerighausen/Seel, 1983).

Das interkulturelle Konzept läßt sich am deutlichsten dort entwickeln, wo man eine ausgeprägte geographische, kulturräumliche Distanz und anders geartete gesellschaftliche Verhältnisse im Vergleich zu den Zielländern vorfindet – für Deutsch als Fremdsprache also in außereuropäischen Ländern, etwa in asiatischen Ländern. Es ist jedoch nicht nur dort von Bedeutung.
Da fremde Welt im Fremdsprachenunterricht nicht unmittelbar und direkt, sondern über Medien (Lese-, Hör-, Lese-/Hörtexte [z. B. Fernsehen und Video]) präsent ist und in den seltensten Fällen eine unmittelbare aktive Anwendung der Fremdsprache in Alltagskommunikation möglich ist, gewinnen V e r s t e h e n s p r o z e s s e als Grundlage des fremdsprachlichen Lernens ein besonderes Gewicht. Daraus folgt, daß die Inhalte und Themen des Fremdsprachenunterrichts besonders sorgfältig bedacht werden müssen, daß eine verstehens-, d. h. medienorientierte Fremdsprachendidaktik entwickelt werden muß, wobei Aspekte der Rezeptionsforschung (z. B. das Verstehen literarischer Texte aus der fremdkulturellen Perspektive) und der Textlinguistik (Textstruktur; Textumfeld) besondere Beachtung finden.

Das Konzept einer interkulturellen Didaktik und Methodik des Fremdsprachenunterrichts läßt sich heute – Anfang der 90er Jahre – nur in groben Umrissen und in Einzelaspekten skizzieren.
Von einer neuen „Methode" kann man erst dann sprechen, wenn eigenständige
– Lehrziele
– Themen und Inhalte
– Lehrverfahren und Unterrichtsmedien und
– Lernkontrollen
entwickelt worden sind.

Einige Auswirkungen auf die Unterrichtmethodik lassen sich heute schon angeben:

1. Bei der Erarbeitung sprachlicher und landeskundlicher Phänomene wird v e r g l e i c h e n d verfahren. Die eigene Sprache, Gesellschaft und Kultur bildet dabei die Grundlage des fremdsprachlichen Lernens, auf die immer bewußt eingegangen wird.

Sozialformen des Unterrichts

zweite Phase

Lernperspektive

fremde Welt

Verstehensprozesse

Rezeptionsforschung Textlinguistik

Folgen

E1 Andere Länder – andere Gesten

1. Der Fingerkuß

2. Die lange Nase

3. Das Vogelzeigen

4. Das Kreiszeichen

5. Der gestreckte Daumen

6. Die Hand vor der Stirn

a) Was bedeuten diese Gesten?
Was vermuten Sie?

Beispiele:
Ich stelle mir vor, daß Geste 1
... bedeutet.

Ich denke mir, daß Geste 1 für
... steht.

Ich habe mir überlegt, daß Geste 1
als ... gilt.

Nein, das glaube ich nicht.
Geste 1 bedeutet wohl eher ...

Nein, auch nicht. Das ist weder
eine Geste für ... noch für ..., das
ist eine Geste für ...

b) Haben diese Gesten in Ihrem
Land eine andere Bedeutung?

Beispiel:
Der Fingerkuß bedeutet bei uns
„Das Mädchen gefällt mir."

Alles in Ordnung!

Klugheit   Prima!   Guten Tag!

Phantastisch!   Sehr gut!   Dummkopf!

Angst   Du bist dumm!   Frage?

Ich bin ein Dummkopf   Schadenfreude   o.k.

Ätsch!   Ohne mich!   Achtung!

Geh weg!

Alles ist gut gelaufen!

Auflösung für Deutschland:

1. phantastisch	4. prima
2. Ätsch! Schadenfreude	5. Alles ist gut gelaufen,
3. Du bist dumm!	alles in Ordnung
	6. Ich bin ein Dummkopf.

E2 Gesten für Gäste

Machen Sie bitte eine Liste mit Gesten für Deutsche, die
in Ihr Land kommen! Zeichnen oder fotografieren Sie die
wichtigsten Gesten, und geben Sie die Bedeutung an!

Mebus u.a. (1989), 36

2. Die E r ö r t e r u n g d e s L e r n p r o z e s s e s ist grundlegender Bestandteil
des Unterrichts (etwa: beim Aufbau von Verstehensstrategien; beim fremdsprachlichen Probehandeln; bei der Entwicklung von Lerntechniken). Das kognitive
Lernverfahren bezieht sich also nicht nur auf die Analyse der Lerngegenstände

und der Lernergebnisse, sondern auch auf die Lernverfahren in den Phasen der Sprachaufnahme, -verarbeitung und -anwendung im Unterricht.

Erste Ansätze zur Verwirklichung dieses Konzepts finden sich in einer Reihe von Lehrwerken, die in den letzten Jahren entstanden sind, insbesondere in Hog/Müller/ Wessling (1984): *Sichtwechsel* und Mebus u. a. (1989f.): *Sprachbrücke*..

Beispiel:

H1 Hund ist nicht Hund

Deutsch *Hund*, englisch *dog*, koreanisch *kae*: Begriffe, die etwas Konkretes bezeichnen, sind scheinbar problemlos mit einem Wort zu übersetzen. Doch die Assoziationen zu Hund in anderen Sprachen und Kulturen müssen nicht immer die gleichen sein wie im Deutschen. So ist für Deutsche der Hund ein treuer Gefährte des Menschen, für Koreaner ein Tier, das nicht ins Haus darf. Trotz der unterschiedlichen Assoziationen ist die Übersetzung von ‚Hund‘ jedoch nicht besonders schwierig, wenn man sie mit anderen Übersetzungsproblemen vergleicht.
Sehr häufig ist das wörtliche Übersetzen unmöglich. Besonders dann, wenn es sich um Sprachen aus einer anderen Sprach-familie oder aus einem anderen Kulturkreis handelt.
Eine direkte Übersetzung kann zu Mißverständnissen führen, wenn es um komplizierte Begriffe wie zum Beispiel *glauben* geht. So muß man *glauben* in der Vorstellung einer afrikanischen Sprachgruppe mit *das Wort nehmen und es aufessen* wiedergeben. Auch wird die Liebe den verschiedensten Körperteilen zugeordnet. In der Tzeltal-Sprache Südmexikos befindet sich die Liebe in *Gottes Herzen*, bei den Conobs in Guatemala sitzt die Liebe im Bauch, bei den Kabba-Lakas in Zentralafrika liebt man mit der Leber, und die Bewohner der Marshall-Inseln sprechen von einer *Gefühlsbewegung des Halses*.

H2 Aufgaben

1. Warum ist die Übersetzung von *Hund* relativ einfach?
2. Was assoziieren Sie mit *Hund* in Ihrer Muttersprache, in Ihrer Kultur?
3. Welches Problem wird im Text bei der Übersetzung von *glauben* beschrieben?
4. Wie heißt *glauben* in Ihrer Sprache und in den Sprachen, die Sie kennen?
5. In den verschiedenen Sprachen wird die Liebe unterschiedlichen Teilen des Körpers zugeordnet. Wie interpretieren Sie das?
6. Wo sitzt die Liebe in Ihrer Sprache?

Mebus u.a. (1989), 80

regionale Lehrwerke

Nachhaltig wird das „interkulturelle Konzept" durch die Förderung regionaler Lehrwerke vorangebracht. Sie können in ganz anderer Weise als die im deutschsprachigen Raum entstehenden Lehrwerke auf kultur- und regionalspezifische Bedingungen des Fremdsprachenunterrichts eingehen.

Nach einer Auskunft des Goethe-Instituts München wurden dort im Jahr 1991 mehr als 25 solcher Projekte regionalspezifischer Lehrmaterialentwicklung gefördert.
Die Entwicklung neuer Lehrmethoden des Fremdsprachenunterrichts vollzieht sich nicht nach dem „Schubladenprinzip" in zeitlich klar abgrenzbaren Epochen. Für die fremdsprachliche Unterrichtspraxis ist eher ein Nebeneinander unterschiedlicher Lehrweisen (z. B. für bestimmte Lerngruppen) und die vielfältige Vermischung der methodischen Prinzipien der einzelnen Konzepte im Klassenzimmer charakteri-

stisch, man kann aber feststellen, daß in bestimmten Epochen ganz bestimmte Leitvorstellungen zur Frage, wie ein „guter" Unterricht gestaltet werden sollte, vorherrschen. Die folgende Grafik versucht, diese Epochen in groben Umrissen zeitlich einzuordnen und den historischen Wandel der Lehrmethoden im 20. Jahrhundert zu verdeutlichen.

Übersicht über die Entwicklung der Lehrmethoden:

historische Abfolge

1900	1925	1950	1975	2000

Grammatik–Übersetzungs–Methode · bis heute im Unterricht der alten Sprachen und in vielen Regionen im Erwachsenenunterricht

Direkte Methode / Reformmethode

"New Key" (USA, Ausbildung von Militärdolmetschern)

Audiolinguale / Audiovisuelle Methode

Kommunikative Didaktik

Interkulturelles Konzept des Fremdsprachenlernens

Aufgabe 51

Wie stellen Sie sich die Weiterentwicklung des Deutschunterrichts in Ihrem Land vor?

Es sei an dieser Stelle ausdrücklich darauf hingewiesen, daß wir uns bei der Diskussion der Entwicklungen der Fremdsprachenmethodik in den 80er Jahren nicht mit sog. „alternativen Methoden" – z. B. „Community Language Learning"; „Humanistic Approach"; „Silent Way"; Suggestopädie und „Total Physical Response" – beschäftigt haben. Dies hätte den Rahmen einer Einführung gesprengt.
Wer Interesse an diesen „alternativen Methoden" hat, findet in den Darstellungen von Bleyhl (1982); Bolte/Herrlitz (1983); Müller (1989) und Schwerdtfeger (1983) genauere Informationen.

8   Abschließende Bemerkungen

Die Entwicklung fremdsprachlicher Lehrmethoden ist immer von den übergreifenden und fachspezifischen Rahmenbedingungen des Unterrichts abhängig. Diese bilden ein inneres Gefüge von Lernzielen, Lehrverfahren (Methoden und Medien) und Lernkontrollen bei der Planung und Gestaltung des Fachunterrichts im „Fachcurriculum":

Schema

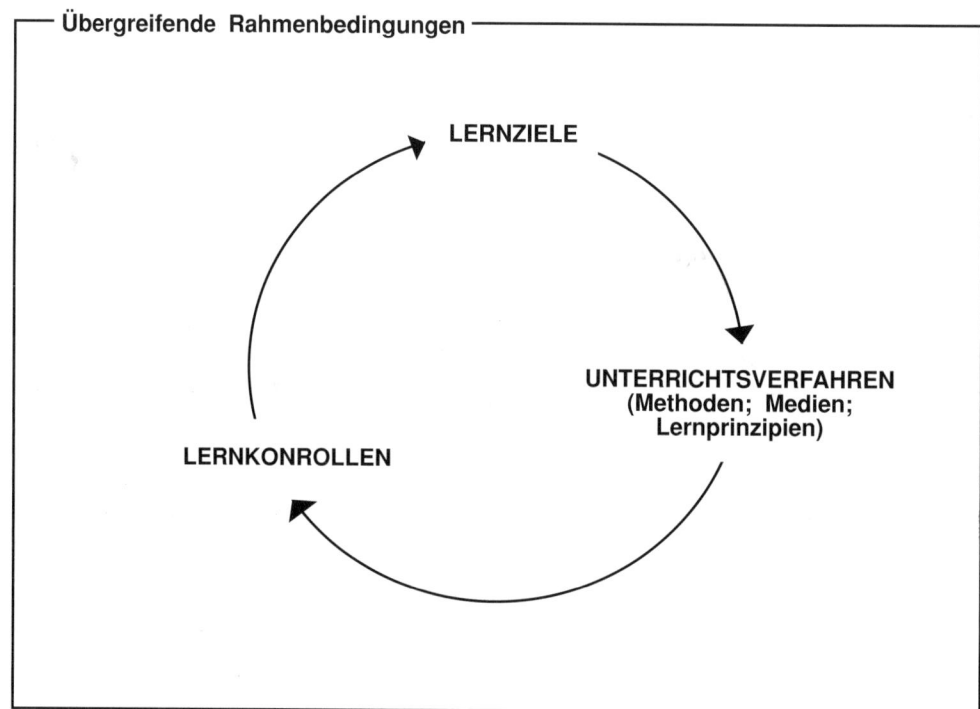

Übergreifende Rahmenbedingungen

LERNZIELE

UNTERRICHTSVERFAHREN
(Methoden; Medien; Lernprinzipien)

LERNKONROLLEN

Auf den engen Zusammenhang von Lernzielen und Unterrichtsverfahren haben wir bei der Besprechung der unterschiedlichen Konzepte zur Methodik des fremdsprachlichen Deutschunterrichts immer wieder verwiesen. Selbstverständlich gibt es diesen Zusammenhang auch zwischen Lernkontrollen und Lehrmethoden:

> Was gelehrt wird, wird auch geprüft –
> wie gelehrt wird, so wird auch geprüft.

Mit anderen Worten: Lehrverfahren/Lehrprinzipien/Übungsformen der verschiedenen Methoden finden sich auch als Prüfungsformen und -verfahren wieder.
Es ist wichtig, diese inneren Zusammenhänge des „curricularen Prozesses" im Auge zu behalten, wenn man für die eigene Zielgruppe ein <u>eigenständiges Konzept der Gestaltung des fremdsprachlichen Deutschunterrichts entwerfen</u> will.

Darum ging es uns letztlich in dieser Studieneinheit: daß Sie als Lehrende oder Lehrender – gleichgültig mit welcher Zielgruppe Sie arbeiten – vorhandene Unterrichtskonzepte (Lehrwerke) auf ihre Brauchbarkeit für I h r e n Unterricht einschätzen lernen und daß Sie s e l b s t ä n d i g Unterricht planen und gestalten lernen.

Abschließende Aufgabe:

Sie entwerfen ein Konzept zur Gestaltung des Deutschunterrichts mit Ihrer eigenen Lerngruppe.

<u>*Schritt 1:*</u> *Ermittlung der institutionellen und subjektiven Rahmenbedingungen*

– *Welche institutionellen Rahmenbedingungen gelten für Ihren Unterricht? Beschreiben Sie die Unterrichtsvoraussetzungen, die für Ihre Gruppe gelten (Vorgaben des Stundenplans; äußere Bedingungen; Klassenstärke; klimatische Bedingungen; Ausstattung mit Medien usw.)*

Die Beschreibung der Rahmenbedingungen des Deutschunterrichts an thailändischen Oberschulen kann Ihnen dabei als Modell dienen. Lesen Sie bitte noch einmal S. 106ff. nach.

– *Welche Besonderheiten kultureller Art lassen sich angeben? (Lerntraditionen; Tabus im thematischen Bereich; Lehrtraditionen, die Sie als Lehrer beachten müssen usw.)*

– *Was kennzeichnet Ihre ganz konkrete Lernergruppe? (Alter; Klassenzusammensetzung; besondere pädagogische Probleme und Möglichkeiten, die sich in der Klasse erkennen lassen; Lebenserfahrung; Vorwissen bezüglich der deutschsprachigen Länder; Fremdsprachenkenntnisse [z. B. Englisch], auf die man im Deutschunterricht zurückgreifen könnte; Motivationslage; Interessen usw.)*

– *Wo liegen Ihre Stärken/Schwächen als Deutschlehrer?*

<u>*Schritt 2:*</u> *Lernziele: Was sollen Ihre Kursteilnehmer lernen?*

– *Gibt es dazu Angaben in Lehrplänen?*
– *Sind es eher pragmatische oder eher pädagogische Zielsetzungen, die für Ihre Klasse wichtig sind?*
– *Können Ihre Schüler die Deutschkenntnisse unmittelbar (in Freizeit und Beruf) verwerten oder nicht?*

<u>*Schritt 3:*</u> *Lehrmethoden*

Sammeln Sie noch einmal die Unterrichtsprinzipien zu
– *der Grammatik-Übersetzungs-Methode*
– *der direkten Methode/der audiolingualen bzw. audiovisuellen Methode*
– *zum kommunikativen und zum interkulturellen Konzept*
aus den einschlägigen Kapiteln dieser Studieneinheit.

Welche der Prinzipien, die Sie zusammengestellt haben, sind Ihrer Meinung nach für die Lernsituation Ihrer Gruppe besonders gut zu kombinieren?

<u>*Schritt 4:*</u> *Ihr Lehrbuch*

– *Was müßte man Ihrer Meinung nach an dem Lehrbuch, mit dem Sie z. Z. arbeiten, ändern/erweitern/ersetzen, damit es Ihrer „idealen Lehrmethode", die Sie in Schritt 3 bestimmt haben, entspricht?*

9   Reader

1. Direkte Methode

Eine Zusammenfassung der Richtlinien einer gemäßigten Form der direkten Methode befindet sich in den sechs Artikeln der INTERNATIONAL PHONETIC ASSOCIATION, die in den 80er Jahren des 19. Jahrhunderts (in Französisch) aufgestellt wurden:

Artikel 1:

Das Studium einer fremden Sprache sollte mit der gesprochenen Sprache des Alltagslebens beginnen, und nicht mit der relativ veralteten Sprache der Literatur.

Artikel 2:

Das vorderste Ziel des Lehrers sollte es sein, seine Schüler ganz und gar mit dem Lautsystem der Fremdsprache vertraut zu machen. Um dies zu erreichen, sollte er die phonetische Lautsprache benützen, die ausschließlich in den frühen Stadien des Unterrichts eingesetzt wird, und zwar ohne Verweis auf die Schreibregeln.

Artikel 3:

Das zweite Ziel des Lehrers sollte es sein, seine Schüler in die geläufigsten Sätze und Redewendungen der Fremdsprache einzuführen. Im Hinblick auf dieses Ziel sollten seine Schüler zusammenhängende Texte bearbeiten – Dialoge, Beschreibungen und Geschichten –, die so einfach, natürlich und interessant wie nur möglich sein sollten.

Artikel 4:

In den frühen Stadien des Fremdsprachenunterrichts sollte die Grammatik induktiv gelehrt werden, indem Eigenheiten der Sprache zusammengefügt und verallgemeinert werden, die während der Lektüre des Textes bereits erkannt wurden. Eine systematischere Behandlung der Grammatik sollte auf spätere Stadien des Unterrichts verlegt werden.

Artikel 5:

Ausdrücke in der Fremdsprache sollten vom Lehrer soweit wie möglich in Verbindung zu Vorstellungen und anderen Ausdrücken der Sprache gesetzt werden – nicht zur Muttersprache. Der Lehrer sollte jede Gelegenheit nützen, um das Übersetzen durch Verweise auf reale Objekte oder Bilder oder fremdsprachliche Erklärungen zu ersetzen.

Artikel 6:

In einem späteren Stadium, wenn schriftliche Arbeiten eingeführt werden, sollte die schriftliche Arbeit in der folgenden Reihenfolge angeordnet werden:
1. Wiedergabe eines durch und durch bekannten Lesetextes,
2. Wiedergabe von Geschichten, die vom Lehrer mündlich dargeboten wurden,
3. freier Aufsatz.
Schriftliche Übersetzungen aus und in die Fremdsprache werden nur für sehr fortgeschrittene Stufen des Unterrichts als sinnvoll erachtet.

Diese sechs Artikel verwiesen also nochmals auf die zugrunde liegenden Vorstellungen des reformierten Fremdsprachenunterrichts, sprich: der direkten Methode. Sie gaben auch bereits einige Hinweise auf die Methoden der direkten Methode, die im Anschluß erläutert werden sollen.

Auszüge aus der 16. Aufgabe in A. Schlimbach (1964), *Kinder lernen Deutsch. Die Familie Schiller, S. 183-187, 191, 192, 193.*

Bitte machen Sie sich Notizen am Rand, entsprechend der <u>Aufgabe 12</u> auf S. 40 .

2.Direkte Methode

Auf dem Berghof

I. **Dialog:**

Die Kinder: Vater, Mutter, wir haben keine Schule. Wir haben Ferien.

Vater und Mutter: Wir fahren auf das Land zum Berghof. Unsere Sommerhütte ist in Tirol. Wir fahren zu den Bauern.

Die Kinder: Juhe, juhe, wir fahren auf das Land. Wir fahren zum Berghof. Wann fahren wir?

Vater: Wir fahren morgen früh mit dem Auto. Ich helfe den Bauern mit dem Heu. Es ist jetzt Heuernte.

Hans:	Ich helfe auch den Bauern auf dem Feld. Ich bin jetzt groß.
Heidi:	Ich suche morgen die Eier im Stall: die Hühnereier, die Enteneier und die Gänseeier.
Susi:	Ich füttere die Hühner, die Gänse und die Enten.
Peter:	Ich reite auf dem Pferd.
Mutter:	Und ich? Ich koche wie immer für Vati und für euch, Kinder.
Die Kinder:	Arme Mutti! Aber wir trinken morgen frische Milch. Wir essen frische Eier. Wir essen auch frischen Honig, nicht wahr, Mutti? Juchhe, juchhe!

II. Fragen und Antworten

1. **Wo sind wir jetzt?** Wir sind jetzt auf dem Land.
2. **Was ist das?** Das ist ein Bauernhof. Das ist ein schöner

Bauernhof. Er heißt der Berghof. Er ist auf einem Berg. Der Berghof ist in Tirol. In Tirol sind viele Berge. Die Berge heißen die Alpen.

3. **Was ist das?** Das ist ein Pferd. Einige Pferde sind im Stall.
   Das ist eine Kuh. Das ist ein Ochs. Viele Kühe und Ochsen sind auf der Wiese.
   Das ist ein Schwein. Viele Schweine sind im Schweinestall.
   Das ist ein Huhn. Viele Hühner sind im Hühnerstall oder auf der Wiese.
   Das ist eine Gans. Viele Gänse gehen spazieren.
   Das ist eine Ente. Viele Enten schwimmen im Teich.
   Das ist eine Taube. Viele Tauben sitzen auf dem Dach.
   Das ist eine Biene. Viele Bienen sind im Bienenhaus.

4. **Was tun die Tiere?** Die zwei Pferde ziehen den Heuwender.
   Die Kuh und der Ochs fressen Gras.
   Das Schwein grunzt: oi, oi. Das Huhn gackert: gack gack ga.
   Der Hahn kräht: Kikeriki. Die Tauben gurren: gurre gurre.
   Die Bienen summen: mmm.

5. **Wo ist die Familie Schiller?** Frau Schiller ist in der Sommerhütte. Die Sommerhütte ist aus Holz. Es ist eine Holzhütte. Frau Schiller winkt. Die Zwillinge kommen den Berg herunter. Herr Schiller arbeitet. Er sitzt auf dem Heuwender und wendet das Heu. Heidi sitzt am Weg und schaut zu. Hans rennt mit einem Bauernjungen.

6. **Beschreibt den Bauernhof!** Der Bauer und seine Familie wohnen im Bauernhof. Sie wohnen vorne bei der Veranda. Hinten sind die Stallungen für die Pferde, die Ochsen und Kühe, die Schweine und das Geflügel. Unter dem Dach ist das Heu und das Futter für die Tiere. Auf dem Dach ist eine Glocke. Neben dem Bauernhaus ist eine kleine Kapelle.

7. **Wo ist die Bauernfamilie?** Der Vater und der kleine Junge sitzen auf dem Traktor. Der Traktor zieht den schweren

Heuwagen. (Die Pferde ziehen die leichten Maschinen). Die Mutter hat einen Rechen. Sie harkt das Heu. Die Tante und das kleine Mädchen gehen in das Dorf. Die Tante hat eine Tiroler Tracht an. Sie spricht mit ihrer Nichte. Die Nichte heißt Maria. Wie heißen die anderen Kinder? Die Jungen heißen Toni und Sepp. Das kleine Mädchen heißt Agnes. Und wie heißt der Hund? Er heißt Wolf. Er ist ein Schäferhund. Er bewacht die Familie Berghöfer.

Der Lehrer diktiert die Fragen und Antworten. Die Schüler schreiben das Diktat ohne Fehler (n oder m!). Die Schüler lernen das Vokabular.

Phonetik: *au – äu – eu*

au – äu: *der Blumenstrauß – die Blumensträuße; der Baum – die Bäume; die Maus – die Mäuse; das Haus – die Häuser. Wie heißt die Regel?*

eu: *die Scheune (links von der Sommerhütte), die Leute, das Spielzeug, heute, neu, neun.*

ei – äu – eu: *Weißbrot, Mäuse, Meise, heimlich, heute, nein, neun, Leute, Leiter, Häuser, heißen, scheinen, Scheunen, Sträuße, fleißig, einzig, Bäume, Beine.*

Rechtschreiben (Orthographie):

Was fehlt hier? Schreibt alles richtig! (l, n, r, w)

Sch.ee, Sch.arzbrot, Sch.eider, Sch.abenland, K.eid, K.eisel, K.avier, K.abe, K.asse, k.ein, k.ank, k.ingt.

T.ommel, T.acht, t.ägt, t.ocknet ab, t.illern, t.ara, t.inkt, t.ennbar, t.app.

III. **Grammatik:**

1. **n-Kasus: Akkusativ, maskulin:**

1. der Honig – Die fleißig**en** Bienen suchen d__ süß__ Honig. 2. der Hof – Der Schäferhund bewacht d__ groß__ Bauernhof. 3. der Heuwender – Die stark**en** Pferde ziehen d__ Heuwender. 4. der Berg – Die Zwillinge kommen d__ steil__ Berg herunter. 5. der Koffer – Die Familie Schiller holt d__ groß__ Koffer.

2. Erklärt die dick gedruckten Endungen! (in 1.)

3. **n-Kasus: Dativ Plural:**

1. Die Schillerkinder spielen mit d__ groß__ und klein__ Landkinder**n**. 2. Wir sind bei d__ fleißig__ Bauer**n**. 3. Wo ist der Heuwender mit d__ beid__ Pferd__. 4. Der Berghofbauer und seine Frau gehen mit ihr__ Kind__ in das Dorf. 5. Wir sehen die Wiese mit viel__ Kühen und Ochs__. 6. Hier ist das Bienenhaus mit d__ fleißig__ Biene__.

Merkt euch!

„helfen" nimmt immer den **Dativ**

z. B. ich helfe **dir**

ich helfe **dem** Vater

ich helfe **dem** Kind

ich helfe **der** Mutter

Plural:

ich helfe **den** Kinder**n**

4. Übung: Ergänzt und schreibt!: 1. Hans hilft d__ Bauern. 2. Der Bauer hilft d__ Mutter. 3. Die großen Stadtkinder helfen d__ klein__ Bauernkinder__. 4. Der kleine Sepp hilft auch d__ Vater. 5. Wer hilft **dir**? Ich helfe d__ und du hilfst mir. 6. Die Tante hilft d__ Familie (!).

Merkt euch!

Ich **habe** heute ein schönes Kleid **an**

Wir **gehen** heute im Wald **spazieren**

Reime und Lieder

Die Kinder und die Haustiere

Nun kommt ihr Tiere mal heran

und sagt: Was habt ihr Gutes uns getan?

Der **Hund** spricht: Ich bewache dein Haus.

Die **Katze** schreit: Ich fange die Maus.

Das **Pferd** wiehert: Ich ziehe den Wagen dir.

Die **Kuh** brummt: Milch und Butter kommt von mir.

Das **Schwein** grunzt: Ich gebe dir Fleisch und Speck.

Das **Schäfchen** blökt: Ich schaffe dir Wolle gern.

Das **Gänschen** schnattert: Ich stopfe dein Bettchen weich.

Die **Henne** gackert: Ich lege dir Ei um Ei.

Das **Bienchen** summt: Süßen Honig trag ich herbei.

So, Kinder, seid ihr unsere Herrn;

drum habt uns lieb, wir geben gern!

Unsere Tauben   Alle unsere Tauben

sind schon lange wach,

sitzen auf den Lauben,

wer gibt den Tauben was?

Das Schwalbennest

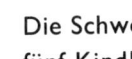

Die Schwalben haben ihr kleines Nest

gebaut am Hause, da hängt es fest.

O seht hinauf nach dem Neste hin,

fünf junge Schwälbchen sitzen darin!

Die Schwalbenmutter fliegt hin und her,

fünf Kindlein zu füttern, das ist schwer.

Die Familie Schiller wandert

Siehst du den Kirchturm hinter dem Bauernhof in den Bergen? Die
Familie Schiller wandert zur Bergkirche. Hans trägt einen Rucksack
auf dem Rücken. Die Mutter und Susi haben einen Stock. Die Bauern-
kinder zeigen den Weg. Susi hat einen Blumenstrauß. Sie ist bald
müde. Aber alle singen ein Wanderlied.

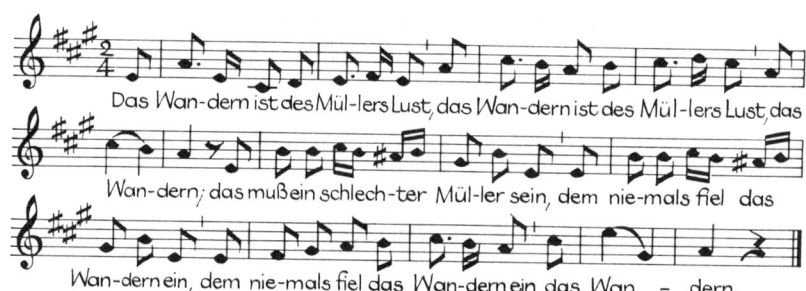

Das Wan-dern ist des Mül-lers Lust, das Wan-dern ist des Mül-lers Lust, das
Wan-dern, das muß ein schlech-ter Mül-ler sein, dem nie-mals fiel das
Wan-dern ein, dem nie-mals fiel das Wan-dern ein, das Wan - dern.

2. Vom Wasser haben wir's gelernt, vom Wasser haben wir's gelernt,
   vom Wasser; das hat nicht Ruh bei Tag und Nacht, ist stets auf Wanderschaft bedacht, ist stets auf Wanderschaft bedacht, das Wasser!

3. O Wandern, Wandern meine Lust, o Wandern, Wandern meine
   Lust, o Wandern! Herr Meister und Frau Meisterin, laßt mich in
   Frieden weiterziehn, laßt mich in Frieden weiterziehn und wandern!

Hans sieht einen Raben und erzählt **eine Geschichte
vom Raben** und vom **Fuchs**.

Die Raben sind schwarze Vögel; sie stehlen
oft; sie singen nicht, sondern rufen rab-rab.

Eine Bauersfrau stellt Käse an das Fenster. Der Rabe holt ein Stück
Käse davon. Aber der Fuchs sieht es. Er möchte den Käse haben.
„Ach" sagt er, „lieber Rabe, du bist ein so schöner Vogel". Der Rabe
hört es und setzt sich auf einen Baum. Der Fuchs sagt weiter: „Lieber
Rabe, du kannst so schön singen. Sing mir ein kleines Liedchen vor!"
Der Rabe will nun singen. Er öffnet seinen Schnabel und das Stück
Käse fällt herunter. Der Fuchs holt es und läuft schnell weg.

Erzählt die Geschichte noch einmal und gebraucht die
folgenden Verben im **Imperfekt!**
stellte – „Eine Bauersfrau stellte gestern ..." –
holte – (sieht) sah – sagte – hörte – setzte sich – sagte –
(will) wollte – öffnete – (fällt) fiel herunter – holte –
(läuft) lief.

Was heißt **Imperfekt?**

Schlimbach (1964), 183 ff.

Grundprinzipien der audiolingualen Methode nach R. Lado (1964), *Language Teaching.*

Wie bereits erwähnt, gilt Robert Lado als einer der Hauptvertreter der audiolingualen Methode; auf ihm basieren folgende charakterisierende Prinzipien der audiolingualen Methode (vgl. Lado, 1964, 76 f.):

Erstes Prinzip: erst sprechen, dann schreiben

Zuerst werden Hören und Sprechen gelehrt, danach Lesen und Schreiben. Dieses Prinzip ist die Grundlage jeder audiolingualen Darbietungsweise.

Lado begründet dieses Vorgehen sowohl mit linguistischen wie auch mit psychologischen Untersuchungen:
Es ist linguistisch belegt, daß die Sprache ihren vollkommensten Ausdruck beim Sprechen findet. Schriftlich lassen sich weder Intonation und Rhythmus noch Betonung oder Verschleifung wiedergeben.
In einem psychologischen Experiment wurde nachgewiesen, daß der Übergang vom auditiven zum visuellen Lernen leichter ist als der umgekehrte Weg.

Zweites Prinzip: elementare Satzstrukturen

Alle Schüler sollten elementare syntaktische Einheiten der Umgangssprache so genau wie möglich auswendig lernen.
Unter diesen elementaren syntaktischen Einheiten versteht Lado vor allem fremdsprachliche Dialoge, die, auswendig gelernt, vom Schüler jederzeit als Vorbilder und somit als Grundlage für weitere Lernschritte verwendet werden können. Die Dialogstruktur eignet sich deshalb, weil die Wörter innerhalb von Satzstrukturen und in einem Kontext auftreten.

Drittes Prinzip: Sprachmuster durch Gewohnheit

Sprachmuster werden durch die sogenannte p a t t e r n   p r a c t i c e * zu Gewohnheiten verfestigt.
Lado geht davon aus, daß sich jede Sprache aus Sprachmustern (sog. *patterns*) zusammensetzt und sich jeder Sprecher dieser pattern im Kommunikationsvorgang bedient. Die Anwendung der p a t t e r n kann ohne jegliche Kenntnis einer grammatikalischen Regel erfolgen. Sie läßt sich mechanisch durch Einschleifen von Satzmustern (sog. p a t t e r n   d r i l l s) erreichen.
Pattern drills sind Übungen eines bestimmten Satzmusters, die mit Hilfe von Analogien, Abwandlungen und Umwandlungen die p a t t e r n s zu Sprachgewohnheiten verfestigen.
Durch entsprechende Übung schließlich können die Strukturmuster mit angemessenem Wortschatz in normaler Sprachgeschwindigkeit zum Zweck der Kommunikation gebraucht werden.

Viertes Prinzip: Gebrauch des Lautsystems

Die Darbietung des Lautsystems erfolgt strukturell und im Blick auf seine praktische Anwendung, und zwar durch Demonstration und Imitation, unter Hinzuziehen von

Lernhilfen und Kontrasten sowie durch Übungen.

Übungen sind wichtig, da beim Fremdsprachenerwerb das reine Nachahmen nicht mehr genügt. Übungsformen sind z. B. Hinweise zur Artikulationsbildung und die Gegenüberstellung von Minimalwortpaaren (z. B. Beet – Bett; Teig – Teich usw.).

Fünftes Prinzip: Wortschatzbeherrschung

Während der Einübung des Lautsystems und der grammatischen Strukturmuster ist die Wortschatzerweiterung auf ein Minimum zu reduzieren.

Am wichtigsten ist es zunächst, das System der Grundstrukturen und die wesentlichen Lautunterschiede und Lautkombinationen kennenzulernen, wenn man eine Sprache anwenden möchte. Auf die Darbietung dieser Elemente sollte der gesamte Unterricht ausgerichtet sein.

Sechstes Prinzip: Darbietung besonderer Schwierigkeiten

Schwierigkeiten bereiten solche fremdsprachlichen Einheiten und Muster, die strukturelle Unterschiede gegenüber der Muttersprache aufweisen.
Besondere Schwierigkeiten müssen oft erst bewußtgemacht und massiv geübt werden.

Siebtes Prinzip: Schrift als fixierte Rede

Lesen und Schreiben sind Manipulationen der graphischen Wiedergabe sprachlicher Einheiten und Muster, die der Schüler bereits kennt, und als solche werden sie unterrichtlich eingeführt.
Als solche muß der Unterricht im Lesen und Schreiben von dem der gesprochenen Sprache unterschieden werden.

Achtes Prinzip: progressive Darbietung der Sprachmuster

Bei der Einführung neuer Sprachmuster baut man auf Bekanntem stufenweise auf.

Das heißt, daß jedes neue Sprachmuster auf einem vorhergehenden aufbaut. Dabei werden die einzelnen Stufen in Minimalschritte unterteilt und den Lernschwierigkeiten angepaßt.

Diese Vorgehensweise entspricht wieder der Vorstellung vom strukturellen Aufbau einer Sprache sowie der Vorstellung, daß Sprachenlernen dem Lernen von komplexen Gewohnheiten entspricht, die es gilt, langsam aufzubauen.

Neuntes Prinzip: Sprachgebrauch und Übersetzungen

Das Übersetzen ist kein gleichwertiger Ersatz für den aktiven Gebrauch der Sprache. Lado betrachtet das Übersetzen als eine zusätzliche, gesonderte Fertigkeit innerhalb des Fremdsprachenerwerbs; er betrachtet das Übersetzen aber nicht als notwendiges Lehrziel.

Eine Sprache sollte so unterrichtet werden, wie sie tatsächlich gesprochen wird, und nicht, wie sie gesprochen werden sollte.

Diese Forderung beinhaltet, daß das Sprachmodell ein n a t i v e s p e a k e r sein soll. Sie schließt auch ein, daß nicht nur ein einziger Sprachstil wichtig sein kann und daß es z. B. in der gewöhnlichen Umgangssprache mehrere Formen und Ausdrücke gibt, die denselben Inhalt umschreiben können. Auf geographisch bedingte Dialektunterschiede allerdings sollte nicht eingegangen werden.

Elftes Prinzip: sprachliche Übungen

Die meiste Zeit des Unterrichts sollte damit verbracht werden, den Gebrauch der Sprache zu üben.

Dieses Prinzip ist vor allem dadurch psychologisch gerechtfertigt, daß (...) Umfang und Behaltenszeit des Lernstoffes und investierte Übungszeit in direkt proportionalem Verhältnis zueinander stehen. Linguisten haben die Wichtigkeit des praktischen Übens in Form des Auswendiglernens und der p a t t e r n p r a c t i c e nachgewiesen.

Zwölftes Prinzip: die Antwortbildung

Wenn eine Antwort noch nicht in das Sprachrepertoire eines Schülers aufgenommen ist, so muß sie ihm durch Teilübungen und Lernhilfen verfügbar gemacht werden.

Dreizehntes Prinzip: Sprechgeschwindigkeit und Sprachstil

Mit diesem Grundsatz wird betont, daß sich jegliches Üben unter dem Gesichtspunkt vollzieht, als Übungsziel einen linguistisch akzeptablen und psychologisch gerechtfertigten Sprachgebrauch zu erstreben.

Vierzehntes Prinzip: unmittelbare Lernverstärkung

Hat ein Schüler eine Antwort gegeben, so ist ihm unmittelbar darauf mitzuteilen, ob sie richtig war.

Mit dieser Aussage stützt sich Lado auf die Untersuchungen von Thorndike und Skinner, die besagen, daß eine unmittelbare Verstärkung richtigen Verhaltens zu einer Effektivitätssteigerung führen kann.

Fünfzehntes Prinzip: Haltung gegenüber der Kultur der Zielsprache

Der Schüler sollte sich mit dem Volk, dessen Sprache er lernt, möglichst weitgehend identifizieren, zumindest aber ihm gegenüber verständnisvolle Sympathie aufbringen, wenn nicht – wie etwa zu Kriegszeiten – eine solche Einstellung mit den Realitäten unvereinbar ist.

Auch diese Forderung begründet Lado mit einer Effektivitätssteigerung durch die erhöhte Motivation des Schülers.

Übersicht von Sprechakten aus: M. Baldegger, M. Müller, G. Schneider (1981):
Kontaktschwelle Deutsch als Fremdsprache.

Übersicht: Sprechakte (SA)

1	**Informationsaustausch**
1.1	*Mitteilung*
1.1.1	identifizieren, benennen
1.1.2	feststellen, behaupten

    1.1.2.1 als gegeben, wahr darstellen (Affirmation)
    1.1.2.2 als nicht gegeben, nicht wahr darstellen (Negation)
    1.1.2.3 als selbstverständlich darstellen
    1.1.2.4 als sicher, gewiß darstellen
    1.1.2.5 als offenbar, augenscheinlich darstellen
    1.1.2.6 als wahrscheinlich darstellen
    1.1.2.7 als möglich darstellen
    1.1.2.8 als unsicher, ungewiß darstellen
    1.1.2.9 als unwahrscheinlich darstellen
    1.1.2.10 als unmöglich darstellen

1.1.3	verallgemeinern, generalisieren
1.1.4	beschreiben
1.1.5	erklären
1.1.6	auf etwas aufmerksam machen
1.1.7	an etwas erinnern
1.1.8	berichten
1.1.9	Äußerungen wiedergeben
1.1.10	ankündigen
1.1.11	hypothetisch sprechen

    1.1.11.1 von Eventualfällen sprechen
    1.1.11.2 von irrealen Sachverhalten sprechen

1.1.12	versichern, beteuern
1.2	*Frage*
1.2.1	Informationen erfragen
1.2.2	sich vergewissern
1.3	*Antwort*
1.3.1	bejahen
1.3.2	verneinen
1.3.3	antwortend Auskunft geben
1.3.4	Nichtwissen ausdrücken
1.3.5	Antwort verweigern
1.4	*Ausdruck kognitiver Einstellungen*
1.4.1	Wissen ausdrücken
1.4.2	Überzeugung ausdrücken
1.4.3	Glauben ausdrücken
1.4.4	Vermutungen ausdrücken
1.4.5	Zweifel ausdrücken
1.4.6	Nichtwissen ausdrücken
1.5	*Frage nach kognitiver Einstellung*
1.5.1	nach Wissen fragen
1.5.2	nach Überzeugung, Glauben, Vermutungen fragen

2 Bewertung, Kommentar

2.1 *Meinungsäußerung*

2.1.1 Meinungen, Ansichten ausdrücken
2.1.2 Partei nehmen

2.2 *Beurteilung von Zuständen, Ereignissen, Handlungen*

2.2.1 loben, positiv bewerten
2.2.2 billigen
2.2.3 dankend anerkennen
2.2.4 bagatellisieren, verzeihen
2.2.5 kritisieren, negativ bewerten
2.2.6 mißbilligen
2.2.7 Vorwürfe machen, beschuldigen
2.2.8 bedauern

2.3 *Rechtfertigung*

2.3.1 begründen, rechtfertigen
2.3.2 zugeben, eingestehen
2.3.3 sich entschuldigen

2.4 *Bitte um Stellungnahme*

2.4.1 Meinungen erfragen
2.4.2 um Beurteilung bitten
2.4.3 Zustimmung suchen
2.4.4 Rechtfertigung verlangen

2.5 *Konsens – Dissens*

2.5.1 zustimmen, beipflichten
2.5.2 widersprechen
2.5.3 korrigieren
2.5.4 einräumen
2.5.5 einwenden
2.5.6 auf etwas beharren, Einwand zurückweisen
2.5.7 widerrufen

2.6 *Ausdruck evaluativer Einstellungen, Werthaltungen*

2.6.1 Interesse ausdrücken
2.6.2 Wertschätzung ausdrücken
2.6.3 Wunschvorstellungen ausdrücken
2.6.4 Vorliebe ausdrücken
2.6.5 Indifferenz ausdrücken
2.6.6 Geringschätzung, Mißfallen ausdrücken
2.6.7 Desinteresse ausdrücken

2.7 *Frage nach evaluativen Einstellungen, Werthaltungen*

2.7.1 nach Interesse fragen
2.7.2 nach Wertschätzung fragen
2.7.3 nach Wunschvorstellungen fragen
2.7.4 nach Vorliebe fragen

Baldegger u.a. (1980), 57–62

Checkliste: Entwicklung von Verstehensstrategien am Text

(a) Wortebene

> Markierung/Unterstreichung aller Wörter und Wortstämme (Internationalismen; aktiv beherrschte Wörter der Fremdsprache usw.) in einem Text
> Ermittlung von Wortstämmen (Endungen wegstreichen)
> Entschlüsselung von Komposita (Ermittlung der Grundbedeutung aus dem letzten Element der Zusammensetzung; ‚von rechts nach links' aufknacken)
> ...

(b) Satzebene

> Wörter in Sinneinheiten/Sätzen:
Konzentration auf alles, was im Text auf der Satzebene markiert ist und ‚ins
Auge fällt‘:
  – Großschreibung
  – Druckgestaltung (Fettdruck; Schrägdruck usw.)
  – Zahlen und andere auffällige graphische Zeichen
  – Verneinung
  – Anführungszeichen ‚...‘
  – Bedeutungsfunktion der Satzzeichen

> Aktivierung der Verstehensgrammatik
  – Einordnung von Endungen/Sprachformen in die zugrunde liegenden
    ‚frames‘/Paradigmata
  – Rekonstruktion der Bezüge im Satz vom Verb aus, das im Deutschen eine
    zentrale Stellung einnimmt (das Verb suchen und dann nach dem ‚Subjekt‘
    und den Ergänzungen des Satzes weiterfragen)
  – Markierung, Funktion und Struktur von Nebensätzen erkennen (*weil* =
    Signal für Begründung; es folgt eine Umstellung im Satz: das Verb und die
    Satzergänzung werden umgestellt).

> ...

(c) Textebene:

> Text und außersprachliches Umfeld
Welche Markierungen lassen auf eine bestimmte Textsorte schließen? Was
läßt sich daraus über den Verständigungsanlaß vermuten? usw.

> Textgestalt
  – Textgliederung/Visualisierung/Druckgestalt
    Welche Hinweise geben sie bezüglich der Textsorte und des Verständi-
    gungsbereichs?
  – Ermittlung der Kernaussage an einem Text: Wegstreichen, was nicht
    wichtig ist (Adjektive; Adverbien; Appositionen; Relativsätze usw.) – hier
    können viele der Übungen zur Entwicklung von Verstehenshilfen vom
    Lernenden bzw. in Gruppen selbst durchgeführt werden
  – Auffinden und Bestimmen der Konnektoren im Text, die das innere Argu-
    mentationsgefüge strukturieren (*aber, weil, jedoch, trotzdem, und* usw.)
  – Erkennen und Bestimmen der Textverweisungen (Das Haus ... Es ...)
  – Markierung auffällig abweichender sprachlicher Register in einem Text
    (z. B. ‚mündliche‘ Ausdrucksweise im Drucktext; Dialekteinschübe usw.)

> ...

(d) Ebene der kulturellen Zeichen/Kontext

> Entwicklung von Sensibilität gegenüber ‚*falschen Freunden*‘ (ein Wort sieht
genau so aus, hat aber in der fremden Sprache eine andere Bedeutung)

> Erstellung von Assoziogrammen zu Schlüsselbegriffen im Text, um die für die
Muttersprache und die Fremdsprache unterschiedlichen Konnotationen zu
ermitteln

> Vergleich themengleicher Texte in der Fremdsprache und in der Mutterspra-
che

> ...

Neuner (1984), 25

Checkliste: Übungstypologie zum kommunikativen Deutschunterricht
(Übersicht)

A.1. Entwicklung von Verstehens*hilfen*

1. Vereinfachung
   1. Konzentration auf Schlüsselwörter
   2. Stichwortartige Zusammenfassung/Andeutung der Informationsstruktur
   3. Vereinfachung unter Veränderung der Textsorte und der Verdeutlichung des Verständigungsanlasses
2. Verkürzung
   Erstellung eines sprachlich vereinfachten Paralleltextes
3. Aufgliederung
   1. Tabellarische Aufgliederung der Information
   2. Einteilung eines Textes in Sinnabschnitte – optische Aufgliederung
   3. Ausfüllen eines Flußdiagramms, das die Informationsanordnung nachzeichnet
4. Visuelle Verdeutlichung
   1 Einbettung des Textes in den – visuell dargestellten – Verständigungsanlaß
   2. Visuelle Verdeutlichung des Informationskonzeptes
5. Aktivierung des Vorwissens
   1. Systematische Arbeit mit dem jeweiligen Sachfeld
   2. *Advanced organizer* zu einem Schlüsselbegriff
6. Verwendung der Muttersprache
   1. (Zusammenfassender) Paralleltext in der Muttersprache
   2. Annotation: Erklärung wichiger Begriffe in der Muttersprache (Fußnoten) – vgl. A.1.1.1.

A.2. Aufgaben zur *Überprüfung* des Verstehens
   1. Multiple-choice-Aufgaben
   2. Richtig-falsch-Aufgaben
   3. Zuordnungsaufgaben

B. *Grundlegung* der Mitteilungsfähigkeit – Übungen mit reproduktivem Charakter, die sich auf die Sicherung *sprachlicher Form* konzentrieren
   1. pattern drill: Satzschalttafel
   2. pattern drill: Substitutionsübung
   3. pattern drill: Bildgesteuerte Dialogübung
   4. Einsetzübung/Lückentextergänzung
   5. Bildung von Fragen und Antworten
   6. Zuordnung von Situation und Redemitteln
   7. Dialogvariation mit Hilfe authentischen Materials
   8. Ergänzungsübung

C. *Entwicklung* der Mitteilungsfähigkeit – Übungen mit reproduktiv–produktivem Charakter zur *(gelenkten oder freieren) Ausgestaltung* vorgegebener Situationen/Rollen/Verständigungsanlässe
   1. Ein in der Situation/im Text vorhandenes Problem lösen
   2. Einen Sachverhalt mit eigenen Worten ausdrücken
   3. Dialogerstellung aus vorgegebenem Situationsrahmen
   4. Offener Dialog – Ergänzung einer Dialogrolle
   5. Texterstellung aus Schlagwörtern/Notizen
   6. Bildgesteuerte Texterstellung (Bildergeschichte)
   7. Ausfüllen eines Flußdiagramms
   8. Offene Geschichte (Anfang/Fortsetzung erfinden)

9. Verzweigungsdialoge erstellen/Dialoge mit ‚Gelenkstellen‘
10. Textsortenwechsel (Bericht – Gespräch / Dialog – Beschreibung)
11. Alternativgeschichten – zu einer mehrdeutigen Situation unterschiedliche Texte/Dialoge entwerfen
12. Den Widerspruch zwischen Text- und Bildinformation klären
13. Auf einen Brief antworten (mit Brief/Telefonat/Gespräch usw.)
14. Gelenkter Report (Ausarbeitung von Notizen/Stichwörtern), der zur Zusammenfassung einer Textvorlage führt
15. Ausarbeitung von Angaben in Graphiken/Statistiken
16. Zu einem Sachverhalt einen Leserbrief schreiben

D. *Entfaltung und Anwendung* der Fremdsprache in *freier* Mitteilung
1. Vergleichen: Vorzüge und Nachteile / Pro und Contra
2. Kommentieren
3. Stellung nehmen / die eigene Meinung äußern
4. Rollenspiel und Simulation
...

Neuner, Krüger, Grewer (1981), 2f.

7. Elementare Erfahrungsbereiche

Die folgende Liste enthält eine Aufschlüsselung der elementaren Erfahrungsbereiche für die Zielgruppe „Gastarbeiterkinder" in der Bundesrepublik Deutschland im Hinblick auf den Sprach- und Fachunterricht.

Konzept für die fächerübergreifende Planung im Förderunterricht

Erfahrungsbereiche	Themen/Sachfelder für den Unterricht
Schule	Stundenplan Orientierung in der Schule Schulweg Schulwahl (4. Klasse) Konflikte in der Schule/Schulhof
Verkehr	Schulweg (zu Fuß; Rad; Bus; Bahn) Stadtplan Fahrrad Unfall Verreisen (Fahrplan, Reiseroute, Kosten, Entfernungen; Währungen) Verkehrszeichen und -regeln
Versorgung	Einkaufen (SB-Markt/Einzelhandel, Warenhaus; Einkaufszettel; Preise, Preisvergleich; Geld) Werbung Nahrungsmittel, Getränke Kleider

Arbeiten	Die Eltern bei der Arbeit
	Berufe, Berufswünsche
Freizeit/Erholung	Werkzeug
	Spielplatz, Sportplatz
	Fernsehen
	Feiern (Geburtstag)
	Schenken
	Spielsachen
	Spiele, Spielregeln, Farben
	Jahreszeiten, Wetter
	Wochenende
	Hobbies
Gesundsein/Kranksein	Körperteile
	Krankheiten
	Ernährung
	Medikamente
	Unfall/Krankenhaus
	Arztbesuch
Familie/Wohnen/Umwelt	Verwandtschaftsbeziehungen
	Wohnung/Möbel/Wohnungssuche
	Wohnviertel/Stadt/Spielplatz
	Drinnen und draußen
	Umweltverschmutzung
Mein Land – dein Land	Gemeinsamkeiten und Unterschiede
	Deutsche und Ausländer/Vorurteile
	Herkunftsländer als Urlaubsziele
	Typische Dinge aus den Herkunftsländern
	Länderbezeichnungen
	Wer ist wo „zu Hause"?
Umgang mit Autorität – Kontakt/Konflikt	Auf der Polizei
	Bei der Behörde
	Lehrer und Rektor
	Freunde und Gegner
	Telefonieren und Dolmetschen
	Imformationsvermittlung (Post/Bahn/Bahnhof/Fernsehen/Radio)

vgl. Neuner, Hildebrand u.a. (1983), 42

10 Glossar

Assoziation

Unter Assoziation versteht man die Verbindung zwischen zwei Elementen im menschlichen Erfahrungsbereich. Bei der Wahrnehmung des einen wird auch das andere in die Erinnerung gerufen.

Die Assoziationspsychologie (begründet von den Philosophen Hobbes, Hume und Mill) untersucht, welche Voraussetzungen solche Verknüpfungen begünstigen: primär Ähnlichkeit, Kontrast, Kontiguität (Berührung in Zeit oder Raum) und (nach Hume) auch Ursache – Wirkung. Nach Thomas Brown (1778 – 1820) gibt es weitere günstige Bedingungen für die Bildung von Assoziationen: Lebhaftigkeit *(vivacity)*, Neuheit *(recentness)* und häufige Wiederholung. Die Assoziationsgesetze haben in der psychologischen Lernforschung zunächst eine wichtige Rolle gespielt. So wurde das Assoziationskonzept u. a. verwendet, um die Entstehung der Wortbedeutung, bestimmter Phänomene des verbalen Lernens und Regelhaftigkeiten der Sprachproduktion zu erklären.

Die Auffassung, daß die Assoziation das wichtigste Erklärungsprinzip aller psychischen Prozesse ist, wird heute nicht mehr vertreten. Einsicht in Sinnzusammenhänge und Strukturen sind in den Vordergrund getreten. Trotzdem gibt es eine Reihe von psychischen Vorgängen, die sich als assoziative Verknüpfungen erklären lassen (z. B. Paarassoziationen beim Fremdsprachenlernen oder die Verbindung eines Begriffs mit einem Begriffsnamen).

CLARK, Herbert H. (1970): *„Word associations and linguistic theory"*. In: LYONS, John (ed.): *New Horizons in Linguistics*. Harmondsworth.
EBBINGHAUS, Hermann (1908): *Abriß der Psychologie*. Leipzig.
HÖRMANN, Hans (1967): *Psychologie der Sprache*. Berlin.
HULL, Clark L. (1943): *Principles of Behavior*. New York.

Behavioristische Lerntheorien

Die psychologische Schule des Behaviorismus (begründet durch J. B. Watson, 1878 – 1958) entwickelte sich nach 1920 in den Vereinigten Staaten. Zur Klärung psychischer Prozesse stützten sich ihre Vertreter einzig und allein auf beobachtbares, objektiv erfaßbares Verhalten. Verhalten ist eine regelhafte Beziehung zwischen auslösendem Reiz (stimulus) und darauffolgender Reaktion (response). Lernen wird grundsätzlich als Veränderung von Verhalten gesehen.

Die bekannteste behavioristische Lerntheorie stammt von B. F. Skinner. In seinem aufsehenerregenden Buch *Verbal Behavior* (1975) definiert Skinner auch Sprache als eine Form von Verhalten. Sie entsteht durch Imitation und Verstärkung *(reinforcement)* durch die Umwelt. Sie wird durch Automatisierung zur Verhaltensgewohnheit *(speech habit)*. Analog verlangte Skinner einen Fremdsprachenunterricht, der streng nach den Gesetzen der „Konditionierung" aufgebaut ist.

BROOKS, Nelson (1969): *Language and Language Learning*. New York.
LADO, Robert (1964): *Language Teaching*. New York.
SKINNER, Burrhus F. (1938): *A Behavior System*. New York.
SKINNER, Burrhus F. (1957): *Verbal Behavior*. New York.
WATSON, James B. (1924): *Behaviorismus*. Chicago.

Berlitz-Methode

Maximilian D. Berlitz (1852 – 1921), ein Einwanderer aus Süddeutschland, gründete seine erste Sprachschule 1878 in Provedence, Rhode Island (USA). Bis 1914 hatte er fast 200 Schulen in den USA und Europa, in denen er die direkte Methode verbreitete (die er selbst aber Berlitz-Methode nannte). Ab 1882 erschienen seine Lehrbücher, in denen er auch methodische Anweisungen für den Lehrer gab: absolute Einsprachigkeit, mündliche Arbeit und verschiedene Frage- und Antworttechniken. Grammatikalische Erklärungen sollen erst im fortgeschrittenen Stadium des Kurses erfolgen. Ein Anfängerkurs verlief folgendermaßen: Die erste Lektion führte die Gegenstände im Klassenzimmer ein, verbunden mit dem Verb *sein* und den gebräuchlichsten Adjektiven *(klein, groß, dünn, dick* usw.). Danach wurden Vokabeln gelernt, deren Bedeutung man ebenfalls leicht demonstrieren konnte (z. B. Körperteile, Kleidungsstücke usw.), sowie die wichtigsten Präpositionen. Verben wurden erst ab Lektion 5 eingeführt, das Alphabet sogar erst in Lektion 8. Es folgte die Durchnahme einfacher Texte, angereichert mit Alltagsdialogen.

Berlitz war es wichtig, daß alle seine Lehrer n a t i v e s p e a k e r s waren. Die Sprachkurse wandten sich vor allem an Erwachsene, die schnell die fremdsprachliche Umgangssprache lernen wollten.

BERLITZ, Maximilian D. (1907): *The Berlitz Method for teaching modern languages.* New York.
PAKSCHER, A.: „*Die Berlitz-Methode".* In: *Englische Studien,* XXI, 310 – 320.

Emanzipatorische Didaktik

Der Begriff der emanzipatorischen Didaktik ist verbunden mit der Didaktiktheorie des „Hamburger Modells", wie sie in Wolfgang Schulz' *Unterrichtsplanung* (1980) dargelegt wird.

Für Schulz ist emanzipatorisches Denken und Handeln das übergreifende Ziel auf allen Ebenen der Didaktik. Emanzipation soll nicht nur im konkreten Unterricht geschehen. Auch über die Rahmenbedingungen (Rolle der Schule in der Gesellschaft) soll nachgedacht werden.

Unterrichtsplanung geschieht auf drei Ebenen der Reflexion: 1. die gesellschaftlichen Verhältnisse, 2. die Vorschrift der Institution Schule (z. B. Lehrplan) und 3. der konkrete Unterricht.

SCHULZ, Wolfgang (1980): *Unterrichtsplanung.* München – Wien – Baltimore.

Kognitive Lerntheorien

Die behavioristischen Lerntheorien waren sehr einflußreich. Aber ihre Sichtweise wurde sehr bald als einseitig stark kritisiert. So entstanden kognitive Lerntheorien; sie wandten sich gegen die Vorstellung vom Menschen als einer b l a c k b o x , der durch Außenstimuli manipulierbar ist. Sie sehen nun den Menschen als aktiven Teilhaber am Lernprozeß. Er kann Informationen gezielt auswählen und verarbeiten. Er kann bewußt und einsichtig lernen.

Tolman (1932) erklärt Lernen als Verarbeitung von Information.

Für den Sprachunterricht besonders bedeutsam war die Kritik des Psycholinguisten Noam Chomsky (1959) an Skinner. Für Chomsky ist Sprache ein komplexes System. Der Mensch mit seiner angeborenen Fähigkeit, Sprache kreativ anzuwenden, kann dieses System in seinen vielen Dimensionen realisieren.

CHOMSKY, Noam (1959): „*Review of verbal behavior".* In: *Language,* 35, 26 – 38.
NEISSER, Ulric (1967): *Cognitive psychology.* New York.
TOLMAN, Edward C. (1932): *Purposive behavior in animal and men.* New York.

Kontaktschwelle Deutsch als Fremdsprache

Die Kontaktschwelle wurde in der Schweiz entwickelt. Sie gehört zum Threshold-Level-Baukastensystem für den Fremdsprachenunterricht in der Erwachsenenbildung (Europarat). Sie soll Deutschlehrern in den verschiedensten Ländern helfen, Lehrmaterialien zu entwickeln und einen auf direkte Kommunikation ausgerichteten

Sprachunterricht zu planen. Sie enthält Listen von Sprachmitteln zu unterschiedlichen Sprechabsichten und zu allgemeinen Begriffen und Notionen. Grundlage dieser Listen ist die Erforschung der sprachlichen Handlungen, die der Lernende voraussichtlich benötigen wird, wenn er in einem anderen Land ist. Die Kontaktschwelle geht auf folgende Faktoren ein:
– die Kommunikationsteilnehmer, ihre Rollen und Beziehungen
– der äußere situative Rahmen
– die Kommunikationsform (Medium)
– Einstellungen und Sprechakte
– das Thema.

BALDEGGER, Markus; MÜLLER, Martin; SCHNEIDER, Günther (1981): *Kontaktschwelle Deutsch als Fremdsprache.* München.

Normative Grammatik

Der Begriff ist hergeleitet aus dem lat. *norma* = Regel, Vorschrift. Die normative Grammatik legt den „richtigen", „guten" Gebrauch grammatischer Mittel einer Sprache fest. Die heutige Sprachwissenschaft lehnt eine normative Grammatik ab.

pattern, pattern practice

Nach Robert Lado (1974): *Moderner Sprachunterricht.,* S. 295:
„*Pattern.* Jedes sich wiederholende Muster oder Arrangement von Lauten, Morphemen, Wörtern, Ausdrücken oder Sätzen. ... Die Satzmuster des Französischen, Spanischen, Deutschen usw. unterscheiden sich von denen des Englischen nicht nur hinsichtlich des Wortschatzes, sondern auch hinsichtlich wesentlicher Elemente des Baumusters ...
Pattern practice. Jede Übung, bei der ein sprachliches Muster mit wechselndem sprachlichen Material erarbeitet wird. ... Solche Übungen führen dazu, daß sich die für die Sprache notwendigen mechanischen Tätigkeiten immer stärker zu GEWOHNHEITEN ausbilden können und den Schüler auf diese Weise in die Lage versetzen, sich völlig auf die inhaltlichen Aussagen zu konzentrieren."

Pragmalinguistik

Anders als die Systemlinguistik versteht die Pragmalinguistik Sprache als eine besondere Form menschlichen Handelns. Die „Sprechhandlungen" müssen auch in ihrem sozialen, nichtsprachlichen Zusammenhang untersucht und verstanden werden.
Die Pragmalinguistik ist von verschiedenen wissenschaftlichen Disziplinen (Psychologie, Soziologie, Philosophie, Linguistik) beeinflußt, besonders auch von der Sprechakttheorie (vgl. „Sprechakttheorie" im vorliegenden Glossar).
Für den Unterricht bedeutet dieses Verständnis von Sprache eine völlig neue Reihenfolge von Übungen und Lerneinheiten, bei denen die Fähigkeit, sich in bestimmten Situationen mitteilen zu können, wichtiger ist als linguistische Lernziele.

BÜHLER, Karl (1934): *Sprachtheorie. Die Darstellungsfunktion der Sprache.* Jena.
MORRIS, Charles W. (1938): *Foundations of the Theory of Signs.* Chicago.
WUNDERLICH, Dieter (Hrsg.) (1972): *Linguistische Pragmatik.* Frankfurt.

Sozialphilosophie

Die didaktische Diskussion wurde in den 70er Jahren durch Arbeiten aus der Sozialphilosophie stark geprägt. So geht der Begriff der kommunikativen Kompetenz auf die Sozialphilosophen Habermas und Luhmann zurück (1971).

Wenn Menschen miteinander sprechen, gebrauchen sie ihre kommunikative Kompetenz, um über sich, ihre Beziehung zum Hörer oder über einen Gegenstand etwas auszusagen (vgl. Baacke, 58). Habermas unterscheidet zwei Formen der umgangssprachlichen Kommunikation: a) das kommunikative Handeln: Es setzt ein unbekümmertes Einverständnis zwischen den Sprechpartnern voraus, z. B. über den thematischen und situativen Rahmen, gesellschaftliche Gewohnheiten zu dem vorliegenden Thema; b) der Diskurs. Er wird geführt, wenn Verständigung problematisch wird. Der Idealfall wäre, daß keiner der Sprecher versucht, durch Sprache Macht auszuüben. „,Diskurs' ist ein anderer Name für die ideale Lernsituation: Auch sie fordert vorübergehende Distanz von Handlungszwängen; den gleichberechtigten Umgang aller einer Lerngruppe Angehörenden miteinander; die Anstrengung, begründete und einsehbare Wahrheiten zu finden." (Baacke, 63)
Habermas' Theorie wird von H. E. Piepho ausführlich rezipiert und zur Grundlage für seine didaktischen Arbeiten zur kommunikativen Kompetenz gemacht.

BAACKE, Dieter (1971): *Kommunikation als System und Kompetenz.* In: *Neue Sammlung.* 1, 57 – 69.
HABERMAS, Jürgen; LUHMANN, Niklas (1971): *Theorie der Gesellschaft oder Sozialtechnologie.* Frankfurt/Main.
PIEPHO, Hans-Eberhard (1974): *Kommunikative Kompetenz als übergeordnetes Lernziel im Englischunterricht.* Dornburg-Frickhofen.

Sozialpsychologie

Die Sozialpsychologie befaßt sich mit der Rolle des einzelnen in der Gesellschaft. Lothar Krappmann beschreibt, welche „Grundqualifikationen für kommunikatives Handeln" er u. a. voraussetzt: Empathie und Rollendistanz. Die Vermittlung dieser Fähigkeiten sieht der Autor auch als Aufgabe der Schulen.
Voraussetzung für eine Beteiligung an der Kommunikation und dem gemeinsamen gesellschaftlichen Handeln ist für Krappmann die Identität. Durch sie kann der einzelne zeigen, „wer er ist" und was seine Besonderheit ist.
Die Sprache spielt auch hier eine besondere Rolle; mit ihrer Hilfe „hält" das Individuum im Interaktionsprozeß seine Identität „fest".

KRAPPMANN, Lothar (1971): *Soziologische Dimensionen der Identität. Strukturelle Bedingungen für die Teilnahme an Interaktionsprozessen.* Stuttgart.

Sprechakttheorie

Der Grundgedanke der Sprechakttheorie besagt, daß beim Sprechen Handlungen ausgeführt werden (vgl. „Pragmalinguistik" im vorliegenden Glossar). Es werden etwa Befehle erteilt, Fragen gestellt oder Wünsche geäußert, und zwar nach ganz bestimmten Regeln: „Sprechen ist eine regelgeleitete Form des Verhaltens" (Searle, deutsche Ausgabe 1971, S. 29).
Zwei der wichtigsten Vertreter der linguistischen Sprechakttheorie sind J. L. Austin und J. Searle.

AUSTIN, John L. (1962): *How to do Things With Words.* Cambridge, Mass.
SEARLE, John R. (1969): *Speech Acts. An Essay in the Philosophy of Language.* Cambridge. (Deutsche Ausgabe: *Sprechakte. Ein sprachphilosophischer Essay.* Frankfurt/Main 1971.)
DERS. (1971): *What is a Speech Act?.* In: DERS. (ed.): *The Philosophy of Language.* Oxford, 39 – 53.

Strukturalistische Linguistik

Sie bezeichnet eine Vielzahl linguistischer Theorien in der ersten Hälfte des 20. Jahrhunderts in Europa und den USA. Der Strukturalismus begreift Sprache als geschlossenes System von Zeichen, d. h. als zusammenhängendes Ganzes, bei dem alle Teile voneinander abhängen.

Für den Fremdsprachenunterricht besonders wichtig wurde die amerikanische Richtung des Strukturalismus. Leonard Bloomfield bezeichnet Lernen – wie die Behavioristik – als einen mechanischen Prozeß der Verhaltensänderung. Fremdsprachenbeherrschung sei das Ergebnis der Wiederholung/Imitation und Einübung vorgegebener Satzmuster *(pattern practice, pattern drill)*.

Sehr einflußreich waren auch die Arbeiten von Robert Lado. Er lieferte das erste Modell für einen wissenschaftlich begründeten Sprachunterricht. Er betont, daß jede Sprache eigene Gesetze hat. Man müsse also kontrastive Analysen durchführen und diejenigen Übereinstimmungen und Unterschiede ermitteln, die das Erlernen einer Fremdsprache für Sprecher unterschiedlicher Muttersprachen erleichtern oder erschweren.

Wichtige Auswirkungen auf den modernen Fremdsprachenunterricht hatte auch die Tatsache, daß die strukturalistische Linguistik die gesprochene Sprache untersuchte. Lado formuliert als Ziel des Fremdsprachenunterrichts die Erlernung einer Sprache hauptsächlich als mündliches Kommunikationsmittel. Methodisch soll dies über die festgelegte Reihenfolge der zu erlernenden sprachlichen Teilfertigkeiten geschehen: vom Hörverstehen zum Sprechen über das Leseverstehen zum Schreiben. Das Erlernen einer Fremdsprache zum Zweck der Kommunikation hat sich seit Lado als oberstes Lernziel im Fremdsprachenunterricht durchgesetzt.

BLOOMFIELD, Leonhard (1933): *Language*. New York.
BLOOMFIELD, Leonhard (1942): *Outline Guide for the Practical Study of Foreign Languages*. Baltimore.
LADO, Robert (1964): *Language Teaching*. New York.

Systemlinguistik

Sie beschreibt Sprache als System kommunikativer Zeichen. Eine systemlinguistische Analyse beschreibt formale Aspekte von Sprache. Sie geht nicht auf die aktuelle Sprachbenutzung ein (vgl. dazu „Pragmalinguistik" im vorliegenden Glossar).

11   Lösungsschlüssel

Merkmale der GÜM: Aufgabe 7

Grammatik:
- nach Wortarten gegliedert
- Grammatikpensum wird benannt und in muttersprachlich formulierten Regeln erläutert
- deutsche Beispielsätze (mit Übersetzung) zu jeder Regel.

Übungstypen:
- Satzbildung zur Grammatik
- Übersetzung Muttersprache – Fremdsprache
    Fremdsprache – Muttersprache
- Lesetexte (auch zur Übersetzung)
- Schreibaufgaben wie Aufsatz, Nacherzählung; Diktat.

Lektionsaufbau/Phasen:
- Keine „Lektionen" im Lehrwerk, sondern Blöcke zu Grammatik/Übungen/Texten usw.
- Der Lehrer muß die einzelnen Abschnitte zur Einführung, Übung, Anwendung selbst zusammenstellen.

Lernstoffprogression:
- Keine Progression des Lernstoffs „vom Einfachen zum Schwierigen", sondern Anordnung der Grammatik nach Wortarten.
- Die Grammatik bestimmt den Unterricht.
- Abstufung der Schwierigkeiten ist in den Übungen erkennbar (Grundstufe – Erweiterungsstufe).

Vorteile/Nachteile:

Keine Methode kann objektiv bewertet werden. Ihre Wirksamkeit hängt von vielen Faktoren ab, z. B.
- von den Merkmalen der Lernergruppe (Alter; Vorkenntnisse; Lerntraditionen; kulturspezifische Faktoren usw.)
- von den institutionellen Vorbedingungen (Zeit, die zur Verfügung steht; Ausstattung mit Medien; Qualifikation der Lehrenden usw.)

Formales, systematisches, kognitives Lernen könnte z. B. für erwachsene Lerner vorteilhaft sein. Die GÜM fördert z. B. auch das Leseverstehen, Übersetzen und Schreiben.

Nachteilig könnte sein, daß wenig Bezug zur alltäglichen Sprachverwendung hergestellt wird; daß viel über die fremde Sprache gesprochen, aber wenig mit ihr gemacht wird; daß zu viel „Gedächtnistraining" und zu wenig „Sprachverwendung" betrieben wird.

Lektionsgestaltung „Präpositionen mit Genitiv" Aufgabe 8

Satzbeispiele, Lektionstext und Übungen (Ü 59) sind dem Lehrbuch *Deutsche Sprachlehre für Ausländer,* Grundstufe , von Griesbach/Schulz (1955) entnommen (S. 69/68 und 74).

1. Präpositionen mit dem Genitiv

Mein Vater hat mir *statt des Geldes* nur einen Brief geschickt. Er arbeitet *trotz des Feiertages*. Der Schüler lernt *während des Unterrichts* sehr viel. Er geht heute *wegen seiner Prüfung* nicht ins Theater.

```
(an)statt, trotz, während, wegen
IMMER MIT GENITIV
```

2. Verben mit Präpositionen

Der Lehrer *beginnt mit dem* Unterricht. Fritz *schreibt an seinen* Vater. *Sprechen* Sie *mit Ihrem* Freund. Ich *danke* Ihnen *für Ihre* Hilfe. Er *freut sich über den* Brief. Wir *warten auf den* Zug.

```
Viele Verben haben Objekte mit Präpositionen.
Lernen Sie diese Verben mit ihren Präpositionen.
```

Ein Brief

Liebe Eltern!

Heute habe ich Euer Paket bekommen. Ich danke Euch herzlich dafür. Die Sachen in dem Paket kann ich gut brauchen. Besonders freue ich mich über den Kugelschreiber. Ich kann damit gut schreiben. Leider habt Ihr mir statt meiner Handschuhe die Handschuhe von Klaus geschickt. Meine Handschuhe habe ich in die Schublade meines Nachttisches gelegt. Dort haben sie immer gelegen. Ihr könnt sie sicher leicht finden. Außerdem möchte ich gern noch mein Wörterbuch

haben. Könnt Ihr es mir bald schicken? Es hat immer im Regal gestanden; vor meiner Abreise habe ich es aber in den Bücherschrank gestellt, glaube ich.

Seit vier Monaten bin ich nun hier und es gefällt mir hier sehr gut. Morgen beginnen die Ferien, und ich freue mich schon darauf. Die Eltern meines Freundes haben ein Auto und wollen damit an die See fahren. Sie haben mich eingeladen und ich fahre mit ihnen. In vierzehn Tagen sind wir wieder zurück.

Nach meiner Rückkehr von der Reise will ich wegen meiner Arbeit mit meinem Professor sprechen, denn ich habe noch einige Fragen. Professor Neumann will mir trotz der Ferien helfen. Das ist sehr freundlich von ihm, nicht wahr?

Gestern habe ich mit zwei Kollegen das Ende des Semesters gefeiert. Zuerst waren wir im Theater und danach haben wir uns in ein Café gesetzt. Wir haben dort bis 12 Uhr gesessen und haben viel Spaß gehabt.

Hoffentlich geht es Euch gut. Macht Ihr während Eures Urlaubs auch eine Reise? Für heute schließe ich meinen Brief und grüße Euch sehr herzlich.

Euer

Robert.

Griesbach, Schulz (1955), 68f. u. 74

Frage-Antwort-Übung:

1. *Kommst du statt deines Bruders zur Party?*
   Ja, ich komme statt meines Bruders.
2. *Was machen Sie während der Sommerferien?*
   Während der Sommerferien bleibe ich zu Hause.
   usw.

1. direkte Methode: Merkmale

Aufgabe 10

– Einsprachigkeit des Unterrichts
– „naturgemäßes" Lernen (in Anlehnung an das Erlernen der Muttersprache)
– Betonung der gesprochenen Sprache
– Wenig formaler Grammatikunterricht, statt dessen Entwicklung eines „Sprachgefühls" durch Nachahmung von Modellsätzen und -gesprächen
– Lernen durch Assoziation
– Typische Übungsformen: Frage – Antwort; Gespräch; Durchspielen von Dialogen

2. Gründe für die Entwicklung der Reformmethoden:

Unzufriedenheit mit der führenden Rolle der GÜM, an der folgendes kritisiert wird:

– Lebende Sprachen werden wie „Buchsprachen" (Latein/Griechisch) gelehrt.
– Lebende Sprachen werden mit den Regeln der „Buchsprache Latein" beschrieben.
– Konzentration auf Schriftsprache, obwohl man Sprechen lernen soll.
– Die Sprache wird in ihre Einzelbestandteile „zerrissen" (Regeln).
– Regeln werden starr angewandt (Mustersätze) und sollen stur auswendig gelernt werden.
– Das Pauken von Einzelelementen (Regeln; Wörter) ist wenig motivierend.
– Kein Bezug zur Realität der (lebenden) Zielsprache.

3. Gründe für die Reform:

– Steigender Bedarf an der Beherrschung moderner Fremdsprachen (politische/

wirtschaftliche/kulturelle Gründe)
- Neue Entwicklungen in den Sprachwissenschaften (Phonetik/Vergleichende Sprachwissenschaft)
- Ineffizienz der GÜM bei der Vermittlung lebender Sprachen

Aufgabe 12

Stichwörter zur DM am Rand zu *Kinder lernen Deutsch*

S. 41: Folge der 4 Fertigkeiten: Hören – Sprechen – Lesen – Schreiben
Visuelle Hilfen beim Wortschatzlernen
Bedeutungsvermittlung durch Zeichnungen
Fragen und Diskutieren über das präsentierte Bild
Erst den Wortschatz sicher beherrschen, dann erst lesen und schreiben!
Grundsätzlich: Einsprachigkeit
Ausnahmen von der Einsprachigkeit
„Wirkliche" Situationen im Unterricht schaffen!
Systematische Ausspracheschulung
Bewußte Phonetik- und Grammatikschulung vor allem für ältere Kinder
Nachahmen steht vor Grammatikerklärung
Grammatikerklärung nur, wenn der Lehrer dies für nötig hält
Entwicklung des „Sprachgefühls"

S. 131: Es gibt eine Lehrbuchfamilie „Schiller", die für die Schüler eine Identifikationsmöglichkeit schaffen soll.

S. 132/5: Einführungsphase: Situationsbild – Alltagssituation/Visualisierung/Dialog

S. 133: Übungsformen:Fragen – Antworten
S. 134: Diktat
S. 135: Ausspracheschulung
Rechtschreibung

S. 135: Grammatikdarstellung mit Merksatz
Grammatikübung als Lückentextergänzung
Reime

S. 136: Lied und Geschichte

Aufgabe 13

Vergleich: (1) *Simpler German Course* **und (2)** *Kinder lernen Deutsch*

	(1)	(2)
Lernstoffeinführung:	Grammatikregeln in der Muttersprache und Beispielsätze	Es gibt einen zentralen Lektionstext (Dialog)
Grammatik:	Ausführliche Regelgrammatik mit Beispielsätzen	Grammatikerklärungen werden gegeben, es wird aber ausdrücklich betont, daß die Entwicklung des „Sprachgefühls" wichtiger ist als Regellernen; Grammatik in Tabellenform und mit Beispielsätzen

	(1)	(2)
Übungen:	Übersetzungsübungen Betonung von Lesen/ Schreiben	Fragen und Antworten; Dialoge auswendig lernen und nachspielen, aber auch Einsetzübungen
Wortschatz-verzeichnis:	zweisprachig; alphabe-tisch angeordnet	kein separates Wörterver-zeichnis; die Wörter wer-den in den Übungen ein-geführt und – wo möglich – über Zeichnungen ver-ständlich gemacht
Verwendung der Muttersprache:	Grammatikerläuterungen in der Muttersprache; Übersetzung in die Muttersprache	einsprachig angelegt; die Muttersprache sollte mög-lichst wenig im Unterricht benutzt werden
Einsatz von Bildern:	keine Visualisierung	Situationsbild zur Einfüh-rung in die Lektion; Vignetten (kleine Bilder mit Einzelobjekten) zur Bedeutungsvermittlung; Illustrationen zum Text (Lied)
Systematische Aus-spracheschulung:	fehlt	vorhanden

Lektionsentwurf nach der DM: Aufgabe 14

Verben mit Dativ (Auswahl): *begegnen; danken; dienen; gefallen; gehören; glau-ben; gratulieren; helfen; passen; schmecken; zuhören*

Ein Beispiel für „Dialoge mit Verben mit Dativ"
Auszüge aus dem Lehrbuch: H. Eckes (1975): *Deutsch für dich*, Bd. 1.:

14 Ein Geschenk

Rudi: Mutti, wem gehören denn die Fußballschuhe da?
Sind die für mich?

Mutter: Ja, sie gehören dir. Das freut dich sicher.
Tante Erika und Onkel Karl schicken sie dir,
weil du so gern Fußball spielst.

Rudi: Oh, das ist aber nett von ihnen. Vielen Dank.
Die Schuhe gefallen mir gut.
Ich nehme sie heute nachmittag mit zum Sportplatz.

Mutter: Willst du sie deinem Freund zeigen?

Rudi: Natürlich zeige ich sie ihm.

Mutter: Zuerst mußt du aber Tante Erika und Onkel Karl
einen Brief schreiben und ihnen danken.

Rudi: Ja, sicher, ich schreibe ihnen den Brief sofort
und bringe ihn gleich zur Post.

Eckes (1975), 83

Übungen

A

1. Gefällt dir der Fußball?   Ja, wem gehört er denn?

...... Tasche?   ......
...... Buch?   ......
...... Füller?   ......
...... Geschenk?   ......

2. Wem gehört das Buch?

Gehört es   dem Vater?   Ja, es gehört ihm.
...... dem Bruder?   ......
...... dem Mann?   ......
...... dem Kind?   ......

...... der Mutter?   Ja, es gehört ihr.
...... der Schwester?   ......
...... der Frau?   ......
...... der Tante?   ......

...... den Eltern?   Nein, es gehört ihnen nicht.
...... den Kindern?   ......
...... den Jungen?   ......
...... den Mädchen?   ......

3. Rudi braucht Hilfe.   Kannst du ihm helfen?

Das Kind ....
Die Frau ....
Die Kinder ....
Sascha ....
Der Junge ....
Ich ....

Eckes (1975), 85

B

Wir hören und sprechen:
Ich nehme die Schuhe heute nachmittag mit zum Sportplatz.

Ich		**neh**	
nehme die		Ich	
	Schu		me die Schu
	he.		he.

me die		**Schu**	
neh		Ich nehme	
Ich	Schu		die
	he.		he.

Schu		nehme die Schu	
Ich nehme		Ich	he
die			**mit.**
he mit.			

	nach	
Ich nehme die Schuhe	mit	
	heute	tag
		mit.

neh	**Schu**	**nach**	
me	he	mittag	
Ich	die	heute	mit zum **Sport**
			platz.

C

1. Mutti, ... gehören denn die Fußballschuhe? — Sie gehören dir. Das
freut dich ..... . Tante Erika und Onkel Karl schicken sie ....., weil du so
gern Fußball spielst. — Oh, das ist aber nett von ..... . Die Schuhe
gefallen ..... gut. Ich nehme ..... heute nachmittag mit zum Sportplatz.
— Willst du sie ..... Freund zeigen? — Natürlich zeige ich .... —
Zuerst mußt du aber Tante Erika und Onkel Karl einen Brief
schreiben und ..... danken. — Ja, sicher, ich schreibe ..... den Brief sofort
und bringe ..... gleich zur Post.

Eckes (1975), 87

2. Mutti, wem ..... denn die Fußballschuhe? — Sie ..... dir. — Die Schuhe ..... mir gut. Sie sind sehr schön. Ich ..... sie heute nachmittag mit zum Sportplatz. — Willst du sie deinem Freund .....? Natürlich zeige ich sie ihm. — Du mußt jetzt einen Brief ..... und Tante Erika und Onkel Karl ..... . — Ja, ich schreibe ..... sofort.

D

1. A: Gibst du mir bitte deine *Farbstifte?*
   B: Natürlich gebe ich ....
      Aber du mußt .... zurückgeben.
   A: Ja, wenn ich fertig bin, ...
   B: Hier, bitte, nimm ....
      (*Farbstifte*, Buch, Füller, Fußballschuhe, Sachen)

2. A: Du, *Mario* sucht sein *Buch.*
   B: Hier ist ein Buch. Gehört es vielleicht ihm?
   A: Gib mal her, ich zeige es ihm.
   B: Aber, wenn es ihm nicht gehört, dann
      bringst du es bitte zurück. —
   A: Hallo, Mario, hier ist ein Buch.
      Gehört es dir?
   C: Nein, es gehört nicht mir! Ich habe mein Buch schon.
   A: Ja, wem gehört denn dieses Buch?

   (*Mario*, Sascha, die Kinder)
   (*Buch*, Heft, Tasche, Ball, Geld)

Kommt, wir wol-len tan-zen, sprin-gen,

kommt, wir wol-len fröh-lich sein.

In Anlehnung an einen alten Kanon

Eckes (1975), 88

„Hör-Sprech-Methode": Merkmale   <u>Aufgabe 15</u>

– Konzentration auf gesprochene Sprache/Vorrang des Mündlichen vor dem Schriftlichen
– Verzicht auf die Muttersprache
– Imitation als Lernprinzip/Lernen am Beispiel, nicht durch die Regel
– Systematische Ausspracheschulung
– Hörverstehensschulung
– Konzentration auf Anwendungssituationen (Alltagssituationen)

Aufgabe 16	**Aufmachung, Gestaltung, Funktion des Textes**

Angaben hierzu finden Sie im folgenden Absatz zu den Aufgaben 16 und 17 und auf S. 47f.

Aufgabe 16 und 17	**Wie „realistisch" ist der Lehrbuch-Dialog?**

Dieses Gespräch würde so mit allergrößter Wahrscheinlichkeit in einer „natürlichen" Gesprächssituation nicht ablaufen. Die Personen wirken steif und – für eine Geburtstagssituation mit Kindern – sehr distanziert. Entscheidend ist, daß ihr sprachliches Verhalten durch die Grammatik (Verben mit Dativ) bestimmt wird: Sie dürfen als „Marionetten der Grammatik" fast nur solche Sätze sagen, in denen das Grammatikphänomen vorkommt!

Aufgabe 18 und 19	**Grammatikphänomen im Text**

Es geht um verschiedene Verben mit Dativ.

Aufgabe 20	**Vergleich GÜM – ALM**

Stichwörter	*GÜM*	*ALM*
Grammatik in Überschrift	X	X (teilweise)
Beispiel in Überschrift		X (teilweise)
Regel	X	
optische Signale		X
Beispielsätze		X
Muttersprache	X	
Einsprachigkeit		X
Grammatik-Einzel-Phänomene	X	
Grammatik übergreifende Zusammenhänge	X	
Ausnahmen	X	

Aufgabe 21	**Charakterisierung der Übungen**	*richtig*	*falsch*

	richtig	*falsch*
durchnumerierte Einzelsätze	X (teilweise)	
in jedem Satz ein bestimmes Grammatikphänomen	X	
Vorbereitung von Rollenspielsituationen	X	
freie Übungsgestaltung		X
Beispielsätze als Modell	X (teilweise)	
Übungen zum Leseverständnis		X
Übungsanweisungen auf Unterricht bezogen		X

Sprachlabor

Aufgabe 22

Vorteile:	*Mängel:*
– Mehr Übungszeit für den einzelnen Schüler zum Sprechen – Möglichkeiten der Entwicklung spezieller Hörprogramme – Individuelle Korrekturmöglichkeiten durch den Lehrer oder auch durch sprachliche Muster auf dem Tonband	– Die Programme enthalten fast nur Nachsprechdrills zu Satzmustern – Freieres Sprechen wird nicht gefördert – Die Sprachlaborübungen sind für viele Lerner wenig motivierend – Die Schüler üben isoliert, d. h. ohne Kontakt zu Mitschülern

Vergleich GÜM – ALM: Linguistische Grundlagen

Aufgabe 23

	GÜM:	*ALM:*
Was wird untersucht?	Schriftsprache	gesprochene Sprache
Darstellung der Fremdsprache:	mit Hilfe des Systems der lateinischen Sprache	Die Zielsprache wird nach den für sie selbst charakteristischen Strukturen beschrieben.
Folgen für den Fremdsprachenunterricht:	– Betonung des Schriftlichen – Grammatik dominiert im Unterricht – Grammatik wird mit Hilfe der Muttersprache erläutert	– Betonung des Mündlichen – Sprachvergleich Muttersprache/Zielsprache zur Ermittlung von besonderen Lernschwierigkeiten und zur Anlage der (Grammatik-)Progression

Vergleich GÜM – ALM: Lernpsychologische Grundlagen

Aufgabe 24

	GÜM:	*ALM:*
Beschreibung des Sprachenlernens:	kognitiver Prozeß (Baugesetze und Regeln erkennen; vergleichen)	Ausbildung von Sprachgewohnheiten durch Verhaltensprägung
Folgen für den Fremdsprachenunterricht:	Grammatik wird ausführlich dargestellt; Vergleich Muttersprache/Zielsprache	Grammatik wird nachrangig; pattern drill herrscht vor

Lektionsentwurf zu "Präpositionen mit Dativ"

Aufgabe 25

Die folgenden Präpositionen verlangen den Dativ:
aus, außer, bei, gegenüber, gemäß, mit, nach, seit, von, zu.

Im Einführungstext sollen möglichst viele dieser Präpositionen enthalten sein. Der Text wird als Dialog gestaltet.

Ein Vorschlag:

Klaus und Mira sind befreundet. Es ist kurz vor 8 Uhr. Gleich beginnt der Unterricht. Sie verabreden sich für den Nachmittag.

Klaus: *Wann treffen wir uns?*
Mira: *Nach der Schule, um 16 Uhr.*
Klaus: *Und wo?*
Mira: *Bei der Straßenbahnhaltestelle, gegenüber dem Rathaus.*
Klaus: *Wer kommt noch?*
Mira: *Ich komme mit meiner englischen Austauschpartnerin. Sie heißt Carol. Außer ihr kommt noch ihre Freundin Susan mit. Und was machen wir?*
Klaus: *Wir gehen zu meinem neuen Freund. Er heißt Alexander und wohnt in der Bühlstraße, gleich neben dem Schwimmbad.*
Mira: *Alexander Müller?? Den kenne ich schon seit vielen Jahren!*
usw.

Übungsformen:

1. *Hans kommt aus dem Haus.*
   Klaus.........................Schule.
   Mira ....Stadt.
   Jürgen ....Turnhalle.
   usw.

2. *Wann treffen wir uns? – Nach der Schule.*
   ..Theater.
   ..Kino.
   ..Unterricht.
   usw.

Grammatikdarstellung: Beispielsätze ohne Regeln

gegenüber:

Er wohnt gegenüber dem Kino.
Sie wartet gegenüber der Kirche.

bei:

Sein Haus ist bei der Bushaltestelle.
Er arbeitet bei einer Bäckerei.

usw.

Aufgabe 26

Texte zu den Bildern von *Auf deutsch bitte*, S. 33 – 35

Reihe 2:	*„Wann hat die Vorstellung begonnen?" – „Um fünf."*	*„Na, dann kommt er wohl gleich!"*	*„Ja, das hoffe ich. Es wird bald dunkel!"*
Reihe 3:	*„Haben sie auch Inge mitgenommen?" – „Nein, sie hat den Film schon gestern gesehen.*	*Sie hat um halb sieben angerufen.*	*Sie hat bei Bärbel gegessen.*
Reihe 4:	*Sie kommt erst um neun nach Hause."*	*„Hat sie ihre Schularbeiten gemacht?"*	*„Ja, die sind erledigt.*
Reihe 5:	*Schon um eins ist sie in ihr Zimmer gegangen.*	*Da hat sie mehr als eine Stunde fleißig gearbeitet.*	*Sie hat einen Aufsatz geschrieben*
Reihe 6:	*und mehrere Aufgaben gerechnet." –„Na gut!"*	*„Jetzt kommt er!" – „N'Abend!" – „Guten Abend, Heinz!"*	*„Was gibt's heute, Mutti?"*

Reihe 7:	*„Bist du hungrig?"* – *„Ja, wie ein Wolf!*	*Ich habe seit Mittag nichts bekommen!"*	*„Habt ihr gar keine Schokolade gegessen?"*
Reihe 8:	*„Nein, wir haben leider nicht genug Geld gehabt!*	*Wir haben aber eine Flasche Cola getrunken."*	*„Setz dich, Heinz! Wir sind auch hungrig!"*

Audiovisuelle Methode:

Aufgabe 27

Vorzüge:	*Schwächen/Nachteile:*
– Konzentration auf gesprochene Sprache, was für bestimmte Zielgruppen wichtig sein kann (Touristen; Geschäftsleute) – Einführung der Sprachmuster in alltäglichen Gesprächssituationen – Dialogschulung – Hörverstehensschulung durch Variation der authentischen Sprecherstimmen – Bedeutungsvermittlung durch Bilder – grundsätzlich durchgehaltene Einsprachigkeit	– Vernachlässigung des Lesens/Schreibens – Gesprochene Sprache wird zwar gefordert; im Lehrprogramm wird aber keine authentisch gesprochene Sprache angeboten, sondern ein „grammatikalisiertes" Deutsch, weil die Grammatik alles andere beherrscht – Die Übungen neigen zur Monotonie – Gelegentlich wird das visuelle Element überbetont.

Stichwörter zu *Wer? Wie? Was?*

Aufgabe 28

S. 67:
Einführung als Dialog
Visualisierung der Gesprächssituation (Telefon)

S. 68:
Bildgesteuerte dialogische Übung
Bedeutungsvermittlung mit Hilfe von Zeichnungen (Vignetten)

S. 69:
Visuelle Signale bei der Grammatikdarstellung
Grammatik wird in Gesprächskontext eingebettet

Grammatikübung als dialogisches Spiel

Der Text „in der Realität"?

Aufgabe 29

Einen Text dieser Art findet man in keiner Zeitung oder Geschichtensammlung, sondern nur im Deutschlehrwerk. Er wurde geschrieben, um ein ganz bestimmtes Grammatikphänomen – die Präpositionen mit Dativ – einzuführen.

Gründe für das induktive Lehrverfahren bei der Grammatikdarstellung könnten sein:

Aufgabe 30

1. Es gibt in der Lerngruppe keine einheitliche Muttersprache, die man zur Erklärung der Grammatikregeln verwenden könnte.

2. Im Anfangsunterricht reichen die Deutschkenntnisse der Lernenden nicht aus, um ihnen die Grammatikregeln auf deutsch zu erklären.
3. Für viele Lernende ist der Lernweg „von den Beispielen zur Regel" leichter nachvollziebar. Viele Leute lernen mit Hilfe von Beispielen besser als mit Hilfe von Regeln.
4. Die Beispiele sind dem Lektionstext entnommen. Sie sind also in einen breiteren Kontext eingebunden. Der Lernende kann so den Verwendungszusammenhang des jeweiligen Satzes bzw. Grammatikphänomens leichter erkennen.

<table>
<tr><td>Aufgabe 31</td><td colspan="3">**Zur Charakterisierung der Übungen:**</td></tr>
</table>

Ablauf einer Übung	✘	Einzelsätze, die numeriert sind.
		inhaltlich zusammenhängende Sätze, die zusammen einen Text ergeben
Übungsanweisungen	(✘)	Die Übungsanweisungen beschreiben eine Tätigkeit (etwas einfügen, spielen, tun usw.).
	✘	Die Übungsanweisungen geben den Grammatiklehrstoff an.
Aufbau		Die Übungen lassen dem Lernenden großen Spielraum bei der sprachlichen Ausgestaltung.
	✘	Die Übungen steuern das Sprachverhalten sehr genau (Lückentexte; Einsetz- und Umformungsübung).

Aufgabe 32

Welche Elemente und Prinzipien im didaktisch-methodischen Konzept des Lehrbuchs *Deutsche Sprachlehre für Ausländer* (Griesbach/Schulz) von 1955 kann man der GÜM bzw. der ALM zuordnen? Was trifft für beide zu? Was ist neu?

	GÜM	ALM	beide	ganz neu
Unterricht so weit wie möglich in der Zielsprache (Einsprachigkeit)		✘		
Betonung der Grammatik			✘	
Einbezug von Alltagsthemen und Alltagsdialogen		✘		
Induktives Verfahren der Grammatikdarstellung (vom Beispiel zur Regel)				✘
Darstellung der Grammatikregeln in der Zielsprache				✘
Lernstoffprogression nach formalsprachlichen Aspekten			✘	
Übungsformen, die das sprachliche Verhalten des Lernenden stark lenken			✘	
Rücksichtnahme auf die besonderen Lernbedingungen der Gruppe und die Lernsituation				✘

Elemente der AV-Methode im Beispiel *(Deutsch aktiv, Band 1, S. 66)* Aufgabe 33

– Darstellung des Lehrstoffs in Dialogform (Primat des Mündlichen)
– Einbettung in Alltagssituationen
– Anschaulichkeit (Visualisierung des Situationskontextes)
– Annäherung an authentische Sprachvorbilder
– Aufnahme der Dialoge auf Kassette

Abstufung der Verbalisierungsmuster der Sprachabsicht Aufgabe 34
„einen Wunsch äußern"

einfach

1) *Ich möchte bitte ...*	A u s s a g e s s a t z; Akkusativ
2) *Haben Sie ...?*	S a t z f r a g e; Akkusativ
3) *Wo finde ich ...?*	W o r t f r a g e; Akkusativ
4) *Den dort!*	I m p e r a t i v (Ellipse, d. h. unvollständiger Satz); Akkusativ des Artikels
5) *Einen Anzug, bitte!*	I m p e r a t i v (elliptisch); Akkusativ
6) *Zeigen Sie mir bitte ...!*	I m p e r a t i v ausformuliert; Akkusativ; Verb mit Dativ
7) *Kann ich mal ... anprobieren?*	S a t z f r a g e; Akkusativ; Modalverb
8) *Ich hätte gern ...*	A u s s a g e s a t z; Konjunktiv; Akkusativ
9) *Könnten Sie mir bitte... zeigen?*	F r a g e s a t z; Konjunktiv; Modalverb (Aufforderung ist in einem Fragesatz formuliert und klingt dadurch höflicher)
10) *Würden Sie mir bitte ... zeigen?*	S a t z f r a g e; Konjunktiv; Akkusativ (Aufforderung in Fragesatz eingebettet = höfliche Form); Verb mit Dativ
11) *Wären Sie bitte so gut und würden Sie mir ... zeigen?*	S a t z f r a g e; Konjunktiv; Verb mit Dativ; Akkusativ (Diese Formulierung kann durch ihre übertriebene Höflichkeit aggressiv oder ironisch wirken!)

komplex / schwierig

1) – 7): Grundstufe/Elementarbereich, was die Grammatik angeht
8) – 10): Aufbaustufe
11): Fortgeschrittenenstufe
Bei 9) – 11) kommt zum sprachlich-formalen Schwierigkeitsgrad dazu, daß der Gebrauch dieser Satzmuster von der Sprechsituation und der Sprecherrolle abhängig ist.

Typische Alltagsthemen: Aufgabe 35

Beispiele:

– Einkaufen (Versorgung)
– Wie man sich fühlt (Gesundheit/Krankheit)
– Gespräch über Bekannte
– Freizeitgestaltung
– Reden über die Arbeit
– ...

Wortschatz zum Themenbereich Familie:

```
1.12   FAMILIE
       FAMILIE              + Familie
       ELTERN              + Eltern
                           + Vater
                           + Mutter
       KINDER              + Kind
                             Haben Sie Kinder?
                           + Baby
                           + Sohn
                           + Junge
                           + Tochter
                           + Mädchen
       GESCHWISTER         + Bruder
                           + Schwester
                             Geschwister (Plur.)
       GROSSELTERN         + Großeltern
                           + Großmutter
                           + Großvater
       VERWANDTE           + Verwandte(r)
                             Onkel
                             Tante
                             Schwieger-
                             z. B. Schwiegermutter, Schwiegertochter
       VERWANDTSCHAFT      + verwandt sein (mit)
                           + von
                             z. B. der Bruder von meinem Vater
                             vgl. auch SB 1.7 FAMILIENSTAND
```

Baldegger u.a. (1980), 245

Ergänzung der Tabelle:

wer?	*wo?*	*worüber?*
Rolle	*Situation*	*Thema*
Beispiele:	z. B.	z. B.
Kunde ⟶	im Geschäft ⟶	Kauf von Kleidern
Gast	bei Freunden zu Hause	Herkunftsland
Zivilperson	beim Zoll	Geschenke
Patient	beim Arzt	Grippe
Passagier	im Flugzeug	Reisen
Verkehrsteilnehmer	an der Autobahn	Panne
Autofahrer	im Stau	Verkehrsprobleme
Eingeladener	im Theater	Inszenierung
Informationssuchender	auf der Straße	Orientierung in der Stadt
Zuschauer	im Stadion	Fußballspiel
privater Gesprächspartner	im Gasthaus	Familie

Beispiel für Dialog:

Rolle: Patient; Situation: Beim Arzt;Thema: Über Befindlichkeit reden

Pat.: *Guten Tag.*
Arzt: *Guten Tag, was fehlt Ihnen denn?*
Pat.: *Ich habe starke Halsschmerzen und Kopfweh.*
Arzt: *Machen Sie bitte den Mund auf!*
Pat.: *Aaa, aaa.*
Arzt: *Sie haben eine Halsentzündung.*
Wie lange haben Sie die Schmerzen schon?
Pat.: *Seit gestern.*
Arzt: *Es ist nicht schlimm.*
Ich schreibe Ihnen hier zwei Medikamente auf.
Die bekommen Sie in der Apotheke.
Täglich dreimal gurgeln und je zwei Tabletten nehmen.
Pat.: *Vielen Dank. Auf Wiedersehen!*
Arzt: *Auf Wiedersehen!*

Häufige Konstellationen von Grammatik, Sprechabsicht, Rolle und Thematik: Aufgabe 38

Grammatik	*Sprechabsicht*	*Rolle*	*Thematik*
Modalverben	Erlaubnis/Verbot	Verkehrsteilnehmer	z. B. Parkverbot
Passiv	Vorgänge beschreiben	Arbeiter	Erklärung eines Produktionsablaufs
Perfekt	erzählen, was man erlebt hat	Bekannter	Ferienerlebnis
Futur I	Androhung	Lehrer	Strafandrohung bei Wiederholung einer verbotenen Handlung

Alltagssituationen	**Textsorten: Beispiele**	Aufgabe 39
Im Hotel	Anmeldeformular; Preisliste; Gepäckaufkleber	
Im Restaurant	Speisekarte; Rechnung; Tagesmenü	
Im Reisebüro	Prospekte; Werbung; Plakat; Landkarte; Fahrkarte	
Auf der Post	Gebrauchsanleitung zum Telefonieren; Telegrammformular; Gebührenordnung	
Am Zoll	Einfuhrbestimmungen; Hinweisschilder	
Im Supermarkt	Bezeichnungen für Abteilungen; Sonderangebote; Durchsagen über Angebote (HV); Reklame	
Am Kiosk	Speisen und Getränke; Preisliste	
Im Museum	Hinweisschilder; Museumsführer; Eintrittskarte	
Im Kino	Plakate; Anzeigen; Reklame (Sehen/Hören)	
Am Bahnhof	Fahrplan; Fahrkarte; Zugverbindungen; Hinweisschild	

Hinweise zum Einsatz solcher authentischer Sachtexte finden Sie bei C. Edelhoff (Hrsg.)(1985): *Authentische Texte im Fremdsprachenunterricht,* München: Hueber.

Textsorte:

a) ist ein Kochrezept
b) ist ein Zeitungsbericht.

Textsorten – kommunikative Aufgabenstellungen:

Beispiele:

Im Restaurant	Speisekarte lesen – Speisen beraten – auswählen – Speisen bestellen
Am Bahnhof	Fahrkarte kaufen Auskunft einholen zu Reisewegen/Kosten – über Reise berichten (Brief/mündlich)
Im Kino	Kinoprogramm in der Tageszeitung ansehen – Film auswählen – Verabredung – über den Film reden (Zusammenfassung des Inhalts/Stellungnahme)

audiolinguale/audiovisuelle Methode – kommunikative Didaktik: einige Aspekte

kommunikative Didaktik	*AL/AV Methode*
offenes und flexibles Unterrichtskonzept	einzelne Phasen und Lernschritte sind genau festgelegt (programmiertes Lernen)
Themen/Inhalte sind wichtig	Themen/Inhalte werden der Grammatikprogression untergeordnet
Partner- und Gruppenarbeit als Sozialformen des Unterrichts	lehrer- und mediengesteuerter Unterricht
Aktivierung der Lernenden/ kreativer und freier Sprachgebrauch	einige wenige Ansätze zum freieren Sprachgebrauch
Erweiterung des Übungsapparates „Vom Verstehen zur Mitteilung"	Übungen sind sehr stark gesteuert (Ziel: konkrete Reproduktion der Satzmuster: pattern drill)
Visualisierung spielt eine wichtige Rolle bei Bedeutungsvermittlung, Verdeutlichung des Handlungsrahmens und bei der Übungsgestaltung	ähnlich wie beim kommunikativen Konzept
Vermittlung von Alltagsdeutsch in Alltagssituationen (Dialogschulung)	ähnlich wie beim kommunikativen Konzept, jedoch Dominanz der Grammatikpensen bei der Dialoggestaltung
mündlicher Sprachgebrauch wichtig, dazu: Verstehen authentischer Texte	Betonung des Mündlichen gegenüber dem Schriftlichen

Verwendungsmöglichkeiten von Deutsch in Thailand:

Aufgabe 43

Rollen: Dienstleistungssektor im Inland (Tourismus); Auskunftgebender gegenüber Besuchern; Handel/Wirtschaft/Kulturarbeit (Deutsch-Thailändische Gesellschaft)/Sprachunterricht

Situationen: Typische Situationen im Tourismus (*sightseeing* usw.)
Begrenzt: Situationen im Berufsleben

Textsorten: Private und geschäftliche Briefe
Zeitschriften/Zeitungen
Literarische Texte

Die Situation des Deutschunterrichts in Ihrem Land:

Aufgabe 44

Diese Aufgabe besprechen Sie am besten gemeinsam mit Ihren Kollegen.

Informationsquellen für Schüler über Europa bzw. deutschsprachige Länder:

Aufgabe 45

– Fernsehen
– Unterricht (Sprachunterricht/Geographie/Geschichte usw.)
– Information durch Eltern/Bekannte
– ...

Themen, die Schüler interessieren könnten:

Aufgabe 46

– Freizeitbeschäftigung deutscher Schüler
  (Sport/Musik/Hobbies/Reisen usw.)
– Schule/Unterricht
– ...

Universelle Lebenserfahrungen, die alle Menschen machen:

Aufgabe 47

Beispiele:
Jeder Mensch muß essen und trinken.
Jeder Mensch wird einmal krank.
Jeder Mensch braucht eine Wohnung.
Jeder Mensch lebt in einer Familie.
Jeder Mensch hat Freunde.
Jeder Mensch muß einmal sterben.
Jeder Mensch kann sich von einem Ort zum anderen bewegen.
...
(vgl. auch die Darstellung auf S. 113)

Freizeitaktivitäten deutscher Schüler – Auswertung des Beispiels aus dem Lehrbuch:

Aufgabe 48

Musik hören; Reiten; Gitarre spielen; Fußball spielen; Lesen; Briefmarken sammeln; Platten hören; Malen; Fotografieren

Die Freizeitaktivitäten der Schüler in Ihrem Land diskutieren Sie am besten mit Ihren Kollegen.

Aufgabe 49	**Thema Schule:**

Interessant könnte sein z. B.:
- Bevorzugte Unterrichtsfächer
- Status der einzelnen Fächer
- Umfang des Unterrichts/Tageseinteilung
- Schuluniform
- Ferien
- Was die Schule außer Unterricht noch bietet
- ...

Aufgabe 50

Das pragmatisch-funktionale und das interkulturelle Konzept:

Beispiele:

pragmatisch-funktionales Konzept	interkulturelles Konzept
Pragmatische Aspekte der Sprachverwendung werden betont (private und berufliche Verwertbarkeit der Fremdsprachenkenntnisse)	Fremdsprachenlernen als Begegnung mit einer fremden Welt (pädagogische Dimension)
	Inhalte/Themen sind wichtig
Betonung der Sprechfertigkeit (Kommunikationsfähigkeit vor allen Dingen als Sprechen); andere Fertigkeitsbereiche, Themen und Texte werden berücksichtigt, soweit sie pragmatisch bedeutsam sind.	Verstehen als Grundlage des Lernens (Kommunikation mit der fremden Welt = Texte verstehen und sich über ihren Inhalt unterhalten)
...	Grundlegendes Prinzip: der Vergleich (von Sprachsystem und Sprachgebrauch; von kulturellen Traditionen/Werten/ Verhaltensweisen usw.) ...

Aufgaben 51 und 52

**Weiterentwicklung des Deutschunterrichts in Ihrem Land
Entwurf eines Konzepts für den Deutschunterricht:**

Es empfiehlt sich, beide Aufgaben mit anderen Kollegen aus Ihrem Heimatland zu diskutieren.

12 Literaturhinweise

ACHTENHAGEN, Frank (1969, ³1973): *Didaktik des fremdsprachlichen Unterrichts.* Weinheim, Basel: Beltz .

ALLGEMEINER DEUTSCHER NEUPHILOLOGENVERBAND (1951): *Mitteilungsblattt.* Berlin, Bielefeld, Hannover, 1 - 3.

AUSTIN, John L. (1962): *How to do things with words.* Oxford: Clarendon Press / Deutsche Übersetzung: *Zur Theorie der Sprechakte.* Stuttgart: Reclam. 1972.

AUSUBEL, David P. (1974): *Psychologie des Unterrichts.* 2 Bände, Weinheim, Basel: Beltz.

BAUSCH, Karl-Richard; CHRIST, Herbert; HÜLLEN, Werner; KRUMM, Hans-J. (Hrsg.) (1989): *Handbuch Fremdsprachenunterricht.* Tübingen: Francke.

BENDER, Jutta (1979): *Zum gegenwärtigen Stand der Diskussion um Sprachwissenschaft und Sprachunterricht.* Frankfurt/Main: Diesterweg.

BERLITZ, Maximilian D. (1887): *Methode Berlitz.* New York: Berlitz school.

BERNSTEIN, Wolf Z. (1986): „*Disambiguierung, Differenzierung und Verstehensgrammatik im Leseunterricht DaF*". In: *Fragezeichen,* H. 2, 3 - 11.

BLEYHL, Werner (1982): „*Variationen über das Thema: Fremdsprachenmethoden*". In: *Praxis des neusprachlichen Unterrichts,* H. 1, 3 - 14.

BLOOMFIELD, Leonard (1914): *Introduction to the Study of Language.* New York: Holt & Co.

BLOOMFIELD, Leonard (1933): *Language.* New York: Holt & Co.

BOHLEN, Adolf (1952): *Methodik des Neusprachlichen Unterrichts.* Heidelberg: Quelle & Meyer.

BOLTE, Henning; HERRLITZ, Wolfgang (Hrsg.) (1983): *Lernen im Fremdsprachenunterricht. Berichte aus alternativen Lernkonzeptionen.* Utrecht: Universitätsverlag.

DESSELMANN, Günther; HELLMICH, Harald (1986): *Didaktik des Fremdsprachenunterrichts.* (Deutsch als Fremdsprache). Leipzig: Enzyklopädie.

DIETRICH, Ingrid (1989).: „*Alternative Methoden*". In: BAUSCH u. a. (Hrsg.): *Handbuch Fremdsprachenunterricht.* Tübingen: Francke, 159 - 165.

EDELHOFF, Christoph (Hrsg.) (1985): *Authentische Texte im Deutschunterricht.* München: Hueber.

EHLERS, Swantje (1992): *Lesen als Verstehen. Zum Verstehen fremdsprachlicher literarischer Texte und zu ihrer Didaktik.* München: Langenscheidt.

EPPERT, Franz (1973): *Lexikon des Fremdsprachenunterrichts.* Bochum: Kamp.

FABRICIUS-HANSEN, Catherine; HERINGER, Hans Jürgen (1988): „*Die Idee einer rezeptiven Grammatik und ihre Realisierung*". In: *Info-DaF,* H. 2, 164 - 175.

FIRGES, Jean (1975): *„Die CREDIF-Methodik – Versuch einer kritischen Bestands-aufnahme".* In: *Die Neueren Sprachen,* H. 3, 224 - 237.

FREUDENSTEIN, Reinhold (1970): *„Aufgaben und Möglichkeiten der Unterrichts-methodik, dargestellt am Beispiel des Fremdsprachenunterrichts".* In: *Funkkolleg Erziehungswissenschaften.* Bd. 2, Weinheim: Beltz, 167 - 187.

GALPERIN, P. J. (⁴1974): *„Die geistige Handlung als Grundlage für die Bildung von Gedanken und Vorstellungen".* In: P. J. GALPERIN; A. A. LEONT'EV (Hrsg.): *Probleme der Lerntheorie.* Berlin: Volk und Wissen, 33 - 49.

GERIGHAUSEN, Josef; SEEL, P. C. (Hrsg.) (1983): *Interkulturelle Kommunikation und Fremdverstehen.* München: Goethe-Institut.

GLAUNING, Friedrich (1910): *„Didaktik und Methodik des englischen Unter-richts".* In: Werner Hüllen (Hrsg.)(1979): *Didaktik des Englischunterrichts.* Darmstadt: Wissenschaftliche Buchgesellschaft, 61 - 72.

GNUTZMANN, Claus; STARK, Detlef (Hrsg.) (1982): *Grammatikunterricht.* Tübingen: Narr.

GÖTZE, Lutz (1981): *Pilotstudie zum Projekt „Regionale Erforschung von Lehr- und Lernschwierigkeiten".* München: Goethe-Institut, unveröff. Manuskript.

HABERMAS, Jürgen (1971): *„Vorbereitende Bemerkungen zu einer Theorie der kommunikativen Kompetenz".* In: J. HABERMAS; Niklas LUHMANN: *Theorie der Gesellschaft oder Sozialtechnologie.* Frankfurt/Main: Suhrkamp, 101 - 141.

HALLIDAY, Michael A. (1973): *„Relevant models of language".* In: ders.: *Explorations in the Function of Language.* London: Arnold, 11 - 17.

HERINGER, Hans Jürgen (1987): *Wege zum verstehenden Lesen.* München: Hueber.

HEUER, Helmut (1979): *Grundwissen der englischen Fachdidaktik.* Heidelberg: Quelle & Meyer.

HÜLLEN,Werner (Hrsg.) (1979): *Didaktik des Englischunterrichts.* Darmstadt: Wissenschaftliche Buchgesellschaft.

KAHL, Peter (1962): *Muttersprache und Fremdsprache im Englischunterricht der Volks- und Mittelschulen.* Weinheim: Beltz.

KARCHER, Günther L. (1985): *„Aspekte der Fremdsprachenlegetik".* In: *Jahrbuch Deutsch alsFremdsprache,* Bd. 11, 14 - 35.

KAST, Bernd (1985): *Jugendliteratur im kommunikativen Deutschunterricht.* München: Langenscheidt.

KELLY, Louis G. (1976): *25 Centuries of Language Teaching.* Rowley, Mass.

KOHLBERG, Lawrence (1963): *„The development of children's orientation towards a moral order. I. Sequences in the development of moral thought".* In: *Vita Humana 6,* 11 - 33.

KRAMPIKOWSKI, Frank (1989): *„Das Konzept ‚Regionale Lehrwerke' am Bei-spiel Deutsch als Fremdsprache in Thailand".* In: *Lernen in Deutschland,* H. 1, 17 - 36.

KRAPPMANN, Lothar (1971): *Soziologische Dimensionen der Identität.* Stuttgart: Klett.

KRUMM, Hans-Jürgen (1981): *„Methodenlehre: Handlungsanweisungen für den Fremdsprachenlehrer".* In: Franz-Josef ZAPP; Albert RAASCH; Werner HÜLLEN (Hrsg.): *Kommunikation in Europa.* Frankfurt/Main: Diesterweg, 217 -224.

KRUSCHE, Dietrich (1983): *„Anerkennung der Fremde – Thesen zur Konzeption regionaler Unterrichtswerke".* In: *Jahrbuch Deutsch als Fremdsprache,* Band 9, 248 - 258.

LADO, Robert (1964): *Language Teaching.* New York: Mc Graw-Hill.

LADO, Robert ([4]1973): *Moderner Fremdsprachenunterricht.* München: Hueber.

LEONT'EV, Aleksej. A. (1974): *Psycholinguistik und Sprachunterricht.* Stuttgart: Kohlhammer.

LITTLEWOOD, William T. (1975): *„Role Performance and Language Teaching".* In: *International Review of Applied Linguistic*s. H. 3, 199 - 208.

MACKEY, William F. (1965): *Language Teaching Analysis.* London: Longman.

MORRIS, John F. (1966): *The Art of Teaching English as a Living Language.* London.

MUMMERT, Ingrid (1989): *Nachwuchspoeten.* München: Klett.

MURDOCK, George P. (1945): *„The Common Denominator of Cultures".* In: Ralph LINTON (ed.): *The Science of Man in the World Crisis.* New York: Columbia University Press.

MÜLLER, Bernd-D. (Hrsg.) (1989): *Anders lernen im Fremdsprachenunterricht.* München: Langenscheidt.

NEUNER, Gerhard (1981): *„Übungen und Übungssequenzen im Kommunikativen Deutschunterricht".* In: *Zielsprache Deutsch,* H. 71, 2 - 22.

NEUNER, Gerhard (1984): *„Überlegungen zur Didaktik und Methodik des Textverständnisses im Unterricht Deutsch als Fremdsprache."* In: *Zielsprache Deutsch, H.* 1, 6 - 27.

NEUNER, Gerhard (1987): *„Fünfzehn Jahre Diskussion um die kommunikative Fremdsprachendidaktik – Rückblick und Ausblick".* In: *Neusprachliche Mitteilungen,* H. 2, 72 - 80.

NEUNER, Gerhard (1989): *„Methodik und Methoden: Überblick".* In: BAUSCH u.a. (Hrsg.): *Handbuch Fremdsprachenunterricht.* Tübingen: Francke, 145-153.

NEUNER, Gerhard; KRÜGER, Michael; GREWER, Ulrich (1981): *Übungstypologie zum kommunikativen Deutschunterricht.* München: Langenscheidt.

RAITH, Joachim (1967): *Der Englischunterricht,Teil I: Grundfragen.* München: Manz.

REAL, Willi (1984): *Methodische Konzeptionen von Englischunterricht.* Paderborn: Schöningh.

REAL, Willi (1985): „*Methodenpluralismus in der englischen Fachdidaktik. Offene Fragen trotz vieler Antworten.*" In: *Neusprachliche Mitteilungen,* H. 2, 79 - 87.

RUDOLPH, Wolfgang; TSCHOHL, Peter (Hrsg.) (1977): *Systematische Anthropologie.* München: Fink.

SAENG-ARAMRUANG, Wanna (1987): „*Entwicklung eines Lehrwerks für das germanistische Grundstudium an thailändischen Hochschulen*". In: Swantje EHLERS; Günther KARCHER (Hrsg.): *Regionale Aspekte des Grundstudiums Germanistik.* München: Iudicium.

SCHUBEL, Friedrich (1958): *Methodik des Englischunterrichts für Höhere Schulen.* Frankfurt/Main: Diesterweg.

SCHWERDTFEGER, Inge Ch. (1983): „*Alternative Methoden der Fremdsprachenvermittlung für Erwachsene – Eine Herausforderung für die Schule?*". In: *Neusprachliche Mitteilungen,.* H. 1, 3 - 14.

SEARLE, John R. (1969): *Speech Acts .* Cambridge: University Press.

SKINNER, Burrhus F. (1957): *Verbal Behaviour.* New York: Appleton-Century-Croft.

STERN, Hans H. (^{2}1984): *Fundamental Concepts of Language Teaching.* Oxford: University Press.

STRACK, Wolfgang (1973): *Fremdsprachen – audio-visuell.* Bochum: Kamp.

TANGER, Gustav (1888): „*Muß der Sprachunterricht umkehren? Ein Beitrag zur neusprachlichen Reformbewegung im Zusammenhang mit der Überbürdungsfrage*". In: Werner HÜLLEN (Hrsg.) (1979): *Didaktik des Englischunterrichts.* Darmstadt: Wissenschaftliche Buchgesellschaft , 32 -60.

VIELAU, Axel (1976): „*Audiolinguales oder bewußtes Lernen?*". In: J. KRAMER (Hrsg.) (1979): *Bestandsaufnahme Fremdsprachenunterricht.* Stuttgart: Metzler, 180 - 201.

VIETOR, Wilhelm (1882/1886): „*Der Sprachunterricht muß umkehren! Ein Beitrag zur Überbürdungsfrage.*" In: Werner HÜLLEN (Hrsg.) (1979): *Didaktik des Englischunterrichts.* Darmstadt : Wissenschaftliche Buchgesellschaft, 9- 31.

WALTER, Gertrud (1983): *Kompendium Didaktik Englisch.* München: Ehrenwirth.

WERLICH, Egon (1986): *Praktische Methodik des Fremdsprachenunterrichts mit authentischen Texten.* Berlin: Cornelsen.

WESTHOFF, Gerard (1987): *Didaktik des Leseverstehens: Strategien des voraussagenden Lesens mit Übungsprogrammen.* München: Hueber.

WIDDOWSON, Henry (1972): „*The teaching of English as Communication*". In: *English Language Teaching,* H. 1, 15 - 19.

WILKINS, David A. (1972): *Linguistics in Language Teaching.* London: Arnold.

ZIMMER, Hubert. D. (1988): „*Gedächtnispsychologische Aspekte des Lernens und Verarbeitens von Fremdssprache.*" In: Info-DaF, H. 2, 149 - 163.

13 Quellenangaben

ARNOLD, E.J. & Son Ltd.; KAYSER, Carl GmbH (Hrsg.) (1974): *Vorwärts International*. Leeds: Arnold & Son; Bonn: Kayser.

BALDEGGER, Markus; MÜLLER, Martin; SCHNEIDER, Günther. (1980): *Kontaktschwelle Deutsch als Fremdsprache*. München: Langenscheidt, im Auftrag des Europarates.

BRAUN, Korbinian; NIEDER, Lorenz; SCHMÖE, Friedrich (1967): *Deutsch als Fremdsprache,* Bd.1, Stuttgart: Klett.

COURIVAUD, u. a. (1985): *Deutsch konkret*. Cahier de l'élève, 1., München: Langenscheidt.

ECKES, Heinrich (1975): *Deutsch für dich*. Bd. 1, München: Hueber.

EDELHOFF, Christoph u. v. a. (1987): *Deutsch Aktiv 3:* Handbuch für die Spracharbeit in der Mittelstufe: Aufgabentypologie. München: Langenscheidt.

GRIESBACH, Heinz; SCHULZ, Dora (1955): *Deutsche Sprachlehre für Ausländer*. München: Hueber.

HOG, Martin; MÜLLER, Bernd-D.; WESSLING, Gerd (1984): *Sichtwechsel*. Stuttgart: Klett.

Der Text von Fatma Mohamed ISMAIL „Ein deutsches Nein heißt Nein" wird nach dem bei dtv (Deutscher Taschenbuch Verlag, München) im Jahr 1983 erschienenen Band *‚In zwei Sprachen leben‘,* herausgegeben von Irmgard Ackermann, zitiert.

MEBUS, Gudula; PAULDRACH, Andreas; RALL, Marlene; RÖSLER, Dietmar (1989 f.): *Sprachbrücke Deutsch als Fremdsprache,* Bd.2, Stuttgart: Klett.

NEUNER, Gerhard (1981): *„Übungen und Übungssequenzen im Kommunikativen Deutschunterricht".* In: *Zielsprache Deutsch,* H. 71, 2f.

NEUNER, Gerhard; KRÜGER, Michael; GREWER, Ulrich (1981): *Übungstypologie zum kommunikativen Deutschunterricht*. München: Langenscheidt.

NEUNER, Gerhard; DESMARETS, Peter; FUNK, Hermann; KRÜGER, Michael; SCHERLING, Theo (1983): *Deutsch konkret. Ein Lehrwerk für Jugendliche. Lehrbuch 1*. München: Langenscheidt.

NEUNER, Gerhard; HILDEBRAND, Edeltraut; PETERHOFF DE LEDESMA, Angela; SCHMIDT Rainer; SPERBER, Regina; WOICKE, Susanne (1983): *Förderung ausländischer Kinder in Sprach- und Fachunterricht.*Weinheim. (Studienheft im Projekt: Ausländerkinder in der Schule – Fernstudienmaterialien für die Lehrerfortbildung des Deutschen Instituts für Fernstudien, Tübingen). Weinheim: Beltz.

NEUNER, Gerhard (1984): *„Überlegungen zur Didaktik und Methodik des Textverständnisses im Unterricht Deutsch als Fremdsprache."* In: *Zielsprache Deutsch,* H. 1, 25.

NEUNER, Gerhard; SCHERLING, Theo; SCHMIDT, Reiner; WILMS, Heinz (1987): *Deutsch Aktiv Neu, Lehrbuch 1B,* Berlin, München: Langenscheidt.

NEUNER, Gerhard; SCHMIDT, Reiner; WILMS, Heinz; ZIRKEL, Manfred (1979): *Deutsch aktiv, Bd. 1.* Berlin, München: Langenscheidt.

RUSSON, A.; RUSSON, L. J. (1955): *Simpler German Course for First Examinations.* London: Longman, Green.

SCHLIMBACH, Alice (1964): *Kinder lernen Deutsch: Die Familie Schiller.* München: Hueber.

SCHULZ, Dora; GRIESBACH, Heinz; LUND, H. (1969): *Auf deutsch, bitte!,* Bd. 1, München: Hueber.

SEEGER, H. (o. J.): *Wer? Wie? Was? Vorwärts International,* Bd. 1, Leeds: Arnold & Son; Bonn: Kayser (ca. 1986).

14 Angaben zu den Autoren

Gerhard Neuner ist Professor für Deutsch als Fremdsprache an der Universität Gesamthochschule Kassel. Er ist mit der Aus- und Fortbildung von Lehrenden im Bereich DaF beauftragt. Seine Arbeitsschwerpunkte: Lehrmaterialentwicklung und -analyse; Curriculumsentwicklung; Kommunikativer Ansatz; fertigkeitsorientierte Didaktik und Methodik.

Veröffentlichungen u.a.: Mitautor von *Deutsch in Deutschland – Neu* (1975f.), *Deutsch aktiv* (1979f.), *Deutsch konkret* (1983f.), *Deutsch Aktiv Neu* (1987f.), *Neuer Start* (1991/92); *Übungstypologie zum kommunikativen Deutschunterricht* (1981), *Zur Analyse fremdsprachlicher Lehrwerke* (1980), *Pragmatische Didaktik des Englischunterrichts* (1977); Herausgeber von wiss. Buchreihen, Mitherausgabe einer Fachzeitschrift *(Fremdsprache Deutsch)*.

Hans Hunfeld ist Professor für die Didaktik der englischen Sprache und Literatur an der Universität Eichstätt. Er bildet Englischlehrende aller Schularten aus. Sein Schwerpunkt in der Forschung ist die fremdsprachenspezifische Literaturdidaktik.

Veröffentlichungen u.a.: *Neue Perspektiven der Fremdsprachendidaktik* (1977), *Englischunterricht 5-10: Literatur* (1982), *Geschichten vom deutschen Amerika* (1984), *Sprich wörtlich* (1989), *Literatur als Sprachlehre* (1990).

15   Das Fernstudienprojekt DIFF – GhK – GI

Nachdem Sie diese Studieneinheit durchgearbeitet haben, möchten Sie vielleicht Ihre Kenntnisse auf dem einen oder anderen Gebiet vertiefen, möchten mehr wissen, über konkrete Unterrichtsplanung, über die Schulung von Lesefertigkeiten, über Literatur, ihre Entwicklung und Hintergründe ...
Sie haben bereits Hinweise auf andere Fernstudieneinheiten gefunden und sind neugierig geworden? Sie möchten wissen, was das für Studieneinheiten sind, wo Sie sie bekommen und wie Sie sie benutzen können?

Zu diesen Fragen, möchten wir Ihnen noch einige Informationen geben:
Diese Studieneinheit ist im Rahmen eines Fernstudienprojekts im Bereich DaF/ Germanistik entstanden, das das Deutsche Institut für Fernstudien an der Universtät Tübingen (DIFF), die Universität Gesamthochschule Kassel (GhK) und das Goethe-Institut in München (GI) zusammen durchgeführt haben.
In diesem Projekt werden Fernstudienmaterialien für die fachwissenschaftliche und fachdidaktische Weiterbildung zu folgenden Themenbereichen entwickelt:

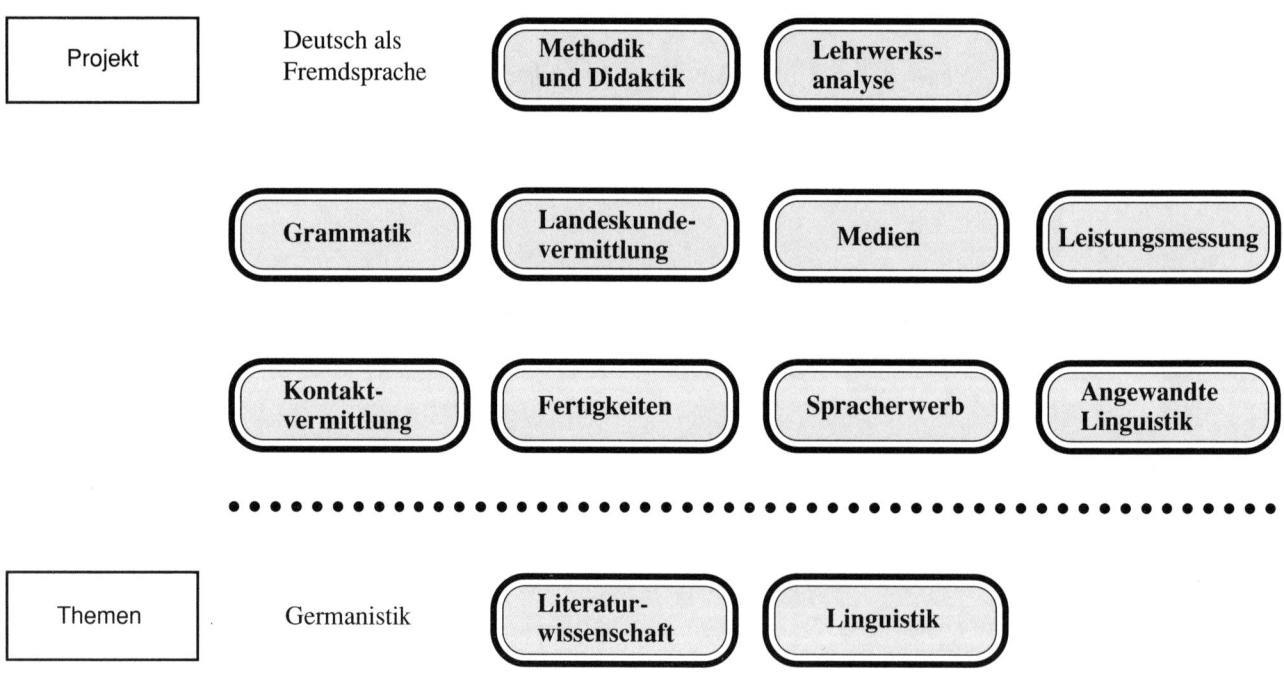

Zu diesen Bereichen sind folgende Studieneinheiten geplant bzw. erschienen (Planungsstand Februar 1993)

Deutsch als Fremdsprache

* DaF als Hochschulfach. Eine Einführung (R. Ehnert/Co-Autoren, Bielefeld)
* Zweit- und Fremdsprachenerwerbstheorien (E. Apeltauer, Flensburg)
* Testen und Prüfen in der Grundstufe (G. Albers, Köln/S. Bolton, München)
* Lesen als Verstehen. (S. Ehlers, Moskau), erschienen 2/92

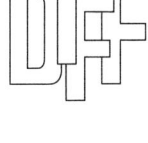

Literaturwissenschaft

* Einführung in die germanistische Literaturwissenschaft (H. Schmiedt, Köln)
* Literaturgeschichte: Von der Klassik bis zum Naturalismus (E. Menz, Kassel)
* Literaturgeschichte: 20. Jahrhundert (H.O. Horch, Aachen)
* Einführung in die Analyse lyrischer Texte (H. Schmiedt, Köln)
* Einführung in die Analyse dramatischer Texte (H. Schmiedt, Köln)
* Einführung in die Analyse epischer Texte (H. Schmiedt, Köln)

Linguistik

* Einführung in die germanistische Linguistik (H.O. Spillmann, Kassel)
* Grammatik des deutschen Satzes (W. Köller, Kassel)
* Semantik (R. Müller, Kassel)
* Historische Grammatik (G. Ganser, Trier)
* Textlinguistik (H. Andresen, Flensburg)
* Pragmalinguistik (W. Holly, Trier)
* Fachsprache, Sondersprache (K.-H. Bausch, Mannheim)

Landeskunde

* Landeskunde im Anfangsunterricht (K. van Eunen, Arnhem / H. Lettink, Hoogeveen)
* Kontakte knüpfen (R. Wicke, Edmonton / Felsberg)
* Wortschatzarbeit und Bedeutungsvermittlung (B. Müller- Jacquier, Bayreuth)
* Landeskunde mit der Zeitung (H. Sölch, Köln)
* Bilder in der Landeskunde (W. Hosch, Tübingen/ D. Macaire, Paris)
* Landeskunde und Literaturdidaktik (M. Bischof / V. Kessling, Berlin / R. Krechel, Bangkok)
* Routinen und Rituale in der Alltagskommunikation (H.-H.Lüger, Konstanz), 12/93
* Geschichte im Deutschunterricht (I. Bork-Goldfield, Plymouth N.H / F. Krampikowski, München / G. Weimann, Berlin)

Methodik / Didaktik Deutsch als Fremdsprache

* Arbeit mit Lehrwerkslektionen (P. Bimmel, Amsterdam/ B. Kast, München/ G. Neuner, Kassel/P. Panes, Saloniki)
* Fertigkeit Hörverstehen (B. Dahlhaus, Bochum)
* Fertigkeit Leseverstehen (G. Westhoff, Utrecht)
* Fertigkeit Sprechen (G. Neuf-Münkel/R. Roland, Bonn)
* Fertigkeit Schreiben (B. Kast, München)
* Probleme der Leistungsmessung (S. Bolton/U. Gugg, München)
* Probleme der Wortschatzarbeit (B. Kast, München/B. Müller-Jacquier, Bayreuth)
* Arbeit mit Sachtexten (I. Laveau, Moskau/R. Buhlmann, Madrid)
* Arbeit mit literarischen Texten (B. Kast, München/S. Ehlers, Moskau)
* Angewandte Linguistik – eine Einführung für DaF-Lehrer (H. Bolte, Utrecht)
* Einführung in den computergestützten Sprachunterricht (M. Grüner/T. Hassert, München)
* Übersetzen im DaF-Unterricht (F. Königs, Bochum)
* Lehrwerkanalyse (B. Kast, München/H.-J. Krumm, Hamburg)
* Lieder im DaF-Unterricht (U. Lehners, München)
* Video im DaF-Unterricht (D. Arnsdorf/M.L. Brandi, Paris)
* DaF an Primarschulen (D. Kirsch, München)
* Grammatik lehren und lernen (H. Funk / M. Koenig, Kassel), erschienen 12/91

	Die Studieneinheiten wenden sich an:
Adressaten	– Lehrende im Bereich Deutsch als Fremdsprache im Ausland und in Deutschland,
	– Germanisten/Germanistinnen an ausländischen Hochschulen
	– Studierende der Germanistik im Bereich Deutsch als Fremdsprache
	– Aus- und Fortbilder/innen im Bereich Deutsch als Fremdsprache.

Konzeption/Ziele

Wozu können Sie die Studieneinheiten verwenden?

Je nachdem, ob Sie als Deutschlehrer, Hochschuldozent oder Fortbilder arbeiten oder DaF/Germanistik studieren, können Sie entsprechend Ihren Interessen die Studieneinheiten benutzen, um
– sich persönlich fortzubilden,
– Ihren Unterricht zu planen und inhaltlich zu gestalten,
– Fortbildungs- und Umschulungskurse zu planen und durchzuführen,
– sich auf ein Studium in Deutschland vorzubereiten und
– sich auf eine Weiterqualifikation im Bereich DaF (z.B. Erwerb des Hochschulzertifikats DaF an der GhK) vorzubereiten. (Die GhK bietet die Möglichkeit, bis zu 50% des zweisemestrigen Ergänzungsstudiums DaF auf dem Wege des Fernstudiums anerkannt zu bekommen.)

Arbeitsformen

Wie können Sie die Studieneinheit verwenden?
– Im Selbststudium können Sie sie durcharbeiten, die Aufgaben lösen und mit dem Lösungsschlüssel vergleichen.
– Zusätzlich werden in zahlreichen Ländern in entsprechenden Aus- und Fortbildungsgängen Seminarveranstaltungen und Abschlußtests angeboten.
– Sie können sie als Steinbruch oder kurstragendes Material für Aus- und Fortbildungsveranstaltungen verwenden.

Weitere Informationen erhalten Sie bei:

Adressen

Deutsches Institut für Fernstudien
an der Universität Tübingen
Postfach 1569
72005 Tübingen

Universität
Gesamthochschule Kassel
FB 9 (Prof.Dr. Gerhard Neuner)
Georg-Forster-Str. 3
34109 Kassel

Goethe-Institut München
Referat 42
Helene-Weber-Allee 1
80637 München